윤회의 본질

LIFECYCLES: Reincarnation and the Web of Life
by Christopher Martin Bache, Ph.D.

환생의 증거와 의미, 카르마와 생명망에 대한 통합적 접근

윤회의 본질

크리스토퍼 M. 베이치 지음 | 김우종 옮김

정신세계사

윤회의 본질

ⓒ 크리스토퍼 M. 베이치, 1990

크리스토퍼 M. 베이치 짓고, 김우종 옮긴 것을 정신세계사 정주득이 2014년 3월 7일
처음 펴내다. 이균형이 다듬고, 김윤선이 꾸미고, 경운출력에서 출력을, 한서지업사에
서 종이를, 영신사에서 인쇄와 제본을, 김영수가 기획과 홍보를, 하지혜가 책의 관리를
맡다. 정신세계사의 등록일자는 1978년 4월 25일(제1-100호), 주소는 03965 서울시
마포구 성산로4길 6 2층, 전화는 02-733-3134, 팩스는 02-733-3144, 홈페이지는
www.mindbook.co.kr, 인터넷 카페는 cafe.naver.com / mindbooky 이다.

2022년 4월 19일 펴낸 책(초판 제9쇄)

ISBN 978-89-357-0377-7 03200

이 도서의 국립중앙도서관 출판시도서목록(CIP)은 e-CIP홈페이지(http://www.nl.go.kr/ecip)와
국가자료공동목록시스템(http://www.nl.go.kr/kolisnet)에서 이용하실 수 있습니다.
(CIP제어번호 : CIP2014004634)

차례

아마 열 살쯤이었을 것이다. 외할아버지가 위독하다는 소식을 듣고 급히 고향으로 내려갈 준비를 하시며 어머니가 툭 내뱉으신 말. "에휴, 죽으면 다 끝이지 뭐."

어머니는 떠나시고, 나는 멍하니 누워 한참을 천장만 쳐다보았다. 나 또한 언젠가는 죽으리라는 사실을 최초로 자각한 순간이었다. 물론 그 나이에 제대로 된 사유가 가능했을 리 없지만 뭔가 이상하다는 느낌이 지워지질 않았다. '죽으면 다 끝이라고? 정말로?'

어른들의 말에 의하면, 그리고 내 눈으로 보기에도 사람은 누구나 죽고 그 후엔 아무것도 남지 않는다. 그러나 '나'라고 여겨지는 이 생생한 느낌이 그렇게 무의미하고 나약한 것이라는 데 선뜻 동의할 수가 없었다. 아마도 그때의 나는, 투박하게나마 내 몸과 마음의 무게를 저울질했던 듯싶다. 둘 중 무엇이 진짜 나인지를 두고 말이다.

그러다가 문득, 이유는 알 수 없지만 '나'라는 존재가 그렇게 일시적이고 허망할 리 없다는 깊은 확신이 들었다. 최초의 자각에서 비롯된 최초의 통찰이었다. 꼬리에 꼬리를 물고 이어지던 의문들이 한순간에 눈 녹듯 사라졌다. '그래, 그럴 리가 없어. 엄마도 뭘 잘못 알고 계신 거야.'

이 순간이 내 인생의 중요한 분기점들 중 하나였을 것이다. 이후로 나는 학창시절부터 명상, 수행, 영성, 생태 등의 주제를 다룬 책들에 자연스럽게 이끌리기 시작했다. 결국은 아예 그런 일을 직업으로까지 택하게 되었다. 그런 와중에 많은 책, 사람, 단체들로부터 윤회론에 관한 다양한 태도들을 접할 수 있었다. 몇몇의 주관적 경험만으로 윤회를 확고한 진실로 믿어버리는 과격론자들도 있었고, 심증은 있지만 쉽게 단정할 문제는 아니라고 여기는 신중론자들도 있었고, 윤회가 실재든 아니든 그 또한 허상에 불과하다는 허무주의자들도 있었고, 자신의 다른 주장을 뒷받침하는 근거로서 윤회론을 앞뒤 없이 끌어다 쓰는 실용주의자들도 있었다.

그중 어느 것에도 딱히 마음이 쏠리지 않았던 내게 이 책은 훌륭한 대안으로 다가왔다. 윤회를 다룬 책들은 이미 많다. 하지만 워낙 흥미로운 주제인 탓에 전문가들 또한 유혹에 빠지기 쉽다. 감히 말하건대, 그런 함정들을 요리조리 잘 피해 끝까지 폭넓고 깊은 시각을 유지한 책은 절대 흔하지 않다.

윤회가 삶의 진실이라면, 윤회론은 그저 하나의 도그마가 아니라 우리의 영적 여정에 실제적인 도움을 주어야 함이 마땅하다. 그런 의미에서 이 책은 단순한 정보제공 이상의 길잡이 역할을 멋지게 해내고 있다.

아울러 인간의식의 무한한 가능성을 탐구하고 싶은 독자들에게는 내가
2008년에 번역한 스타니슬라프 그로프의 《코스믹 게임》도 이 책과 좋
은 짝이 되어줄 것이다.

삶에 윤기를 더해주는 책이 되기를 소망하며,
눈 덮인 겨울 아침에 김우종 씀.

크리스 베이치와 나는 서로 다른 길을 걸어왔다. 하지만 이 책은 우리가 결국 같은 목적지를 향해 이끌려왔음을 보여주는 증거와도 같다.

크리스는 철학과 종교학을 섭렵한 끝에 윤회론에 근거한 세계관을 갖게 되었고, 그것을 주제로 삼아 이 논리정연하고 감탄스러운 책을 집필했다. 그와 비슷하게, 나 또한 사회심리학(social psychology)이란 덤불을 헤치고 초개아심리학(transpersonal psychology)이란 불모지를 통과한 끝에야 임사체험(near-death experience)이란 매력적인 연구주제에 도달함으로써 엄청난 세계관의 변화를 겪게 되었다.

내겐 수백 명의 임사체험자들이 곧 스승이었다. 지난 12년간 그들은 나의 인터뷰 제안에 흔쾌히 응해주었을 뿐만 아니라, 그중 상당수는 지금까지도 내게 좋은 친구가 되어주고 있다. 그리고 그들이 직접 체험한 사후의 과정과 그로부터 얻어낸 삶의 교훈은 이 책의 내용과 정확히 일치한다.

이처럼 임사체험자들과 윤회론자들이 한결같이 똑같은 결론으로 이끌리는 이유는 무엇일까? 아마도 임사체험이 불러오는 변성의식 상태(transcendental state of consciousness)가 윤회의 실상을 고스란히 드러내기 때문일 것이다. 단언컨대, 내가 만난 대부분의 임사체험자들은 임사체험 이후로 윤회론을 믿게 되었거나 최소한 마음을 열고 그것을 탐구해볼 의지를 갖게 되었다고 말했다.

죽음의 문턱에서 임사체험자들은 윤회론자들이 늘 주장해온 바를 생생하게 경험하게 된다. 즉 우리는 영원한 존재이고, 우리의 진짜 고향은 이곳이 아니라 영적 세계이며, 우리가 말하는 소위 '죽음'은 사실 고향으로 돌아가기 위한 일종의 '공중제비'일 뿐이라는 사실 말이다. 여기에 윤회론자들은 우리가 이 세상으로 다시 돌아오게 되리라는 말을 덧붙일 것이다.

이 책은 윤회론에 관해 의심할 여지가 없을 만큼 명백한 증거들을 제시한다. 그러나 이 책은 윤회의 증거들을 늘어놓는 데서 그치지 않는다. 오히려 이 책은 윤회론을 인정하고 그 의미를 들여다볼 때, 우리의 삶이 얼마나 더 온전히 이해되고 충만해질 수 있는지에 관한 내용이라 할 수 있다.

그러니 오해하지 말기를 당부한다. 이 책의 앞부분만 보면 저자가 윤회론을 세련되고 조리 있게 주장하는 듯하지만, 그의 궁극적인 목적은 윤회론에 담긴 내적 성찰과 영적 성장의 실마리를 널리 전파하는 데 있다. 그리고 곧 여러분은 그가 이 작업을 능수능란하고 빈틈없이 해냈음을 인정하게 될 것이다.

그 목적을 위해서 크리스는 다양한 분야의 연구와 발견들을 폭넓게 수집하여 멋지게 통합해냈다. 우리의 정체성을 더욱 영적으로 변모시켜주고 있는 현대의 연구 분야들은 다음과 같다. ― 전생기억 연구, 전생 퇴행요법, 홀로트로픽Holotropic 요법, 체외이탈체험 연구, 임사체험 연구 등등. 이런 제 각각의 경험적, 실증적 발견들을 윤회론이라는 틀 안에서 하나로 짜맞춘 저자는 아마도 크리스가 처음일 것이다. 따라서 우리는 이 작업을 홀로 해낸 크리스에게 빚을 진 것이나 다름없다.

이 책은 그저 흥미로운 보고서 정도로 치부되어선 안 된다. 이 책의 주제는 대단히 의미심장하다. 이 책은 '모든 것에는 의미가 있다'는 옛날 옛적의 세계관이 다시 주목받고 있는 오늘날의 흐름을 반영하는 일종의 증표이다.

물론 우리에게는 '다정한 무관심'이란 표현으로써 현대 사회의 특징을 적나라하게 묘사한 카뮈의 《이방인》이 더 친숙하다. 그리고 《이방인》을 탐독한 사람이라면, 이미 우리가 본질적 의미나 목적 따위가 박탈된 카뮈의 세계 속에서 살아가고 있음을 ― 의식적이든 무의식적이든 ― 인정할 수밖에 없었을 것이다. 그러나 의식연구자들의 새로운 발견과 관점들이 점점 더 많은 대중에게 전파되면서, 20세기 끄트머리에 이른 오늘날은 '실존적 허무주의'라는 먹구름이 서서히 걷히기 시작하고 있다.

새천년의 미래를 눈앞에 둔 지금, 크리스는 자신의 첫 저서인 이 책을 통해서 우리의 머릿속으로 스며들고 있는 탈실존주의적 세계관의 중요한 선구자로서 자리매김하고 있다.

크리스는 윤회와 관련된 새로운 연구결과들을 종합하며 다음과 같은 결론을 내린다.

첫째, 이 우주에 의미 없는 것은 없다.

둘째, 전생체험은 그 당사자로 하여금 '나는 영원한 존재이며 내 삶의 궁극적인 목적은 사랑을 배우는 것'이라는 진실을 단순한 믿음을 넘어선 앎으로서 받아들이게 한다.

셋째, 우리는 언제나 안전하다. 그 무엇도 우리를 삶의 본질로부터 떼어놓을 수 없으며, 삶의 시련들 또한 궁극적으로는 우리의 성장을 위한 것이다.

다시 말하지만, 크리스의 결론은 내가 임사체험자들로부터 들어온 이야기와 정확히 일치한다.

자, 그럼 크리스가 이런 결론에 이를 수밖에 없었던 그 탐구의 여정 속으로 여러분을 초대한다. 이 여정을 통해서, 여러분 또한 각자 자신만의 결론에 이르게 될 것이다.

케니스 링Kenneth Ring
코네티컷 대학교 심리학과 명예교수

이 책이 보급판으로도 출간되면서 기쁘게도 초판의 내용에 머리말을 덧붙일 수 있게 되었다. 이 기회를 빌려 내가 전하고 싶은 내용은 두 가지이다. 첫째는 이 책이 출간된 이후로 세상에 등장한 중요 서적들에 대한 언급이고, 둘째는 그동안 변화된 내 생각에 관한 설명이다.

윤회의 증거들은 날이 갈수록 더욱 분명해지고 있다. 로버트 앨메더 Robert Almeder는 《윤회의 증거》(The Evidence for Personal Survival)라는 저서를 통해, 전생사례 연구의 선구자인 이언 스티븐슨Ian Stevenson에게 쏟아진 학계의 비판을 논리정연하게 반박했다. 철학자로서 사후세계 연구를 둘러싼 방법론적 논쟁을 두루 꿰고 있는 앨메더는 지금까지 과학자들이 편향적으로 이 주제의 논점을 흐려왔음을 분명하게 지적한다.

한편 하나의 정식 학문으로서 임상과 이론 양면에서 나날이 성숙해가고 있는 전생퇴행요법 분야에서는, 그 정점이라 할 만한 위너프레드 루커스Winafred Lucas의 《퇴행요법: 전문가를 위한 핸드북》(Regression Therapy: A Handbook for Professionals)이 최근 출간되었다. 루커스가 평생의 임상 경험을 바탕으로 써내려간 이 멋진 책은 주류의 정신요법가들에게 윤회란 개념을 전파하는 데 그 어떤 책보다 크게 이바지할 것이다.

요컨대, 지금은 윤회에 관한 학술적인 논거가 점점 더 정교해지면서 주류 학계에 커다란 압력을 가하고 있는 실정이다. 나는 윤회에 대한 학계의 거부감이 그 증거가 부족해서가 아니라 유물론적 사고에 대한 맹신 때문이라고 확신한다. 그리고 그 잠깐의 열병은 유물론과 함께 곧 뒤로 물러날 것이고, 앞으로 윤회란 주제에 더 많은 관심이 쏟아지리라고 기대한다.

그동안 바뀐 내 생각에 대해 말하자면, 나는 잠깐이나마 이 책의 내용을 되짚어볼 시간을 가질 수 있었다. 나는 여전히 내가 쓴 이야기에 만족하지만 이것이 좀더 발전되어야 한다는 느낌을 강하게 받는다. 윤회라는 주제를 깐깐하게 들여다보고 삶의 심층적 속성들을 이해하려고 할 때, 우리는 어쩔 수 없이 눈앞의 시공간 개념에 근거한 가설들을 가져다 쓸 수밖에 없다. 우리는 소위 '현실'에 의해 깎이고 다듬어진 렌즈를 거쳐 윤회를 바라보게 된다. 이것은 전생前生에서 해소되지 못한 감정이 후생後生으로 이어지는 것과 같은 윤회의 몇몇 측면을 파악하는 데는 보탬이 되지만, 일상의 물리적 경험과 아예 궤를 달리하는 측면들을 발견하기는 오히려 더 어렵게 만든다.

우리는 평소 우리의 일상적 체험과 별다를 바 없는 윤회의 측면들로부터 시작해서, 물질세계에서는 도저히 일어날 수 없어 보이는 측면들로 점점 더 인식의 폭을 넓혀갈 것이다. 영적 세계는 우리에게 익숙한 물질세계와는 전혀 다른 무엇이므로, 윤회라는 현상에도 우리가 전혀

16

예상하지 못했던 요소들이 포함되어 있을 것이다.

그렇다면, 대체 우리는 어떻게 그런 요소들에 접근해야 하는가? 시공간을 벗어난 차원에서 벌어지는 일들을 무슨 수로 이해할 수 있단 말인가? 내 생각에는, '비일상적 의식 상태'(nonordinary states of consciousness)를 신중히 연구하는 것이 바로 그 답이다. 우리는 최면과 명상 등의 여러 기법에 의해 비일상적 의식 상태는 물론이고 그보다 훨씬 더 심층적인 의식 상태까지도 유도해낼 수 있다. 그것들은 윤회 현상의 이면에 숨겨진 원리를 밝혀줄 어마어마한 가능성을 품고 있지만 아직 윤회설과 제대로 짝을 이루지 못하고 있다.

그중에서도 특히 내가 주목하는 것은 급진적인 방식의 몇몇 정신요법들과 '진짜(core)' 임사체험*들이다. 이런 심층의식 상태에서는 종종 물질세계 너머로의 문이 열리며, 그 속에서 우리는 일상적 의식으로는 접근이 불가능한 현상들을 직접 목격하게 된다.

---

* '진짜 임사체험(core-NDEs)'이란 임사체험자들이 사후 초기의 혼란스런 상태를 지난 후에 (대부분 흰 빛을 따라) 초월적인 세계로 들어가면서 겪게 되는 공통의 과정 또는 패턴을 뜻한다. 역주.

여전히 많은 미답지가 남아 있지만, 우리는 생을 반복해가는 영혼의 여정을 열심히 지도로 그려왔다. 부디 우리가 만든 이 지도가 독자들에게 재미있고 또한 쓸모도 있기를 바란다.

크리스토퍼 M. 베이치
1994년 2월 3일

1

윤회란 무엇인가

로미 크리즈Romy Crees는 아이오와 주州의 디모인 시市에서 1977년에
태어났다. 로미는 호기심과 장난기가 넘치는 귀엽고 평범한 꼬마였다.
독실한 가톨릭 신자였던 로미의 아버지 배리Barry와 어머니 보니Bonnie
는 딸애가 말을 배우면서부터 생길 일들을 전혀 예상하지 못했다.

로미의 재잘거림 속에 섞여 있던 것은 다름 아닌 '조 윌리엄스Joe
Williams'로서 살았던 자신의 전생 이야기였다. 로미는 자신이 찰스 시티
의 붉은 벽돌집에서 자랐다고 좋알댔다.(찰스 시티는 디모인 시에서 230킬로미
터 떨어진 곳에 있다.) 또한 자신이 쉴라Sheila라는 여자와 결혼해서 세 자녀
를 두었다고도 말했다. 로미는 자신이 쉴라와 함께 오토바이에 치여 죽
었기 때문에 지금도 오토바이가 무섭다면서 사고 당시의 광경을 상세히
묘사했다.

로미가 기억해낸 전생의 사건들 중에는, 자신이 집안에서 낸 불에 엄
마가 물을 끼얹다가 손을 덴 일도 있었다. 로미는 자신의 오른쪽 다리를

가리키며 이런 말을 했다. "엄마는 다리 여기가 아프다고 했어요. … 엄마 이름은 루이즈 윌리엄스Louise Williams예요. 엄마를 못 본 지 너무 오래됐어요." 로미는 자신을 찰스 시티에 데려다 달라고 자주 떼를 썼는데, 그 이유는 전생의 엄마를 만나서 "내 걱정은 말라"고 안심시키기 위함이었다.

당연히 이런 상황이 황당하고 기막혔던 부모는 괴상망측한 상상을 떠벌리는 딸애를 저지하려 했다. 하지만 '조 윌리엄스'의 일생과 마지막 오토바이 사고에 관한 로미의 구체적인 설명에 그들 역시 고개를 갸웃거릴 수밖에 없었다.

결국 로미의 부모는 전생의 기억을 가지고 태어난 듯 보이는 아이들을 전문적으로 연구하던 헤멘드라 바너지Hemendra Banerjee*의 방문 요청을 수락했다. 1981년 겨울, 바너지는 스웨덴 잡지 〈앨러즈Allers〉의 기자 두 명과 자신의 아내를 대동하고 디모인 시로 와서 로미 가족을 만나고 인터뷰했다. 그리고 바너지 일행과 로미 가족은 로미의 '기억'을 검증하기 위해 찰스 시티로 길을 떠났다.

로미는 차를 타고 가는 내내 무척 들떠 있었으며 특히 전생의 엄마 루이즈와의 재회를 학수고대했다. 찰스 시티에 가까워지자 로미는 앞좌석에 매달려 이렇게 말했다. "꽃을 사야 해요. 엄마는 파란 꽃을 좋아해요. 그리고 집에 도착해도 앞문은 쓰면 안 돼요. 우린 모퉁이를 돌아서 옆문으로 들어가야 해요."

전화번호부에서 주소를 찾은 그들은 곧 변두리의 하얀 단층집 앞에

* H. N. Banerjee, *Americans Who Have Been reincarnated*.

차를 세웠다. 로미는 얼른 차에서 내리더니 바너지의 손을 잡아끌었다. 로미의 기억처럼 붉은 벽돌집은 아니었지만, 집 앞 길가에는 "옆문을 이용해주세요"라고 적힌 안내판이 있었다.

오른쪽 다리에 붕대를 감은 할머니가 철제 목발을 짚고 나왔다. 그녀가 바로 '조'라는 아들을 먼저 떠나보낸 루이즈였다. 하지만 루이즈는 병원에 진료예약을 해둔 터라 이 유별난 손님들을 당장 맞을 수가 없었다. 실망한 로미의 눈가에 눈물이 그렁그렁 맺혔다. 어쨌든 그들은 한 시간을 기다린 후에 드디어 루이즈의 집으로 들어갈 수가 있었다.

로미에게서 꽃을 선물받은 루이즈는 깜짝 놀라며 아들의 마지막 선물이 바로 파란 꽃다발이었다고 말했다. 로미의 아버지가 딸애의 '기억'을 들려주자 루이즈의 놀람은 더욱 커졌다. "이 아이가 어떻게 그 일들을 다 알고 있죠? 나는 당신은 물론이고 디모인에 사는 그 누구와도 친분이 없어요."

루이즈는 로미의 말처럼 예전엔 붉은 벽돌집에 살았는데 10년 전 찰스 시티를 덮친 회오리바람 탓에 그 집이 부서졌다고 말했다. "조는 우리를 도와서 이 집을 함께 지으면서 겨울에는 꼭 앞문을 닫고 지내라고 시켰어요."

로미와 루이즈는 금방 마음이 통했다. 루이즈가 옆방에 가려고 몸을 일으키자 로미는 잽싸게 그녀를 뒤따랐다. 그 둘은 손을 꼭 붙잡고 돌아왔다. 로미는 루이즈를 부축하려고 애쓰고 있었다. 루이즈가 가져온 것은 아들 내외가 사고를 당하기 전해의 크리스마스에 찍은 가족사진이었다. 루이즈는 믿기 어려운 표정으로 말했다. "이 애가 우리 가족을 알아봤어요. 사람들을 알아봤다고요!"

루이즈는 조와 쉴라의 결혼, 그들의 세 자녀, 친척들의 이름, 손에 화상을 입었던 화재사건 등등 전생에 관한 로미의 이야기가 모두 사실임을 확인해주었다. 또한 로미의 마지막 기억, 즉 오토바이 사고가 일어난 때는 로미가 태어나기 2년 전인 1975년이었다고 말했다.

그럼에도 로미의 부모와 루이즈는 선뜻 로미를 조의 환생으로 받아들일 준비가 되어 있지 않았다. 상황을 지켜보던 로미의 어머니는 이렇게 말했다. "이 일을 어떻게 이해해야 할지 모르겠어요. 하지만 내 딸애가 거짓말을 하고 있지 않다는 사실만은 분명하네요."*

로미의 기억은 사람들이 생각하는 만큼 그다지 희귀한 일이 아니다. 다음 장에서 살펴보겠지만, 스스로 전생이라고 느끼고 있는 기억을 대단히 상세한 부분까지 정확히 구술하는 아이들의 사례가 수백 건 이상 보고되어 있다. 이 아이들은 우리로 하여금 역사상 가장 오랫동안 면면히 이어져 온 하나의 믿음에 다시 주목하도록 해준다. '우리는 단 한 번의 생이 아니라 수많은 생을 경험한다'는 믿음 말이다.

하지만 그렇다고 우리가 아이들의 주장에 휩쓸려 굳이 혼란을 자초해야 할 필요가 있을까? 사실 우리들 대부분은 현생 이전에 관한 기억이 전혀 없다. 더구나 우리의 감각은 몸이 고장 나면 그 삶 또한 끝나버린다는 사실을 생생히 체감하게 해준다. 죽고 나면 그대로 끝인 건지 아니면 '다른 어딘가'로 떠나는 건지는 모르겠지만, 어쨌든 죽음에 관한 사람들의 인식은 대부분 윤회 개념과는 거리가 멀다. 그런데도 굳이 이 아이들을 그저 아직 원인이 밝혀지지 않은 '예외적 현상'으로 치부하는 손쉬운 방법을 택해서는 안 될 이유는 무엇일까?

---

* Joe Fisher, *The Case of Reincarnation*.

어떤 사람들은 놀랄 만큼 많은 수의 명사名士들이 깊은 숙고 끝에 윤회론을 받아들였다는 사실을 알고 나서 이런 아이들을 진지하게 대하는 쪽으로 마음을 돌린다. 다음과 같이 다채로운 인물들이 그 명단에 포함되어 있기 때문이다. — 플라톤, 쇼펜하우어, 존 맥타가트, 벤저민 프랭클린, 레오 톨스토이, 윌리엄 제임스, 헨리 워즈워스 롱펠로, 랠프 월도 에머슨, 헨리 소로, 월트 휘트먼, 솔 벨로, 리하르트 바그너, 구스타프 말러, 장 시벨리우스, 폴 고갱, 데이비드 로이드 조지, 조지 스미스 패튼, 찰스 린드버그, 헨리 포드, 카를 융 등등. 하지만 미리 밝혀두건대, 서양의 지성인과 예술가들 전체를 놓고 보면 윤회론을 거부한 사람들의 수가 분명히 더 많다.

거의 인류의 절반에 달하는 수의 사람들이 그것도 수천 년간이나 윤회를 믿어왔다는 사실을 알고 나서 마음을 여는 사람들도 있다. 물론 그 또한 간과해선 안 될 사실이지만, 잘 생각해보면 '태양이 지구 주위를 돈다'거나 '지구는 평평하다'는 것처럼 오랫동안 숭배된 믿음들도 결국은 거짓으로 판명 나고 말았다. 즉 '세월'과 '규모'는 진실성의 증거가 되지 못하며, 나 자신의 존재가 내 '몸'에 기인하고 있음을 분명히 알려주는 일상의 강력한 경험들을 무시하게 할 만큼 위력적이지도 않다.

결국 로미 같은 아이들의 사례를 무시해서는 안 될, 가장 결정적인 마지막 이유는 바로 그 아이들의 존재 자체에 있다. 그들은 딱 한 가지만 빼놓고는 모든 면에서 더없이 온전한 보통의 아이들이며, 우리들 대부분이 '어떤 이유에선지' 잊어버린 사실을 기억하는 듯해 보인다. 만약 앞으로 서양인들이 윤회라는 주제를 진지하게 받아들이게 된다면, 그것은 분명 이 꼬마들에 대한 끈기 있고 엄정한 연구 덕분일 것이다.

그러니 논의를 더 펼치기에 앞서 한 가지 사례를 더 살펴보기로 하

자. 다음은 버지니아 대학교의 이언 스티븐슨 교수가 조사한 환생 사례이다.*

프라카시 바르쉬네이Prakash Varshnay는 1951년 8월 인도 북부의 차타Chhata라는 곳에서 태어났다. 아기였을 때 프라카시는 다른 아기들보다 조금 울음이 잦다는 사실만 빼고는 전혀 유별난 모습을 보이지 않았다.

그런데 네 살 반쯤 된 어느 날, 프라카시가 한밤중에 잠에서 깨어 갑자기 집 밖으로 달려나갔다. 부모가 붙잡고 말리자 프라카시는 자신의 이름이 '니르말Nirmal'이며, 코시 칼란Kosi Kalan이란 곳에서 산다고 말했다.(코시 칼란은 차타와 100킬로미터 거리에 있다.) 제 아버지의 이름이 볼라나스Bholanath라고도 했다. 프라카시는 닷새 동안이나 밤마다 잠에서 깨어 길거리로 나가려 했고, 그 후로 좀 뜸해지긴 했어도 한 달간 같은 행동을 보였다.

게다가 이제는 낮 동안에도 코시 칼란에 있는 '가족들'에 관해 이야기하기 시작했다. 프라카시는 누나 타라Tara를 비롯해서 여러 이웃들의 이름을 언급했고, 자신이 벽돌로 지어진 집에서 살았다고 말했다.(당시 프라카시 가족은 흙집에 살고 있었다.) 또한 자기 아버지는 곡물, 옷, 셔츠 등을 파는 상점을 네 곳이나 운영하고 있고, 아버지의 금고에는 개인 열쇠로 잠가둔 자신만의 서랍이 있다고도 말했다.

가족은 그의 말을 주의 깊게 듣지 않았고, 프라카시는 불현듯 떠오른 '누군가의 기억'에 더욱 깊이 빠져들면서 코시 칼란에 데려다 달라고 떼를 쓰기 시작했다. 하루는 프라카시가 얼마나 성가시게 굴었던지, 삼

---

* Ian Stevenson, *Twenty Cases Suggestive of Reincarnation*.

촌이 데려다 주겠다고 약속하고는 반대 방향으로 가는 버스에 태워서 한숨을 돌리려고 했다. 하지만 프라카시는 금세 눈치를 챘고 삼촌은 두 손 두 발을 다 들었다. 결국 그 둘은 코시 칼란으로 가서 볼라나스 자인 Jain이라는 사람이 운영하는 가게를 찾았다. 하지만 마침 문이 닫혀 있어서, 프라카시는 기억 속의 가족을 한 명도 못 만나고 차타로 돌아와야만 했다.*

코시 칼란에 다녀온 후로도 프라카시는 자신의 이름이 '니르말'이라는 괴상한 믿음을 멈추지 않았다. 프라카시는 자신을 '니르말'이라고 불러달라고, 현생의 이름에는 대답하지 않겠다고 억지를 부렸다. 심지어 엄마에게 '진짜 엄마'가 아니라고 말하고, 사는 집의 수수한 모양새에 대해서도 불평을 늘어놓았다. 프라카시는 코시 칼란에 다시 데려다 달라고 눈물까지 흘리며 떼를 썼다. 한번은 (전생의) 아버지 금고 속의 서랍 열쇠랍시고 대못을 하나 챙겨서는 혼자 길을 떠나기도 했다. 물론 멀리 가지 못하고 이내 집으로 붙들려왔지만.

당연히 부모는 아들의 급작스런 변화에 신경이 곤두섰다. 그들은 프라카시가 엉뚱한 기억을 떠올리기 전의 상태로 돌아오기를 바랄 뿐, 그 기억이 실제인지 확인해보는 일에는 전혀 관심이 없었다. 인내심이 바닥난 부모는 이 문제를 해결하기 위해 두 팔을 걷어붙였다. 그들은 옛날 방식을 택했다. 프라카시를 물레 위에 앉히고 빙빙 돌림으로써 그 어지러움이 문제의 기억을 없애주기를 바랐던 것이다. 하지만 그 시도는 실

---

*   프라카시는 그전까지 차타를 벗어난 적이 없었다. 그 지역에서 코시 칼란(인구 15,000명)은 상업의 중심지이고 차타(인구 9,000명)는 행정의 중심지인데, 두 곳 모두 델리 시와 마투라 시를 연결하는 간선도로에 인접해 있다.

패했고 결국 그들은 매를 들었다. 그리고 전생의 기억을 실제로 없애진 못했지만, 당분간 아들의 입을 닫는 데는 성공했다.

그런데 알고 보니, 실제로 코시 칼란에는 프라카시가 태어나기 16개월 전에 천연두로 인해 아이를 먼저 저세상으로 보낸 한 가족이 있었다. 그 아이의 이름은 니르말이었고, 아버지는 볼라나스 자인, 누나는 타라였다. 니르말의 아버지는 상점 네 곳을 운영했는데 두 곳은 식료품점, 한 곳은 옷가게, 그리고 마지막 한 곳은 셔츠를 포함한 여러 물건을 파는 잡화점이었다.* 그 가족은 고급스러운 벽돌집에서 살았고, 아버지는 커다란 철제금고를 갖고 있었다. 그는 아들들에게 서랍 한 칸씩을 개인 열쇠와 함께 내주었다.

자인의 가족은 자신이 '니르말'이라고 주장하는 아이와 그 삼촌이 다녀갔다는 이야기를 전해 들었지만 그들을 찾아 나서지는 않았다. 그리고 5년이 흐른 1961년 초여름, 자인은 딸 메모Memo와 함께 차타로 출장을 왔다가 프라카시 가족을 만나게 된다. (이 두 가족은 그때까지 전혀 친분이 없었고 공통의 지인조차 없었다.) 프라카시는 전생의 아버지를 한눈에 알아보고 대단히 기뻐했다.** 프라카시는 전생의 누나 타라와 형 작디쉬Jagdish에 대해 물었고, 출장을 마치고 돌아가려는 자인을 버스 정류장까지 따라가서 자신도 데려가 달라고 애원했다.

---

* 볼라나스 자인은 니밀라가 살아 있을 때는 상점 네 곳을 운영했지만, 프라카시가 전생을 떠올릴 당시에는 그중 두 곳을 처분한 상태였다. 이 사례에서는 이처럼 환생자가 전생의 사후에 벌어진 일들에 대해서는 전혀 알지 못하는 모습이 여러 번 등장하는데, 이것은 이 사례가 실제 전생을 기억해낸 것인지 아니면 일종의 초감각적 지각 현상인지를 구별할 때 중요한 기준이 된다.

** 처음에 프라카시는 메모Memo를 여동생 비밀라Vimila로 착각했는데, 메모는 니르말이 죽은 후에 태어난 여동생이었다. 니르말이 죽을 때 비밀라의 나이가 이때의 메모와 비슷했다.

프라카시의 이런 행동은 자인에게 깊은 인상을 남겼다. 며칠 후에 자인의 아내와 딸 타라, 아들 데벤드라가 프라카시를 만나러 찾아왔다. 프라카시는 전생의 형제들 — 특히 누나인 타라 — 를 보자마자 눈물을 쏟으며 그들의 이름을 불렀다. 또한 전생의 어머니도 알아보았다. 프라카시는 타라의 무릎 위에 앉아서 그녀를 손가락으로 가리켰다. "이분이 우리 엄마잖아."

바르쉬네이 가족은 이 예상치 못한 일들이 전혀 달갑지 않았다. 프라카시의 기억과 갈망이 다시 불타오를 것이 — 그것도 걷잡을 수 없이 — 분명했기 때문이다. 하지만 그들도 결국은 프라카시를 한 번 더 코시 칼란으로 보내주는 데 동의했다.

그해 7월, 열 살이 조금 못 된 프라카시는 두 번째로 코시 칼란을 향했다. 그는 버스 정류장부터 자인의 집까지 약 800미터쯤 되는 복잡한 골목길을 앞장서서 걸어갔다. 타라가 일부러 틀린 길로 이끌려고 해도 속지 않았다. 그런데 막상 자인의 집 앞에 와서는 주저하고 혼란스러워했다. 니르말이 죽은 후로 집의 대문이 바뀐 데다 밖에선 안이 잘 들여다보이지 않았기 때문이다.

집 안에 들어선 프라카시는 니르말의 침실과 니르말이 죽었던 방을 정확히 짚어냈다.(니르말은 사망 직후에 그 방에서 다른 방으로 옮겨졌었다.) 또한 철제금고와 니르말의 장난감 수레도 찾아냈다.

프라카시는 많은 사람들을 정확하게 기억해냈다. 형 자그디쉬와 고모 두 명은 물론이고 이웃과 친척을 보면서 줄줄이 그들의 이름 또는 인적 정보를 — 때로는 둘 다를 — 읊었다.* 한 남자를 가리키며 누군지 아느냐고 물으면 "라메쉬"라고 대답하고, 좀더 자세히 말해달라고 하면 "우리 가게 맞은편에서 작은 가게를 해"라고 정확히 설명하는 식이었다.

또 다른 사람의 경우엔 "우리 가게 옆에서 장사하는 사람"이라며 그 사람의 가게 위치까지 정확히 설명했다. 세 번째 이웃을 보고는 무척 친했던 듯 반가워했다. 그가 "내가 누군지 알겠니?" 하고 묻자 프라카시는 답했다. "치란지 아저씨잖아요. 전 볼라나스 집의 아들이고요." 치란지가 우리가 어떤 사이였냐고 묻자 프라카시는 치란지의 가게에 설탕, 밀가루, 쌀 등을 종종 사러 갔었다고 답했다. 치란지는 니르말이 자신의 가게로 심부름 왔던 기억과 일치함을 확인해주었다. 당시 치란지는 가게를 처분하고 더 이상 장사를 하고 있지 않았다.

자인의 가족은 프라카시가 니르말의 환생임을 인정할 수밖에 없었고, 이 사실은 안 그래도 불안해하던 바르쉬네이 가족을 더욱 긴장시켰다. 프라카시의 기억을 검증하는 일에 반대해왔던 바르쉬네이 가족은 이제 침묵으로 일관하기 시작했다. 그들은 프라카시가 자인의 가족에게 매달리는 모습을 보면서, 자인이 프라카시를 아예 데려가 입양할지도 모른다는 두려움에 빠졌다. 그들은 이 환생 사례를 조사하러 온 사람들마저 자인 가족의 사주를 받았다고 오해하며 극도로 불신했다. 심지어 프라카시의 할머니는 이웃에게 그 조사원들을 흠씬 패달라고 부탁하기까지 했다.

하지만 결국 두 가족 간의 갈등은 점차 잦아들었다. 자인의 가족은 프라카시를 원래의 가족에게서 뺏어올 생각이 전혀 없었고, 종종 왕래할

---

* 프라카시는 이슬람교의 폐쇄적 관습인 퍼다Purdah를 지키는 두 여성도 알아보았다. 그녀들은 집 밖으로 나갈 때 반드시 얼굴에 베일을 둘러 사람들의 눈을 피했다. 그녀들은 외부인과 접촉이 없으므로 오직 남편, 자녀, 가까운 친척들만이 얼굴을 알고 있었다. 즉 가족이 아닌 사람이 그녀들의 얼굴을 알아보기는 거의 불가능했다.

수 있게 허락해주는 것만도 고마워했다. 또한 전생에 대한 프라카시의 집착도 수그러들면서* 바르쉬네이 가족의 두려움은 서서히 가라앉았다. 3년 후에 후속 조사를 위해 이들을 방문한 조사원들은 이전과 확 달라진 환대와 진심 어린 협조를 접할 수 있었다.

이처럼 놀랍게도 '다른 누군가의 기억'을 가진 아이들이 있고, 그들로 인해 당황하고 혼란에 빠지는 부모들이 있다. 환생의 증거에 관한 의문들은 다음 장에서 자세히 다룰 것이다. 여기서는 먼저 로미의 사례를 중심으로 다양한 관점에서 질문을 던져보도록 하자.

만약 사람들이 조 윌리엄스를 로미의 전생으로 인정해주었다면 로미는 무엇을 얻게 되었을까? 어쩌면 바로 그 차이가, 이후에 로미가 성장하는 동안 그녀의 자아상과 인생관에 영향을 미치진 않았을까? 윤회라는 개념을 받아들였다면 그녀의 부모도 양육방식을 바꿀 수밖에 없지 않았을까? 더 나아가, 아이들에 대한 우리의 생각 자체가 달라지지 않았을까?

이미 되돌릴 순 없는 일이지만 나는 분명히 그 사건이 큰 분기점이었다고 생각한다. 나는 윤회론이 — 그 자체가 진실이든 아니든 간에 — 자기 자신에 대한, 그리고 자기 인생에 대한 우리의 관점에 대단히 뜻깊은 변화를 가져온다고 믿는다. 바로 나 자신이 '삶은 단 한 번뿐'이라는 믿음을 갖고 오랫동안 살아왔기 때문이다. 나는 윤회론을 받아들이기 전과 후의 극명한 차이점을 몸소 경험했다.

---

* 아이들이 성장함에 따라 전생의 기억은 대개 절로 잊혀진다. 즉 아이들이 현생에 깊이 발을 들여놓을수록 전생의 기억은 희미해진다. Ian Stevenson, *Children Who Remember Precious Lives*.

윤회는 내 고향인 미국 남부의 가톨릭 세상 속에서도, 내가 전문적 훈련을 받아온 학술적 세계 속에서도 도무지 진지하게 받아들여지지 않는 개념이었다. 대학에 입학하여 박사학위를 받기까지 11년 동안, 나는 이런 주제를 다루는 강의가 있다는 소리를 한 번도 듣지 못했다. 힌두교와 불교가 윤회의 교리를 설한다는 사실은 알고 있었지만, 나는 그런 전통들과도 평생 거리를 두어왔다. 내가 연구해온 종교계 안팎의 사상가들은 전부 삶이 일회적 경험이라는 전제하에 우주의 수수께끼와 씨름하는 사람들이었다. 그들의 생각은 가지각색이었지만 그 출발점만은 같았다.

나는 종교학과 철학이라는 두 가지 전공분야에서 박사학위를 받은 이후에야 비로소 윤회가 진실임을 확신하게 되었다. 그리고 삶을 '반복되는 경험'으로 바라보기 시작하자 완전히 다른 세계가 눈앞에 펼쳐졌다. 만일 윤회가 인생이라는 게임의 기본 규칙 중 하나가 맞다면, 나는 그동안 전혀 엉뚱한 상상을 하면서 그 게임에 임해왔던 것이다.

윤회란 본질적으로 삶의 '길이'에 대한 문제이므로 자연히 인간의 본성과 존재 목적에 대한 탐구로 귀결된다. 우리가 곱씹어볼 수 있는 가장 궁극적인 질문들 말이다. ― 내게는 시간이 대체 얼마나 있는 것일까? 살아 움직이고, 경험하고, 배우기 위해 나에게 주어진 시간은 얼마만큼인가? 실수를 저지르고, 그것들을 바로잡고, 내가 진심으로 원하는 것을 발견하고, 그것을 추구하도록 내게 주어진 시간은 얼마만큼인가? 우리는 길어야 백 년 정도 살 수 있는 존재인가? 아니면, 예컨대 그런 백년 단위의 삶을 거듭 반복하면서 만 년 정도까지 살 수 있는 존재인가?

이 질문들은 대단히 중요하다. 왜냐하면 그 대답에 따라 우리의 자아상과 삶의 지향점이 확 바뀌기 때문이다. 우리는 주어진 시간 안에 가능한 것들만을 기대할 수 있고 또한 이룰 수 있다. 실로 우리 몫의 시간이 얼마만큼인지에 따라 삶의 모든 것이 좌우된다.

우리가 지상에서 단 한 생만을 사는 거라면, 그로써 우리가 가질 수 있는 삶의 목표는 지극히 제한된다. 가족의 기대로부터 벗어나 홀로서고, 사회생활을 배우고, 짝을 만나 자식들을 낳고, 한두 가지 일에서 전문가가 되고 나면, 그때 우리에게는 손주들과 노닥거릴 고작 몇 년의 시간밖에 남지 않는다.

우리는 살면서 이따금 우주의 경이로움에 눈 뜨게 된다. 탄생의 신비 또는 은하수의 아름다움을 마주하면서 눈물을 글썽이기도 한다. 그리고 그런 신비로움을 탐구하는 집단적 노력에 동참하느라 많은 세월을 소모하기도 한다. 하지만 얼마나 애써 노력하든 간에, 결국 우리는 하나의 결론에 도달하게 된다. — 이 놀랍고 장엄한 우주를 제대로 들여다보고 그 깊숙한 곳까지 들어가기에, 우리에겐 시간이 턱없이 부족하다.

반면에 우리가 지상에서 많은 생을 반복하는 거라면 상황은 완전히 달라진다. 우주극(cosmic drama)의 무대 위에 서는 시간이 길어지는 만큼 우리의 역할도 중요해진다. 윤회는 우리들 각각의 성장을 이 우주의 성장과 하나로 엮어주고, 그럼으로써 우리는 세상에서 일어나는 모든 일과 더욱 깊이 관계 맺는다. 따라서 우리는 자연히 인간의 존재 목적에 관한 논의의 범위를 확장할 수밖에 없다.

즉, 윤회론을 받아들이느냐 거부하느냐에 따라서 수많은 문제의 답이 달라진다. 일례로 고통(suffering)이라는 문제를 생각해보자. 우리는 한 통의 전화, 의사의 말 한마디, 부주의한 운전자 한 사람에 의해서 자신의 삶이 얼마나 쉽게 무너져내릴 수 있는지를 잘 알고 있다. 순식간에 우리 삶 속으로 쳐들어와서 희망을 날려버리고 인간관계를 파탄 내는, 소위 예측불가한 '비극들' 앞에서 우리는 어떻게 대처해야 하는가?

우리가 마주하는 이런 부당하고 우발적인 상황들은, 이 우주가 우리의 깊은 갈망을 보듬어주기는커녕 의미 있는 삶을 추구하기에도 마땅치 않은 곳으로 느껴지게 할 만큼 매섭고 잔혹하다. 겉보기에, 삶은 무감각하고 무자비하게 펼쳐진다. 우리의 삶은 아무런 대책 없이 그저 그 파도에 휩쓸려갈 뿐이다.

매일 저녁마다 텔레비전에서는 당장에라도 우리 삶을 무너뜨릴 수 있는 비극들이 반복해서 방영된다. 퇴근 중이던 한 회사원이, 상사에 대한 분노를 곱씹다가 그만 빨간 신호를 못 보고는 출산 후 갓난아기와 함께 집으로 돌아가던 부부의 자동차를 들이받아 아기와 아기엄마가 그 자리에서 죽는다. 한순간 이성을 잃어버린 누군가는 가까운 쇼핑몰로 무작정 들어가서 총을 난사한다.

이런 이야기를 매일 들으면서, 어떻게 우리가 아슬아슬한 외줄 타기를 — 그것도 우리의 모든 것을 호시탐탐 집어삼키려 드는 '무작위적' 불행의 심연 위에서 — 하고 있다는 생각을 안 할 수 있겠는가? 정말 이런 비극들에 아무런 의미도 없다면, 어떻게 우리의 삶과 운명에서 질서와 인과관계를 찾을 수 있겠는가?

무질서한 삶은 비극적일 수밖에 없다. 아무런 의미 없이도 어쨌든 살아갈 수는 있겠지만, 그때 우리는 한시도 마음을 놓지 못할 것이다. 삶을 신뢰할 수 없으므로 우리는 어떤 상황에서도 안정감을 느끼지 못할 것이다. 그런 삶은 우리의 내적 갈망에 귀 기울여주지도, 우리의 진심 어린 노력에 보답해주지도 않는다. 단 한 사람의 삶일지라도 그것이 가치 없는 것으로 무시당한다면, 우리가 그런 부당한 우주를 신뢰할 수 없음은 자명하다.

우리가 지금의 삶을 전부로 보느냐, 연속적인 과정 중의 한 단계로 보느냐에 따라서 인류 공통의 문제인 고통에 관한 우리의 대답은 크게 달라질 것이다. 지금의 삶을 전부로 볼 때, 우리에게는 두 가지 선택이 남는다.

첫째는, '무작위적 삶'이라는 전제를 받아들이고 그 안에서 최선을 다하는 것이다. 오늘날 많은 사람들이 믿는 것처럼 우리가 임의적인 진화를 통해 존재하게 된 다소 복잡한 물질적 존재일 뿐이라면, 우리 삶의 의미는 그 자체로는 전혀 실체가 없으며 그저 애써 덧붙여진 '주관적인' ― 실존주의자들이 말하듯 ― 관념일 뿐이다.

물질적 작용만이 전부여서 우리는 다만 몸과 함께 소멸할 존재라면, 우리는 어떤 목적과 이상도 없이 그저 '필연과 우연'*에 의해 인도되는 우주 속에 살고 있는 것이다. 그렇다면 오직 주어진 운을 최대로 활용하고 위험요소를 줄이는 정도가 우리가 할 수 있는 일의 전부이다.

둘째는, 육신이 죽은 후에 그 부당한 삶을 보상해줄 사후세계가 영원히 펼쳐진다는 서양의 전통적 종교교리를 따르는 것이다. 그러나 유감스럽게도 여기에는 부당한 삶이 애초에 왜 필요했는가에 대한 설명이 빠져 있다. 하나님의 의도라고는 하지만, 우리는 하나님께서 왜 삶에 이런 비극을 허용하셨는지 이해하지 못한다. 수백 년간 논의가 있었음에도, 서양의 신학자들은 '전지전능한 사랑의 하나님'이라는 믿음과 '인간의 필연적 고통'을 동시에 충족시켜주는 설명을 내놓지 못했다. 이 문

---

* 철학적으로 필연(necessity)와 우연(chance)은 엄밀히 구분되어야 할 용어이지만, 여기서는 문맥상 '기계적으로 흘러가는' 정도로 해석함이 적절할 듯싶다. 하나의 사건을 놓고 봤을 때, 거기서 인과관계가 발견되었느냐 아직 발견되지 못했느냐에 따라 그것은 '필연'으로도 '우연'으로도 불릴 수 있다. 역주.

제는 여전히 수수께끼로 남아 있다.*

인류의 고통에 관한 서양신학의 설명, 그리고 그로부터 비롯된 '불가지不可知의 하나님'이라는 믿음은 종교적 계시(revelation)가 아니라 그저 미심쩍은 가설 — '지상의 삶은 단 한 번뿐이다' — 에 토대를 두고 있다. 반면 우리의 삶은 주기적으로 반복되고 각각의 삶은 더 큰 흐름 속에서 해석될 수 있다는 대안적 가설이 등장할 때, 이 세상은 조금 복잡해 보이지만 훨씬 더 '인간적인' 곳으로 될 것이다.

우리가 윤회론의 시각으로써 삶의 리듬을 발견하기 시작할 때, 우리를 둘러싼 혼돈은 곧 정교하고 아름다운 교향곡으로 모습을 바꾼다. 백년 전에 심어진 삶의 주제가 오늘 싹을 틔우고 백 년 후에 마무리된다. 한 생에서 내려진 선택의 결과가 다음 생으로 인계된다. 이 과정에서 버려지는 것은 없다. 실로 모든 것에 의미가 있다.

수백 년 동안, 과학자들은 우리가 살고 있는 이 물질우주의 장엄함과 다채로움을 밝혀왔다. 은하계의 생성과 소멸이 일어나는 거시세계로부터 입자가 '잠재적 가능태'로서 작용하는 미시세계에 이르기까지, 이 우주는 기막힌 정교함뿐만 아니라 그 창조력과 아름다움으로써도 우리를 감동케 한다.

자연은 그 어떤 수준에서 보든 하나의 예술작품이다. 물질우주의 어느 곳으로 눈을 돌리더라도 우리는 그곳에서 질서와 지성**으로 충만한

---

* 인류의 고통을 사탄의 책임으로 돌리려는 시도는 번번이 실패로 돌아갔다. 왜냐하면 사탄 또한 궁극적으로는 하나님으로부터 비롯된 존재라서, 그의 능력은 하나님이 암묵적으로 허용한 범위 안에서만 발휘되기 때문이다. '아담의 원죄'라는 설명으로써 인류의 고통을 인류 자신의 책임으로 돌리려는 시도도 같은 처지이다. 하나님께서 정성껏 빚은 창조물이 괘씸하게도 그 첫 번째 시험조차 통과하지 못했다고? 앞뒤가 맞지 않는다. 당연히 하나님도 이 문제에 관여되어 있다고 보아야 합당하다.

세계를 보게 된다. 하지만 시선을 우리 자신의 삶으로 향할 때면 이런 질서가 — 적어도 계몽주의 시대 이후로는 확실히 — 사라지는 듯 보인다. 실존적 차원에서 우리의 삶은 그저 우연에 좌우되는 것 같다. 날씨는 물론 인간의 건강과 정신까지 통제하는 우주의 질서가 오직 우리의 운명에 대해서만은 손을 놓아버린 것 같다.

정말로 온 세상을 주관하고 있는 우주의 질서가 유독 인간의 삶만 보듬지 않는 것일까? 그렇다면 장관을 이루는 해넘이의 아름다움도 우리에게는 그저 잔혹한 유희에 지나지 않는다. 우주 만물이 질서로부터 만들어지고 그 질서 안에 속해 있지만, 우리의 삶은 근본적으로 그 아름다움에 동참할 수 없기 때문이다.

하지만 인간의 삶이 이 물질우주의 바탕에 깔린 장엄한 질서와 무관하게 흘러간다는 생각을 지지하는 것은 확고한 증거가 아니라, 우리의 몸이 죽으면 우리의 삶도 끝난다는 하나의 가정일 뿐이다. 윤회론을 받아들이는 순간, 우리는 미처 알지 못했던 새로운 인과관계를 발견하게 된다.

윤회라는 개념은 우리의 수많은 생을 의미 있는 과정으로서 배열시키는 '인과법칙'과 떼놓을 수 없다. 고대 인도에서는 이런 인과법칙을 '카르마karma'라고 불렀고, 그 용어는 오늘날까지도 윤회론자들 사이에서 가장 흔하게 쓰이고 있다.

카르마의 법칙에 따르면 우리의 삶에 우연이란 없다. 이유가 없어 보

** 그 원인을 지적인 조물주에게서 찾든 진화의 놀라운 메커니즘에서 찾든 간에, 자연 속에 일종의 지성(intelligence)이 내재되어 있다는 사실은 분명하다.

이는 사건들조차도 실은 그 당사자의 개인사 깊숙한 곳 어딘가에 그 원인이 묻혀 있다. 그리고 카르마는 우리의 삶을 조율하는 인과관계의 흐름을 더 큰 자연의 질서 속으로 끼워 넣는다. 보이지 않는 자연의 질서와 겉으로 드러난 물질우주의 질서는, 서로 똑같다고는 볼 수 없지만 둘 다 '예외 없음'을 그 바탕으로 한다.

이렇듯 카르마와 환생이란 개념은 이 우주와 우리 사이의 교감을 회복시켜준다. 그럼으로써 우리의 삶은 우리를 둘러싼 이 지상의 질서와 지성, 아름다움에 다시 동참하게 된다.

윤회론을 받아들이는 것은 추상적이고 현학적인 신념의 문제만이 아니다. 윤회론은 우리가 일상의 구체적인 시련을 마주하는 방식까지 바꿔놓는다. 잠깐 시간을 들여서, 지금 이 순간 당신이 씨름하고 있는 문제나 과제를 — 인간관계, 일, 경제적 어려움, 그 외 당신을 괴롭히는 그 무엇이든 — 마음속에서 살펴보라.

그중 한 가지 문제를 택하여, 그것이 뜬금없이 나타난 것이 아니라 당신에게 꼭 맞는 목적과 가능성을 품고 빈틈없이 등장한 것이라면 이 상황이 얼마나 달리 보일지를 생각해보라. 그렇게 마음가짐이 달라졌는데 당신이 직면하고 있는 경험이 어찌 이전과 같을 수 있겠는가?

이것은 연극의 배경이 갑자기 낯설게 변하는 느낌과 비슷할 것이다. 예컨대 당신이 셰익스피어 작품을 연기하고 있는데 무대의 배경이 〈스타트랙〉의 우주선 조종실로 바뀌었다고 상상해보자. 그러면 그 장면의 인상도 확 달라질 것이다. 당신은 어떻게든 연기를 이어가려고 해보겠지만, 낯선 배경 탓에 자신의 대사가 기존의 의미를 잃었다는 생각을 떨칠 수 없을 것이다. 아무리 훌륭한 배우라도 결국 이질감을 참지 못하고 연기를 멈춘 후 이렇게 따져 물을 것이다. "대체 뭐가 어떻게 돌아가는 거야?"

정말로 뭐가 어떻게 돌아가는 걸까? 윤회론을 받아들이면 우리의 자아상과 소속감 자체가 바뀌므로 우리는 더 이상 기존의 규칙대로 게임에 임할 수가 없다. 우리는 '윤회하는 우주'의 새로운 규칙을 알아야 한다. 이 책의 주요 목적 중 하나는, 바로 이처럼 '윤회가 우리 삶의 전략을 실제로 어떻게 바꿔놓는가'라는 질문에 답하는 것이다.

윤회론을 깊이 받아들일수록, 나는 내 전생의 세부사항을 알아내는 것이 중요하지 않으며 오히려 쓸데없는 짓임을 점점 더 확신하게 되었다. 물론 과거를 끌어안음으로써 심리적 자유를 얻는 치유 효과도 중요하지만, 소위 과거에 '사로잡히면' — 무수한 윤회론자들이 그런 유혹에 빠진다 — 현재 상황에 대한 인식의 폭이 좁아지기 십상이다.

과거는 지금의 내가 어떤 존재인지, 또는 앞으로 내가 어떻게 될지를 알려주지 않는다. 오히려 과거를 현재의 의미를 비추어보는 도구로써 이용할 때라야 우리는 삶을 펼쳐나가는 데 큰 이로움을 얻을 수 있다.

이처럼 윤회론은 두루 설득력을 갖추고 있다. 하지만 뒷받침할 증거가 없다면 그저 '근거 없는 가설' 수준을 벗어나지 못할 것이다. 다행스럽게도 우리에게는 증거가 있다. 그것도 역사상 그 어느 때보다 많은 증거가 수집되어 있다.

과거에는 종교적 신념이나 단순한 추측만 가지고 환생을 주장하거나 반박할 수밖에 없었다. 하지만 지금은 학계의 온갖 분야에서 보고된 수많은 사례를 — 그것들은 때로 예기치 못한 불청객처럼 등장한다 — 직접 검증해볼 수 있다. 내가 윤회를 종교적 차원에만 국한된 문제로 여기지 않는 이유가 바로 그런 증거들 때문이다. 물론 윤회는 삶의 진실을 더 넓은 시야에서 바라보게 해준다는 점에서 종교와 완전히 분리될 수 없다. 하지만 오늘날 우리의 지적 수준은 윤회를 실증 가능한 주제로 바꿔놓았다. 이제 윤회는 신념이 아니라 철저한 검증을 통해 받아들여야 할 문제가 되었다.

최소한 25년 이상의 세월 동안 윤회에 관한 엄정한 조사가 진행되어왔다. 까다로운 전문가들에 의해 수집된 증거가 벌써 차고 넘쳐서 이제는 그것들을 다시 정리하여 초심자들에게 설명해주는 2차 작업이 시작되고 있는 실정이다.*

우리는 다음 장에서 그런 증거들 중 일부를 살펴볼 것이다. 그러나 나는 윤회론을 대변한답시고 이미 잘 정리되어 있는 주장들을 공연히 되풀이할 필요는 없다고 생각한다. 그래서 이 책은 '주장'보다는 '해설'에 더 초점이 맞추어져 있다. 우리는 이미 검증된 전생의 증거들로부터 한발 나아가서, 그 발견 이후에 펼쳐지는 '더 넓은 세계관'을 묘사하는 데 집중할 것이다.

나 또한 개인적으로 도저히 반박할 수 없는 환생 사례들을 수집해왔다. 나는 열린 마음으로 그 내용을 들여다본 사람이라면 대부분 나와 같은 결론에 이를 수밖에 없으리라고 믿는다. 그렇지만 이제 우리는 증거 수집의 차원을 넘어서야 한다. 대학의 내 제자들은 깜짝 놀랄 만한 환생 사례들을 찾아 면밀히 조사하고 나서도 이내 그것으로부터 마음을 거두곤 한다. 그런 사례들을 이해하게끔 해줄 '체계화된 철학'이 없기 때문이다.

---

* Sylvia Cranston & Carey Williams, *Reincarnation: A New Horizon in Science, Religion, and Society* 참고.

사람들은 '윤회가 일어나는 세상'을 어떻게 받아들여야 할지 몰라서 그저 뒤로만 물러난다. 그러니 우리네 일상의 삶과 윤회론을 하나로 엮어줄 새로운 틀이 꼭 필요하다. 이 책의 목적은 바로 그런 밑그림을 그려보는 것이다. 윤회론이라는 확고한 토대 위에서 삶을 바라보는 사람의 머릿속은 어떤 것인지를 한 번 들여다보자는 말이다.*

윤회에 관한 수많은 의문을 이 책에서 전부 다루기는 불가능하다. 심지어 그중 상당수는 아직 신뢰할 만한 답이 찾아지지 않았다. 지상의 삶이 한 번 이상이라는 확실한 증거들이 있지만, 그렇다고 윤회가 '어떻게' 일어나는지까지 밝혀진 것은 아니다. 증거들은 아직 하나의 삶이 다른 삶으로 흘러가는 과정을 정확히 알려주지 못하고 있다. 그 외에도 윤회에 관해 아직 이해할 수 없는, 그러나 알고 싶은 많은 의문이 남아 있다. 예컨대 환생 사례들은 우리 여행의 시작점과 종착점을 알려주지 않는다. 이런 의문들은 꼬리에 꼬리를 물며 이어진다.

그러나 우리의 이해가 아직 불완전하다고 해서 그것이 윤회를 삶의 진실로 받아들이지 못할 이유가 될 순 없다. 집 앞의 길이 어디에서 시작되어 어디를 향하는지를 모르더라도, 우리는 현관을 열고 거기에 길이 있음을 충분히 확인할 수 있다. 마찬가지로 어떤 자연현상이 실재한다는 사실을 확인하고 그것이 더욱 탐구되어야 할 주제임을 인식하기 위해서, 그 현상의 모든 측면을 다 꿰고 있어야만 하는 것은 아니다.

---

* 과학철학에서는 몇몇 변칙적인 자료를 발견했다고 해서 간단히 기존 이론을 부정해서는 안 된다고 말한다. 마찬가지로 우리도 기존 이론을 포기하기 전에 최소한, 새 이론이 기존 이론의 설명을 충실히 대체함과 '동시에' 새로운 자료들까지도 잘 담아낼 수 있는지를 확인할 필요가 있다. 즉 '삶은 단 한 번뿐'이라는 익숙한 관점을 내려놓으려면 단순한 환생의 증거 이상의 무언가가 필요하다.

이 책에서 논의될 내용은 실로 다양한 출처로부터 나온 자료들을 토대로 삼고 있다. 그중에는 대단히 '단단한' 자료도 있지만, 좀더 다양한 해석이 가능한 '무른' 자료도 있다. 아직 독자들에겐 생소할 새로운 정신요법들에 의한 자료도 있고, 대단히 희귀한 체험인 탓에 언뜻 얼토당토않게 들릴 내용도 있을 것이다.

그러므로 나는 본격적인 논의에 앞서서, 적어도 내 나름의 기준에 비추어 충분히 신뢰할 만한 연구자들이 수집한 자료만을 엄선하여 근거로 삼았다는 사실을 밝힌다. 간혹 생소한 이름이 보이지만, 이미 그들은 전문가들 사이에서 의식 연구의 계보를 잇는 중요한 인물들로 인식되고 있다. 장황한 설명으로 논의의 초점이 흐려지는 일을 피하기 위해 부득이 본문에서 각각의 연구자 또는 단체를 상세히 소개하지 못함을 양해해주기 바란다.

나는 그 대신에 인간의식 연구를 비롯한 다양한 분야에서 수집된 뜻깊은 정보들을 한데 모으고 그것들을 윤회라는 주제를 중심으로 체계화하는 데 집중했다. 나는 독자들이 그 자료들을 신중히 살펴봄으로써 나의 논지가 과연 일리가 있는지를 직접 판단해보길 권한다.

동양의 종교철학들은 이미 수천 년간 윤회론을 발전시켜왔기에, 서양 연구자들이 찾은 자료의 의미를 더 깊게 이해하기 위해서는 먼저 동양의 사상으로 눈을 돌려야 한다. 그러나 윤회가 오직 동양만의 개념이었던 적은 단 한 번도 없다. 고대사회에는 환생이란 개념이 폭넓게 퍼져 있었으며 오늘날의 현실도 크게 다르지 않다. 서양의 종교들도 각자의 신비전통을 통해 윤회론을 설해왔다.

윤회론을 담고 있는 종교와 그렇지 않은 종교의 차이는, 그것의 기원지가 동양이냐 서양이냐가 아니라, 그 종교의 영적 수행법이 인간의식을 얼마나 깊게 파고드느냐에 달린 듯하다. 소위 '의식의 심층부' — 전생의 기억이 담긴 — 로 진입시켜주는 심리적 훈련이 행해지는 곳에는 윤회에 관한 믿음도 함께 등장하는 경향이 있다. 그러므로 동양의 종교인가 서양의 종교인가가 중요한 것이 아니라, 같은 종교 안에서라도 그것이 대중적(exoteric) 계파인가 비교적秘敎的(esoteric) 계파인가에 따라 극명하게 관점이 달라질 수 있다는 말이다.

이후의 장들에서 이런 차이가 자주 언급될 것이므로, 여기서 좀더 자세히 설명하고 넘어가기로 하겠다.

대중적 종교관과 비교적 종교관

종교는 삶의 철학으로서 그 안에 실로 다양한 측면들을 품고 있다. 어떤 사람들에겐, 종교란 그저 주말마다 지켜야 할 의무이자 인생의 중대사를 치러내는 의례儀禮 정도의 의미만을 가진다. 다른 사람들에겐, 종교란 자신의 가족관계와 사회생활과 정치활동 등에 두루 적용되는 가치관으로서의 의미를 띤다. 또 다른 사람들에겐, 종교란 자기 영혼 깊숙한 곳을 탐구하게 해주고 우주의 내밀한 작용에 동참하도록 이끄는 영적 수행체계로서 작동한다.

그중에서 상대적으로 의례儀禮적인 부분을 우리는 종교의 대중적인 또는 외피적인 측면이라고 말한다. 인류의 상당수는 소위 '대중종교'에 속해 있다. 당신은 이런 측면을 교회, 유대교 회당, 사찰 등에서 쉽게 볼 수 있다. 현재 종교의 의례와 신앙생활의 대부분은 바로 여기에 치중하고 있다.

반면 종교의 비밀스러운, 즉 비교적秘敎的 측면을 찾고자 한다면 조금 노력이 필요하다. 소위 '신비전통'(mystical tradition)은, 단순한 신앙생활 만으로는 만족하지 못하고 그 교리가 가리키는 진리를 직접 경험하고 싶은 사람들을 위한 것이다. 이것은 좀더 엄격한 생활을 요구하며, 영적 수행에 평생을 투자할 용의가 있는 사람들을 이끌어준다. 그런 이유로 신비전통에 심취한 사람들은 도시를 떠나서 영적 수행이 덜 방해받는 산속이나 수도원으로 들어가곤 한다.

소위 비교적 전통들은 탄탄한 교리를 그저 가르치는 것만이 아니라 그것과 접목된 실제의 경험으로 사람들을 안내한다. 그리고 그런 경험에 익숙해질수록 오히려 교리는 덜 중요해진다. 실제의 경험과 동떨어진 말들은 저절로 의미를 잃어간다.

그럼에도 이 탐험자들은 몸소 발견해낸 인간의 내면과 우주의 진실을 오랫동안 기록으로 남기고 전해왔다. 그리고 그것들은, 마치 고등학교 수업에서는 대학원 수준의 물리학을 가르치지 않듯이, 대중적 종교의 내용에는 포함되지 못했다.

신을 향한, 초월을 향한 탐구는 보편적인 것이다. 따라서 어떤 종교든 대중적 측면과 비교적 측면을 함께 가지고 있다. 모든 종교는 단순한 가르침에 만족하는 일반 신도들과 기어코 경험적 앎을 추구하는 소수의 전승자를 다 같이 아우른다.

요컨대 하나의 종교를 두 개의 중심점을 가진 타원이라고 생각해보자. 그 두 개의 중심점은 각각 대중적 측면과 비교적 측면을 가리킨다. 그 둘은 서로 떨어져 있지만 여전히 한 종교의 일부분이다. 그 둘은 한 종교의 테두리 — 일관된 경험과 특징 — 안에 있지만 각기 다른 입장을 대변한다. 사실 그 둘은 종종 상호의존적인 모습을 보인다. 즉 소수의 전승자들은 수행에 전념하기 위해 일반 신도들의 뒷받침이 필요하고, 반대로 일반 신도들은 소위 '영적 엘리트'들로부터 지혜와 힘을 구하고자 하는 것이다.

나는 종교철학자로서 특히 종교의 비교적 측면에 초점을 맞춰왔다. 나는 오랜 연구를 통해서 전 세계의 비교전통들이 '공통의' 철학적 맥락을 갖고 있음을 확신하게 되었다. 나는 종교들이 대중적 측면에서는 각각 달라 보이지만 비교적 측면에서는 일관된 공통분모가 있다고 말하는 프리초프 슈온Frithjof Schuon이나 휴스턴 스미스Huston Smith 같은 학자들의 의견에 동의한다.*

타원의 비유로 되돌아가자면, 우리는 다양한 전 세계 종교들의 상호관계를 타원들이 일부분 겹쳐진 모습으로 이해해볼 수 있다.(그림) 바깥의 영역은 각 종교의 대중적 측면을 가리키지만, 교집합으로 이뤄진 안쪽의 동심원은 비교적 측면을 가리킨다.

대중적 측면에서는 각 종교의 외형적 차이가 두드러진다. 종교들은 저마다 다른 의례를 지키고, 다른 경전을 읽고, 다른 달력을 쓰고, 다른 이름의 신을 모신다. 그러나 비교적 측면에서는 실로 놀라울 만큼 비슷한 관점을 취한다.

---

* Huston Smith, *Forgotten Truth: The Primordial Tradition*; Frithjof Schuon, *The Transcendental Unity of Religion, Survey of Metaphysics and Esoterism*.

다양한 종교들이 비교적 측면에서만큼은 하나로 수렴되는 이유는 지극히 단순하다. 영적 구도자들은 내면의 심리적-영적(psycho-spiritual) 차원을 탐구하기 마련이므로 당연히 동일한 것을 볼 수밖에 없다. 사람들은 저마다의 언어로 생각하고 말하지만 그 뇌 구조는 모두 동일하다. 따라서 영적 차원을 더 깊이 파고들수록 점점 문화적 차이는 사라지고 공통분모만이 남게 된다. 그리고 서양의 종교들에서도 종종 발견되는 윤회 개념이야말로 이런 공통분모 가운데 하나이다.

예컨대 랍비 중심의 유대 전통을 보면, 그들은 삶의 일회성을 설하면서 오직 예언을 따라 살아야 한다고 강조했다. 하지만 그런 유대 전통에서조차 하시디즘Hasidism을 창시한 몇몇 신비가들은 윤회론을 받아들여 자신들의 신학에 포함시켰다.* 마찬가지로 주류 이슬람교는 윤회를 부정하고 오직 하나님에게만 헌신하라는 셈족의 사상을 강조한다. 하지만 이슬람교의 신비가인 수피들은 윤회론을 수용했고, 더 나아가 인간이란 존재를 신성의 현현顯現으로 바라보았다.** 그리스도교에서도 신비적 색채가 짙은 영지주의자靈智主義者(Gnostic Christians)들은 정통 교리에서 벗어났다는 이유로 대대적인 박해를 받으면서도 윤회론을 옹호했다. 즉 윤회라는 개념의 존재 유무는 동서양 종교의 차이가 아니라 각 종교의 대중적 측면과 비교적 측면의 차이에서 비롯된다.***

20세기에 이뤄진 흥미로운 지적 발전 중 하나는, 전 세계의 비교전통

---

* 하시디즘은 18세기 초 동유럽에 널리 전파된 유대교 혁신운동 또는 유대교 내의 대표적인 신비사상 분파로서 카발라 철학을 그 중심으로 하고 있다. 역주. / 참고할 만한 책은 Cranston and Williams, *Reincarnation*.

** Macgregor, *Reincarnation in Christianity*.

이 공통으로 설해온 영혼의 여정이 다양한 분야의 연구를 통해 구체적으로 드러나기 시작했다는 것이다. 특히 스위스의 정신의학자 카를 융은 이런 패턴을 인식한 서양의 첫 번째 지성이었다. 그리고 그의 연구 이후로 이런 흐름은 점점 더 거세지고 있다.

예컨대 양자물리학이 말하는 양자적 현실과 동양 명상가들의 가르침이 유사하다는 사실은 이제 거의 상식이 되어버렸다. 프리초프 카프라, 개리 주카브, 프레드 울프**** 등의 학자들은 물리학을 깊숙이 연구한 학자들과 인간의식을 깊숙이 연구한 학자들이 이 세상의 구조에 대해 놀랍도록 같은 이야기를 하고 있음을 실증해 보였다.

같은 맥락에서, 인간의식 연구가들은 비교전통의 많은 요소들을 뒷받침해줄 객관적 증거들을 속속 찾아내고 있다. 현대적 기법으로 인간의식을 깊이 탐구할수록 우리는 과거의 탐구자들이 전해준 통찰이 진실이었음을 더 확신하게 된다. 강렬한 체험으로 이끄는 정신요법을 통해 스타니슬라브 그로프가 수집한 정보들은 그중에서도 백미라고 할 만하다.*****

이처럼 고대와 현대의 증언이 일치하고 비교전통들 사이에도 범문화

*** 동일 종교 내의 대중적 분파와 비교적 분파의 신학적 차이는 그 두 세력의 껄끄러운 관계에서 비롯되기도 한다. 예컨대 서양의 종교들은 대개 대중적 분파에 의해 교리가 정립되었다. 그들은 직접적인 경험에 바탕을 둔 비교적 분파의 주장엔 귀를 닫았다. 따라서 서양의 신비가들은 자신의 내적 경험과 공적 교리 사이의 갈등을 어떻게든 해소해야만 했다. 일부 신비가들은 자신의 경험들 중 교회의 교리와 일치하지 않는 것들을 부정하는 간단한 방법을 택했다. 17세기 신비가인 십자가의 성 요한은 《가르멜의 산길》에서 이렇게 말한 바 있다. "교회가 이미 밝혀놓은 것 외에는 어떤 글도 필요치 않다. 우리는 교리에 맞지 않는 경험을 부정해야 한다. 그 어떤 신비한 경험에도 주의를 뺏기지 않도록 조심해야 한다." 성 요한이 직접 경험하고도 스스로 부정해버린 그 황홀경의 내용을 아직도 궁금해하는 사람들이 많다.

**** Fritjof Capra, *The Tao of Physics*; Gary Zukav, *The Dance of the Wu Li Masters*, Fred Wolf, *Star Wave*.

적 공통점이 있기 때문에, 나는 이 책에서 비교전통의 자료를 인용하면서 군이 장황한 변론을 덧붙이지 않았다.

내가 이 책에서 말하는 영혼의 여정은 '현대적 연구를 통해 부활한 고대의 세계관'이라고 할 수 있다. 그에 따르면 우리의 삶은 영적인 것이고, 물질우주의 바탕에는 더 큰 근원인 영적 우주가 있다. 그리고 우리는 그 두 우주를 오가면서 지상에 온 목적을 성취할 때까지 이 여정을 계속해간다.

이런 관점을 받아들인 이후로, 나는 서양문화를 지배하는 두 가지 세계관 사이에서 철저하게 중간길(中道)을 걷게 되었다. 한쪽에는 영적 세계를 믿지만 윤회론은 거부하는 유대교와 그리스도교가 있다. 다른 쪽에는 물질세계만이 실재한다는, 또는 물질세계야말로 존재의 본질이라는 유물론적 신념이 있다. 유물론은 아예 영적 세계 자체를 부인하기 때문에 거기에는 윤회론이 들어설 여지가 없다.

사후세계에 관한 서양의 관념은 역사적으로 그리스도교로부터 큰 영향을 받았다. 따라서 우리는 6장에서 그리스도교 신앙에 윤회론이 끼어들 여지가 있는지를 따로 상세히 알아볼 것이다. 하지만 유물론에 대해서는 지금 살펴보고 지나가는 편이 좋겠다. 우리의 사고방식은 이미 유물론에 물들어 있고, 바로 그것이 윤회 개념을 막아서는 첫 번째 장벽이기 때문이다.

***** Stanislav Grof, *Realms of the Human Unconscious*, *LSD Psychopherapy*, *Beyond the Brain*, *The Adventure of Self-Discovery*, *A Human Encounter with Death*(Joan Halifax와 공저), *Beyond Death*(Christina Grof와 공저) 등등. Renee Weber가 편집한 *Dialogues with Scientists and Sages: The Search for Unity*와 Stanislav Grof가 편집한 *Ancient Wisdom and Modern Science*도 같은 맥락이다.

물질적 현실만이 전부인가

'물질만이 실재한다'는 세계관을 소위 유물론이라고 부른다. 엄정한 철학적 관점에서 볼 때 유물론의 한계는 명확하다. 왜냐하면 우리의 생각과 감정조차 물리적으로는 제대로 설명될 수 없기 때문이다. 생각과 감정은 우리가 일상에서 접하는 물질과는 전혀 다르다. 무슨 수를 쓰든 그것들을 물질로 환원시킬 수는 없다.

이런 결함 탓에 유물론자들은 소위 '자연주의(naturalism)'라고 하는 두 번째 가설을 내놓게 되었다. 자연주의란 (1) 순수하게 비물질적인 것은 존재할 수 없고 (2) 모든 존재의 최종 결정권은 물질적 측면에 달려 있다는 관점이다.* 쉽게 말해서, 자연주의란 어쨌든 물질이 모든 것의 뿌리라는 관점이다. 물질만이 현실의 궁극적 토대며 만물의 기초이므로, 예컨대 인간의 생각과 감정이 물리적으로 설명될 수 없다 하더라도 여전히 그것의 결정권과 통제력은 물질적 측면에 — 뇌 구조와 같은 — 달려 있다는 것이다. (오히려 무학자無學者들이 이것이 말장난에 불과하다는 사실을 잘 집어내곤 한다. 그들은 "결국 그 말이 그 말 아니냐"며 유물론과 자연주의의 옹색한 차이점을 지적한다.)

이런 형이상학적 자연주의(Metaphysical naturalism)는 지금 이 시대에 가장 강력하고 보편적인 세계관이다.** 양자역학이 자연주의의 주창자들

---

* Huston Smith, *Beyond the Post-Modern Mind*, 114쪽. / 나는 이 책의 많은 부분을 휴스턴 박사에게 빚졌다. 과학이 어떤 식으로 우리의 형이상학적 추론에 굴레를 씌우고 있으며, 과학이 왜 명쾌한 '인간론'을 제시하지 못하고 있는지를 알려면 그의 멋진 책을 읽어보라.
** 자연보호, 자연회복, 자연친화의 뜻으로 쓰이는 '자연주의'와 구분하기 위해서 '형이상학적 자연주의'라고 기술했다. 부디 '자연'이라는 단어가 주는 긍정적인 느낌이 훼손되지 않기를 바란다.

이 알았던 것보다 훨씬 더 미시적인 우주의 실체를 밝혀낸 지도 벌써 50
여 년이 흘렀지만, 여전히 미국의 지성인들에게 자연주의는 거의 종교
처럼 떠받들어지고 있다. 종파 간의 세력다툼, 정치개입, 지식의 독점이
빚어낸 그리스도교에 대한 환멸을 등에 업고 등장한 과학은 물질세계를
파악하고 통제하는 데 엄청난 성공을 거두었다. 우리는 과학이 써내려
온 '대서사시' 때문에 유물론적 관점을 차마 내려놓지 못한다. 물질세
계의 비밀을 밝히고자 했던 과학자들의 시도는 더없이 극적이고 성공적
이었다. 따라서 우리는 우주 만물이 언젠가는 물리적으로 전부 설명되
리라는 믿음을 갖게 되었다. 즉 물질세계가 만물의 토대라는 '성급한'
결론에 이르고 만 것이다.

초기의 과학은 진실을 탐구하는 다른 접근법들과 공존했다. 과학은
물질세계를 탐구했고, 신학은 영적 세계를 탐구했다. 하지만 과학적 방
법론에 대한 신뢰가 커질수록, 과학을 통해 얻게 될 것들에 대한 기대가
커질수록, 우리는 신학적 탐구보다는 과학적 탐구가 좀더 '유용'하다고
확신하게 되었다. 신학적 방법론은 과학적 방법론처럼 딱 부러지는 증
거나 반증을 내세우지 못하니까 말이다. 게다가 과학기술은 사람들이
종교를 통해 얻고자 했으나 별로 성공하지 못했던 무수한 혜택을 선물
해주지 않았는가? 따라서 그동안 별로 성과가 없었던 영역(영적 세계)에
다 괜히 시간 낭비하지 말고, 명확한 결과가 나오는 영역(물질세계)에 초
점을 맞춰야 한다는 정서가 널리 번졌다.

그러나 나름대로 설득력 있고 타당했던 이 편애는 점차 모든 것을 바
꿔놓기 시작했다. 과학이 이뤄내는 극적인 진보를 보면서, 우리는 과학
의 주제가 신학의 주제보다 훨씬 더 '현실적'이라고 느끼기 시작했다.
그리고 마침내는 물질세계에 속하지 않는 것들의 '실체'마저도 의심하

기에 이르렀다. 결과가 명확한 물질세계를 선호하는 것과 물질세계만이 전부라고 주장하는 것은 전혀 다른 태도인데도 말이다. 곧 후자의 관점만이 '과학적'인 것으로 여겨지는 오류가 빈번해졌고, 그런 오류를 부추기고 널리 퍼뜨린 장본인은 바로 과학자들이었다.

자연과학(hard science) 분야는 물질세계의 탐구에만 집중한다. 자연과학은 지금껏 다른 학문들이 거두지 못했던 큰 성취를 이뤘다. 하지만 자연과학은 스스로 정한 한계 때문에 비물질적(nonphysical) 세계의 실체와 원리에 대해서는 어떤 설명도 내놓지 못한다.* 자연과학은 자신의 방법론으로 접근할 수 있는 주제만을 논할 수 있다. 만약 이 한계를 벗어난 과학자가 있다면 그는 사실상 과학자이기를 포기한 것이다. 휴스턴 스미스의 표현을 빌리자면 진짜 과학 대신에 '과학만능주의(scientism)' 또는 '형이상학적 자연주의'라는 가면을 쓴 것이다.

과학만능주의는 나쁜 과학이다. 대개 수준 낮은 과학교사 또는 과학의 권위에 기대려는 사람들이 흔히 이런 태도를 보인다. 하지만 오늘날 최고의 연구결과를 선보이는 진짜 과학자들은 과학만능주의와 거리가 멀다. 형이상학적 자연주의를 광신적으로 찬양하며 그것을 거의 '사회적' 진리로 만들어버린 과학자들은 오히려 스스로 과학자로서의 책무를 포기해버린 것이나 다름없다. 그들은 어떤 철학적 논쟁도 벌이지 않지만 사실상 과학자가 아니라 철학자인 셈이다.

형이상학적 자연주의의 영향력 아래, 이 '사회적' 과학자들은 물질세

---

* 다만 과학은 이전까지 비물질적 원리를 따른다고 여겨졌던 몇몇 사건들이 사실은 물리적 법칙에 의한 것이었음을 밝혀낼 수 있다. 그때 과학은 '영적 세계'의 범위와 크기에 관한 우리의 추정치를 '정당하게' 축소할 권리를 얻는다.

계 너머에 뭔가가 존재한다는 우리의 직관과 인식을 그저 유치한 상상의 산물 또는 전근대적인 문화적 신경증으로 왜곡해왔다. 그리고 그런 내적 이끌림은 신도 없고 영생도 없는 가혹한 현실을 회피하기 위한 자기기만적 환상에 지나지 않으니 단호히 거부하라고 가르쳤다.

과학이라는 이름에 현혹당하고 과학과 과학만능주의를 혼동하게 되면서, 우리는 우리 자신의 가장 깊은 심층을 스스로 내치게 되었다. 이성을 앞세우면서 우리는 이성의 배후에 있는 현묘한 목소리에 귀 기울이기를 포기해버렸다. 과학과 과학기술이 삶의 많은 부분을 극적으로 개선하는 ─ 비록 최근엔 위험성이 부각되고 있다 하더라도 ─ 동안, 우리는 '영적으로 무감각해지는' 엄청난 대가를 치르고 있었던 것이다.

좋든 싫든 간에, 형이상학적 자연주의는 오늘날 우리 모두의 뼛속 깊숙이 스며들어 있다. 그로 인해 우리는 생활 수준의 통계적 평균치를 기준으로 삶의 질을 판단하게 되었고, 뇌파를 근거로 의식 상태를 평가하게 되었다. 물질계 너머의 삶에 대한 믿음을 상실했으니 그저 몇 달 생명을 늘려줄 뿐인 의료기술이 환상적인 것으로만 보였다. 과학의 산물에 집착하게 되면서 유물론이 우리로부터 뺏어간 것들과 과학기술의 부작용들은 뒤로 감춰졌다. 우리는 물질세계의 비밀을 밝혀낸 과학의 엄청난 성공이 우리 자신마저 한갓 물질적 피조물로 전락시키도록 방관했다.

하지만 우리는 그런 존재가 아니다. 게다가 과학이 우리를 그런 결론으로 이끌지도 않는다. 형이상학적 자연주의는 '과학'의 오류가 아니라 '우리'의 오류이다. 이것은 지금 이 시대에 유행하고 있는 잠깐의 열병일 뿐이다.

근대적 사고방식은 과학과 영성을 서로 반대되는 것으로 보지만 탈근대적 사고방식은 그 둘의 관계를 재정립한다. 이는 우리의 마음이 약해져서가 아니라 그 중간에 두 가지 중대한 변화가 있었기 때문이다.

첫째로, 우주를 거대한 기계로 보았던 뉴턴-데카르트식 관점을 뒤엎는 발견이 과학계 내부에서 일어났다. 양자물리학이 물질 그 자체에 대한 우리의 가설을 흔들어놓았다. 동시에 정보이론, 인간의식 연구, 인공두뇌학, 체계이론, 화학, 생물학 등이 발전하면서 영적 세계에 덜 적대적인 새로운 패러다임을 제공해주었다. 그레고리 베이트슨, 일리야 프리고진, 루퍼트 셸드레이크, 스타니슬라브 그로프, 아르투르 영 등의 저술을 읽으면 누구나 과학이 형이상학적 자연주의로부터 급격히 분리되고 있음을 이해하게 된다.

둘째로, 최근 서양에서 전통적인 영적 수행법들이 대대적으로 관심을 얻으면서 수많은 사람들이 자신의 초월적* 측면을 직접 경험하게 되었다. 지난 수십 년간 수많은 동양의 명상지도자들이 미국으로 건너와서 수행센터를 지었다. 출신이 미심쩍은 자칭 '동양의 스승'들이 언론의 과한 주목을 받기도 했지만, 그럼에도 진짜 자격 있는 교사들은 보이지 않는 곳에서 그들의 전통을 전파하기 위해 애를 썼다. 그들은 해마다 수만 명 이상의 사람들이 다양한 세미나와 프로그램에 참여할 수 있도록 곳곳에 영적 교육과 수행을 위한 기관을 설립했다. 게다가 효과가 강력한 정신요법들이 속속 등장하여 수천 명 이상의 사람들에게 삶의 초월적 측면을 일깨워주기도 했다. 결국 이런 상황들이 어우러지며 점차 지성인들도 생각을 바꾸기 시작한 것이다.**

---

* 여기서 '초월적'(transcendental)이란 말은 일상의 물리적 현실 너머를 가리킨다.
** Stanislav Grof, *Adventures in Self-Discovery*, Peter Francuch, *The Principles of Spiritual Hypnosis*, Leonard Orr and Sandra Ray, *Rebirthing in the New Age* 등 참고.

환생 연구는 현재 형이상학적 자연주의의 관점을 뒤흔들고 있는 많은 연구 분야들 중 하나일 뿐이다. 만약 환생이 진실이라면 자연주의는 거짓일 수밖에 없다. 만약 우리가 지상에서 삶을 여러 번 반복한다면, 우리는 물질세계와 비물질적 세계 사이를 어떤 식으로든 왕복하고 있는 것이다. 진정한 과학자들은 비물질적 세계의 존재 자체를 부정하지 않는다. 그들은 오히려 제시된 주장들을 꼼꼼히 살펴 그 증거들을 세련되게 정리해내고 싶어할 것이다.*

이 책의 개요

이번 장을 통해서 당신은 이후에 이어질 내용을 대략이나마 짐작할 수 있었을 것이다. 이 책의 개요는 간단하다. 앞쪽에서는 윤회론의 중심 요소들을 제시하고, 뒤쪽에서는 그것의 영향력을 폭넓게 탐구해볼 것이다. 이 책은 초심자를 위한 입문서임과 동시에 어느 정도 윤회에 대한 배경지식을 갖고 있는 독자들에게도 자극을 줄 수 있도록 쓰였다. 우리는 기초적인 것들로부터 시작해서 점점 더 진보된 수준의 논의로 옮겨갈 것이다.

---

* 장래엔, 비물질적 세계가 몹시 이해하긴 어렵지만 엄연한 물질계의 '배후'로 여겨질지도 모른다. 또는 물질계야말로 비물질적 요소들의 '총합'이라고 여겨질 수도 있다. 양자물리학자들의 몇몇 주장에는 이미 그런 암시가 내포되어 있다. 앞으로 그들의 이론이 얼마나 더 성숙할지는 모르겠지만, 지금 우리가 할 수 있는 일은 형이상학적 이원론에 빠지지 말고 그 두 영역을 그저 있는 그대로 묘사해보는 것이다. (나는 개인적으로 일원론을 지지하고 있으며 이원론은 편의에 따라 차용할 뿐이다.) 이 책에서 나는 '비물질적'이라는 말과 '영적'이라는 말을 번갈아 쓰고 있지만, 그렇다고 후자에 딱히 신학적 의미가 덧붙은 것은 아니다.

2장에서 우리는 연구자들이 발견해온 윤회의 증거들을 살펴볼 것이다. 하지만 2장의 목적은 환생 사례들을 낱낱이 파고드는 것이 아니라, 독자들이 다양한 사례를 통해 각자 시야를 넓히고 자신의 내면도 탐색해볼 수 있도록 돕는 것이다.

3장에서 우리는 '카르마'라는 개념을 살펴보고 현대의 다양한 정신 요법들이 찾아낸 몇 가지 인과관계의 패턴을 그려볼 것이다. 그리고 4장에서는 더 나아가서 윤회론이 우리의 정체성에 미치는 영향을 알아보려 한다. (4장이 가장 쓰기 어려운 내용이었다. 나는 많은 독자들이 4장에 나오는 개념들을 이해하는 데 어려움을 겪으리라 생각한다. 여기서 우리는 우리 자신에 대한 인식을 엄청나게 확장시켜야 한다.)

5장에서는 윤회론이 제시하는 '생의 거시적 주기(리듬)'를 다시 살펴볼 것이다. '죽음'이란 생과 생을 잇는 일종의 중간점일 뿐이다. 또한 '영혼의 나이'에 대해서도 논의해보고, 힌두 차크라 이론을 토대로 영혼의 성장 과정도 그려볼 것이다.

6장에서는 윤회론이 그리스도교 신앙과 양립할 수 있는가를 살펴볼 것이다. 과연 윤회론은 복음서의 주요 내용과 대치하는가? 나는 그렇지 않다고 본다. 여기서 나는 오늘날 그리스도교인들이 취할 수 있는 다양한 선택지를 제시할 것이다. (또한 부록에서는 예수가 윤회를 설했다고 하는 주장 — 신약의 일부 구절 또는 나그함마디 문헌을 일례로 들어서 — 을 자세히 살펴보려 한다.)

윤회론을 받아들인 사람은 필연적으로 '가족관계'에 대한 사고방식을 바꾸게 된다. 그것이 바로 7장의 주제이다. 가족관계는 무작위적 돌연변이와 유전적 결합의 단순한 산물이 아니다. 윤회론은 가족이라는 인연의 심층적 당위성을 다시 인식하게끔 해준다.

8장에서는 이런 사고방식을 가족관계를 넘어 더욱 확장시킬 것이다.

'생명망'(the web of life)이라는 은유를 통해서 카르마와 환생이라는 개념을 탐구함으로써, 우리는 현재 삶의 패턴을 자각하고 이해하고 변화시킬 능력을 얻게 된다.

9장에서는 생명망 개념을 여러 방향으로 더욱 펼쳐놓을 것이다. 첫번째로, 우리가 경험할 것들을 스스로 선택한다는 가설을 제시할 것이다. 그리고 그 가설을 통해 아주 특별한 현상 한 가지를 설명해볼 것이다. 나는 그것을 '장 효과'(field effect)라고 부른다. 요컨대 누군가가 정신요법을 통해 문제의 실마리를 찾아내면 실제로 그의 외부적 조건들이 즉각적이고 극적으로 변하곤 한다. 인위적인 노력과는 무관하게 말이다. 마지막으로, 이 가설로써 불교의 명상법과 그리스도교의 율법이 어떻게 우리를 카르마의 고리에서 벗어나게 해주는지를 살펴볼 것이다.

마지막 10장에서는 윤회론을 받아들일 때, 기존 종교지도자들의 사상만을 답습하던 우리의 사고방식이 얼마나 크게 바뀌는지를 간략히 논의할 것이다.

삶의 한계에 대한 의문이야말로 그 밖의 모든 논의를 좌우하기 때문에, 우리는 첫걸음을 잘 떼어야 한다. 우리의 삶이 과소평가될수록 우리의 잠재력 또한 여지없이 과소평가될 것이다. 물론 과대평가의 경우도 마찬가지 해악이 뒤따른다. 둘 다 해롭고 잔인한 일이다.

우리는 실현 불가능한 꿈 때문에 고문당하길 원치 않는다. 망상적인 인생관에 휩쓸려 헛되이 고생하기도 바라지 않는다. 그렇다면 어떻게 해야 할까? 환생이란 주제는 실증적으로 해결될 수 있는 것인가? 아니면, 명확한 답 없이 영원히 추상적인 논쟁만 이어질 절망스런 주제인가? 이 질문이 바로 탐구의 시작점이다.

2

윤회의 증거

전 세계의 많은 문명에서 윤회는 아주 당연한 진실로 여겨진다. 그들은, 윤회라는 배경을 놓고 보면, 탄생부터 죽음까지의 한 생은 다만 하나의 연결고리일 뿐이라고 말한다. 그러나 서양에서는 이런 관념을 반기지 않는다. 좋든 나쁘든, 우리는 증거의 유무에 그 무엇보다 큰 의미를 부여한다. 우리의 마음속에는 뭔가를 믿으려면 그 증거가 있어야 한다는 사고방식이 자리하고 있다. 따라서 윤회론이 계몽주의 시대를 거쳐온 서양문화 속에서 뿌리를 내리려면 설득력 있는 증거들의 힘을 좀 빌릴 수밖에 없다.

많은 사람들이 놓치고 있지만, 불교와 힌두교가 고대부터 윤회를 설해온 데는 그럴 만한 배경조건이 있었다. 일반 대중이 아니라 교육받은 지성인들로 한정한다면, 윤회론자들에게 환생은 신앙적으로 받아들여야 할 교리가 아니라 실증 가능한 자연법칙이었다. 윤회가 진실이라면 분명 우리 의식 어딘가에는 전생의 흔적이 남아 있어야 옳다. 2천5백 년간 인도의 철학자들은 그런 흔적들이 실재하며, 명상을 통해 자신의 내면을 깊이 탐구해보면 누구든지 그것을 스스로 확인할 수 있다고 주장해왔다. 전생의 기억은 현생의 기억과 다를 바가 전혀 없으며 다만 현재의 자각상태로부터 조금 먼 곳에 저장되어 있을 뿐이라는 것이다. 그들은 그 기억을 되살리는 것을 평생의 과제로 삼았다. 하지만 다행스럽게도, 지금 우리는 그렇게 긴 시간을 투자할 필요가 없다.

먼저 세상을 떠난 내 동료이자 친구였던 마틴은 이렇게 말하곤 했다. "윤회를 믿지 않는 사람은 무식하거나 멍청하거나 둘 중 하나야." 사람들이 현대의 연구결과들을 알지 못하거나 무조건 '삶은 한 번뿐'이라는 관점에 집착하고 있다는 뜻이다. 나는 그렇게까지 극단적으로 생각하진 않지만 그렇다고 마틴이 영 틀린 것은 아니다. 왜냐하면 환생을 합리적으로 '증명해보려는' 사람들을 위해 엄청난 양의 증거가 이미 수집되어 있기 때문이다. 과학적으로 말하자면, 윤회론을 '확률 낮은' 가설에서 '확률 높은' 가설로 승격시켜줄 증거들이 차고도 넘치는 실정이다.

나는 이 책에서 환생 사례들을 놓고 시시콜콜 언쟁을 벌이고 싶지 않다. 그런 책들은 이미 충분히 많다. 하지만 증거가 많다고만 해놓고 대뜸 논의를 건너뛴다면 그 또한 독단적인 태도일 테니, 이번 장에서 함께 윤회의 증거들을 살펴보되 이것을 최후변론이 아닌 사전변론 — 그럼에도 당신은 재판의 승소를 확신할 수 있으리라 — 정도로 이해해주길 바란다. 여기서 모든 증거를 다 꺼낼 순 없지만 내가 왜 지금의 결론에 이르게 되었는지는 충분히 설명될 것이다.

본질적으로, 현생과 전생은 우리가 지금 어디에 있고 지난달엔 또 무얼 했는지를 아는 것과 같은 선상에 놓여 있는 문제이다. 내 기억이 맞는지 틀렸는지를 확인할 수 있는 유일한 방법은 그 기억의 진실성을 최대한 합리적으로 검증해보는 것뿐이다. 전생이 실재했는지 검증해보는 절차도 이와 다르지 않다. 우리의 내면에 생생한 기억으로 보이고 느껴지고 작용하는 어떤 정보가 있고, 그 정보가 객관적으로 검증될 수 있다면 그것은 당연히 진실한 기억으로 인정된다.

하지만 전생의 기억을 검증하는 것은 현생의 기억을 검증하는 것보다 두 가지 측면에서 더 복잡하다. 첫째로, 전생의 기억은 현생의 기억보다 더 심층의 의식에 들어 있기 때문에 왜곡 없이 온전히 발견해내기가 쉽지 않다. 둘째로, 그 기억 속의 사건들이 대개 오래전의 일에 해당하므로 사실성을 뒷받침해줄 증거를 찾기가 어렵다. 그럼에도 현생 이전의 기억을 검증하는 방식은 현생의 기억을 검증하는 방식과 동일하다.

연구가들이 조사한 전생의 기억들은 두 유형으로 분류된다. 하나는 자발적인 기억이고, 다른 하나는 환기된 기억이다. 전자는 대개 어린아이가 말을 시작할 즈음에 예기치 않게 떠오르고, 후자는 소위 '의식을 확장시키는' 정신요법들에 의해 촉발된다. 이 둘은 서로 다른 방식으로 다뤄져야 하고, 실제로도 서로 다른 종류의 증거를 제공해준다.

먼저 자발적인 기억부터 살펴보도록 하자.

자발적인 기억

전 세계 어디를 가든, 말문이 트이자마자 '다른 삶' — 다른 장소, 다른 인간관계, 다른 몸 — 에 관한 기억을 떠들기 시작하는 아이들이 있다. 이런 유별난 기억들은 자발적으로 떠올라 현생의 기억과 공존하지만 적어도 본인에게는 전혀 문젯거리로 느껴지지 않는다.

이런 아이들을 선구적으로 조사해온 이언 스티븐슨 박사는 수많은 저술과 논문을 통해 엄청난 양의 전생 사례를 발표했다. 그는 윤회를 뒷받침할 수 있는 최선의 증거들만을 공들여 꼼꼼하게 추려냈으며, 그의 명저들은 이 주제에 관심 있는 학생들에게 필독서로 꼽힌다.* 스티븐슨 박사는 현재 버지니아 의대에서 정신의학부 교수로 재직 중이다.

스티븐슨 박사가 조사하고 발표한 사례들은 순도가 매우 높아서 요약하기도 어렵고, 또 요약되어서도 안 된다. 각각의 사례들은 수많은 세부 사항이 서로 얽히면서 설득력을 발휘하므로 더도 덜도 말고 있는 그대로 전달되어야 한다. 하지만 앞서 말했듯이 일종의 '사전 변론'으로서 우리는 스티븐슨의 저술**에 소개된 사례 하나를 간략히 살펴보고자 한다.

파모드 샤마Parmod Sharma는 1944년에 인도의 비사울리Bisauli라는 도시에서 태어났다. 그의 아버지 반키비하리 랄 샤마Bankeybehary Lal Sharma는 그곳의 대학에서 산스크리어를 가르쳤다.

파모드는 두 살 반이 되자 엄마에게 더 이상 자신의 식사를 준비하지 말라고 말하기 시작했다. 자신에게는 이미 모라다바드Moradabad라는 곳에 아내가 있다면서 말이다. 모라다바드는 비사울리에서 북동쪽으로 약 140킬로미터 떨어진 도시다.

서너 살이 된 파모드는 전생에 관해 더욱 자세한 이야기를 늘어놓았다. 그는 가족들과 함께 운영했던 여러 가지 사업들을 설명했다. 특히

---

* *Twenty Cases Suggestive of Reincarnation*(1974), *Cases of The Reincarnation Type*, Vols. I~IV(1975, 1977, 1980, 1983), *Unlearned Languages*(1984), *Children Who Remember Previous Lives*(1987) 등등.
** 전체 이야기는 *Twenty Cases Suggestive of Reincarnation*(1974) 참고.

비스킷과 소다수를 만들어 팔았던 상점을 말하면서 그 이름을 '모한 형제네'(Mohan Brothers)라고 불렀다. 그는 자신이 '모한 형제네'의 일원이었으며, 또한 모라다바드에서 다시 북쪽으로 160킬로미터 떨어진 사하란푸르Saharanpur 시에도 사업체를 하나 갖고 있다고 말했다.

파모드는 동네친구들과 어울리지 않고 혼자서 전깃줄로 상점 모형 따위를 만들며 놀았고, 진흙으로 비스킷을 빚어서 가족들에게 소다수나 차 등과 함께 가져다주기를 좋아했다. 그는 자신의 상점이 얼마나 컸고, 위치는 어디였고, 무얼 팔았고, 자기의 역할은 무엇이었으며, 델리로 출장을 갔던 일 등등 '모한 형제네'에 대해서 많은 이야기를 떠들었다. 심지어는 잘 나가는 사업가였던 자신의 전생에 비해 보잘것없는 현재 부모의 경제력을 못마땅하게 여기기까지 했다.

파모드는 다른 아이들과는 정반대로 커드curd(굳힌 우유)를 몹시 싫어했다. 한번은 자신의 아빠에게 커드는 위험한 음식이니 먹지 말라고 경고하기도 했다. 파모드는 자신이 전생에 커드를 너무 많이 먹었다가 심각하게 앓은 적이 있었다고 말했다. 또한 파모드는 물속에 들어가기도 싫어했는데, 그것은 자신이 전생에서 마지막 순간을 욕조 안에서 맞았기 때문이었다고 말했다.

파모드는 자신이 결혼해서 아들 넷과 딸 하나를 두었다고 말했다. 파모드는 전생의 가족들을 보고 싶으니 부모에게 제발 모라다바드에 데려다달라고 애원했다. 하지만 그의 부모는 학교에 가서 글 읽는 법을 배우고 나면 그러겠다고 약속했을 뿐, 늘 그의 애원을 무시했다. 파모드의 부모는 아들의 이야기를 조사하거나 확인해보려고 하지 않았다. 인도에는 전생을 기억하는 아이들이 일찍 죽는다는 오래된 믿음이 있기 때문이다.

그럼에도 파모드에 관한 소문이 마침내 모라다바드의 메라Mehra 가족에게까지 전해졌다. 메라 가족의 상황은 파모드의 이야기와 꼭 들어맞았다. 그 형제들은 비스킷과 소다수를 파는 '모한 형제네' 상점을 비롯하여 여러 가지 사업을 하고 있었다. 이 상점을 처음 시작하여 운영해온 사람은 파마난드 메라Parmanand Mehra였는데, 그는 파모드가 태어나기 18개월 전인 1943년 5월 9일에 사망했다.

파마난드는 어느 결혼 연회장에서 커드를 과식했다가 만성 위장병을 얻게 되어 고생했으며, 결국엔 맹장염과 복막염으로 죽음을 맞았다. 죽기 사흘 전에 그는 커드를 그만 먹으라는 가족들에게 대꾸하기를, 다시는 커드를 즐길 기회가 없을 것이라고 말했다. 파마난드는 자신의 병이 커드 때문이라고 생각했다. 그리고 파마난드는 맹장염 치료의 일환으로 자연식 목욕요법을 시도했다. 그는 욕조에서 죽진 않았지만, 죽기 바로 직전에 한 일이 바로 목욕이었다. 그는 미망인과 다섯 아이를 세상에 남겼다. 아들 넷에 딸 하나였다.*

1949년 여름, 메라 가족은 비사울리로 가서 파모드를 만나기로 결정했다. 파모드가 다섯 살이 될 무렵이었다. 하지만 메라 가족이 찾아왔을 때 파모드 가족은 다른 곳에 가 있었기 때문에 만남이 이뤄지지 못했다. 대신 메라 가족은 얼마 후 파모드 가족을 모라바다드로 초대했고, 파모

---

* 파모드의 삼촌은 파모드가 갓난아기였을 때 가끔 모라다바드의 철도 공사장에 일을 나가곤 했다. 그리고 파모드가 워낙 비스킷을 좋아해서 모한 형제네 상점에서 비스킷을 사다주기도 했다. 그 비스킷에는 상점 이름이 새겨져 있었기 때문에, 비록 파모드가 글을 읽진 못했지만 전생의 기억을 떠올리는 데 일종의 촉매가 되었을지도 모른다. 하지만 흥미롭게도 파모드 엄마의 말에 따르면 파모드는 정작 그 비스킷을 알아보지 못했다고 한다. 파모드의 삼촌이 모라다바드를 오간 것은 이미 파마난드(전생)가 죽은 이후였고, 이 두 가족은 전혀 일면식이 없는 관계였다. 파모드의 삼촌은 메라 가족의 사업에 관해 아무것도 알지 못했다.

드의 아빠도 아들의 '유별난 추억'을 직접 확인해보고 싶어졌다.

기차역으로 파모드를 마중 나온 사람들 중에는 파마난드의 사촌형인 스리 카람 찬드 메라Sri Karam Chand Mehra도 있었다. 파모드는 카람의 목에 매달려 "형"이라고 부르면서 울먹였고 "내가 바로 파마난드야"라고 말했다.* 파모드는 기차역에서 탄 마차의 마부에게 직접 길을 알려주면서 모한 형제네 상점까지 사람들을 데리고 갔다. 상점에 들어간 파모드는 자신이 전생에 쓰던 의자가 달라졌다는 사실에 언짢아했다. 인도에는 주인이 손님을 맞거나 가게를 관리하기 편하도록 입구 쪽에 전용의자를 놓고 앉는 풍습이 있다. 파마난드 사후에 그 의자는 여러 번 위치가 바뀐 터였다.

파모드는 지금은 누가 제과점과 소다수 공장을 운영하느냐고 물었다. 파마난드가 생전에 했던 일이 그것이었다. 사람들이 파모드를 시험하려고 소다수 기계를 일부러 망가뜨렸다. 하지만 파모드는 그 복잡한 기계의 작동법을 정확히 알고 있었다. 파모드는 분리된 호스를 혼자 힘으로 다시 연결하고는 어느 부분을 수리하면 된다고 설명했다.

파마난드의 집으로 간 파모드는 어느 방이 자신의 침실인지를 알아보았고 예전에는 없었던 가리개가 있음을 지적했다. 또한 자신이 주로 쓰던 벽장과 낮은 탁자도 알아보았다. 파모드는 말했다. "여기서 밥을 자주 먹곤 했어."

파마난드의 어머니가 방에 들어왔을 때, 아무도 입을 열지 않았지만 파모드는 그녀를 알아보고 '어머니'라고 했다. 파모드는 전생의 아내도 정

---

* 파모드는 그전까지 '파마난드'라는 이름을 언급한 적이 없었다.

확히 알아보았고 그녀 앞에서는 다소 어색한 듯이 행동했다. 그녀는 중년이었고 파모드는 다섯 살 꼬마였지만 파모드는 분명히 남편과 같은 태도를 보였다. 둘만 있을 때 파모드는 전생의 아내에게 "내가 왔는데 빈디를 안 했네?"라고 핀잔을 주었다. 빈디bindi는 힌두교 집안의 아내들이 이마에 그리는 붉은 점이다. 또한 힌두교 집안의 과부라면 색깔 있는 사리sari가 아니라 흰색 사리를 입어야 하지 않느냐며 나무라기도 했다.

파모드는 마침 집에 있던 파마난드의 딸과 아들 하나도 알아보았다. 학교에 갔던 막내아들이 돌아왔을 때도 대번에 알아보면서 집안에서 쓰는 이름인 '고단Gordhan'이라고 불렀다. 파모드는 자신보다 형뻘인 고단이 제 이름을 부르는 것을 허락지 않았고 대신 '아빠'라고 부르라고 고집했다. 그 외에도 파모드는 파마난드의 형제들과 조카들을 정확히 알아보았다.

파모드는 파마난드의 생활을 놀랄 만큼 자세히 알고 있었다. 메라 가족이 모라다바드에 소유하고 있던 빅토리 호텔을 둘러볼 때는 처음 보는 창고들을 짚어냈고, 메라 가족은 그곳이 파마난드 사후에 지어졌음을 확인해주었다. 몇몇 벽장들을 가리키며 "저것들은 내가 처칠 하우스에 두었던 건데"라고 말하기도 했다. 처칠 하우스는 메라 가족이 사하란푸르에 소유하고 있던 두 번째 호텔의 이름이었다. 그리고 실제로 그 벽장들은 처칠 하우스에 있다가 파마난드의 사후에 빅토리 호텔로 옮겨진 것이었다.*

---

* 전생을 기억하는 아이들은 자신의 과거생이 끝난 이후에 벌어진 일에 대해서는 전혀 알지 못하는 일관된 패턴을 보인다. 이것은 아이들이 무의식적으로 텔레파시 능력을 발휘하여 망자亡子와 관련된 일들을 아직 생생히 기억하고 있는 유가족의 마음을 읽어내는 것은 아닌지를 판단할 때 중요한 기준이 된다.

그해 가을이 지나고 사하란푸르를 방문하게 된 파모드는 파마난드와 친분이 있던 의사를 즉각 알아보았다. "이 사람은 내 오랜 친구이자 주치의야." 또한 야스민이라는 남자를 알아보고는 "나는 당신한테 받을 돈이 있어"라고 말했다. 처음에 야스민은 우물쭈물했지만, 메라 가족이 빚 독촉을 하지 않겠다고 약속하자 파모드의 말이 사실임을 확인해주었다.

스티븐슨 박사는 자신이 수집한 수천 가지 사례들 가운데서도 극히 일부만을 공개했다고 말한다. 의심할 수 없을 정도의 타당성을 갖춘 사례만을 추리고 또 추렸다는 것이다.

예컨대 그는 현생의 가족이 전생의 가족으로부터 어떤 식으로든 혜택을 본 사례들을 전부 제외했다.(스티븐슨 본인도 관련자들에게 아무런 보상을 하지 않았다.) 또한 두 가족 사이에 무심코라도 이야기를 흘릴 수 있는 공통의 지인이 존재하는 사례들도 전부 제외했다.

스티븐슨은 '잠복기억(cryptomnesia)'이라는 개념으로 설명될 수 있는 사례들도 전부 제외했다. 잠복기억은 대화나 독서 등의 정상적인 경로로 어떤 정보를 접하고 기억했으나 나중에 그 출처를 까맣게 망각해버린 경우를 뜻한다. 그러다가 어떤 계기를 통해 그 기억이 '난데없이' 튀어나오면 우리는 그것이 전생으로부터 왔다고 오해하게 된다. 하지만 잠복기억은 최면퇴행을 시켜보면 곧 그 진상이 드러나기 마련이다.

마지막으로 스티븐슨은 전생의 기억이 일관되지 않거나, 관련자들이 신뢰를 못 주거나, 조금이라도 사기성이 비치는 사례들도 전부 제외했다.

이처럼 스티븐슨은 최적의 사례들만을 추려서 발표했다. 누구도 이득을 취하지 않았고, 어떤 미심쩍은 의도도 발견되지 않고, 두 가족 간에 전혀 교류가 없었고, 아이의 기억을 확인해줄 전생의 지인들이 생존해 있고, 가능한 한 아이와 그들을 직접 재회시켜볼 수 있었던 사례들만을 공개했다. 그런 엄격한 방법론 덕분에 그의 연구는 대단히 보수적인 학술지에 실렸고 큰 관심을 불러일으켰다.

1977년에 〈신경정신과 학회지〉(Journal of Nervous and Mental Disease)는 거의 모든 지면을 그의 연구에 할애했다. 편집장 유진 브로디Eugene Brody 박사는 이렇게 썼다. "연구자가 그동안 쌓아온 신뢰와 그의 엄정한 방법론, 그리고 합리적인 논거는 이 논문을 게재하기로 하는 결정을 내리기에 미흡함이 없다."*

그보다 2년 전 〈미국의학협회지〉(Journal of the American Medical Associations)에 실린 《윤회의 사례들》(Cases of the Reincarnation Type) 서평에서 레스터 킹Lester S. King 박사는 스티븐슨에 대해 이렇게 말했다. "그는 인도에서 냉철하고도 지독한 노력으로써 아주 생생한 사례들을, 도저히 전생 이외의 개념으로는 이해될 수 없는 사례들을 수집했다. … 그는 무시되어서는 안 될 자료들을 엄청나게 쌓아올렸다."**

내가 스티븐슨의 연구에 큰 무게를 두고 있는 만큼, 같은 책에서 하나의 사례를 더 발췌해 살펴보겠다.

스완라타 미슈라Swarnlata Mishra는 1948년 3월 2일에 인도 샤푸르에서 태어났다. 그녀는 밝고 귀여운 딸로서 부모에게 큰 사랑을 받았다.

스완라타가 세 살이 조금 넘었을 때, 변호사였던 아버지는 파나Panna에 있던 집과는 160킬로미터쯤 떨어진 카트니Katni 시로 딸과 여행을 떠났다. 그런데 자동차 안에서 스완라타가 갑자기 운전사에게 옆길로 빠

* *JNMD*, May 1977.
** *JAMA*, December 1, 1975, 978쪽.

져서 '우리 집'으로 가자고 말했다. 그리고 카트니 시에서 잠깐 차를 마시는 동안에도 근처에 있는 '우리 집'으로 가서 마시는 편이 더 좋지 않겠냐고 했다. 그녀의 아버지는 뚱딴지같은 이야기에 당황했지만 그날의 일을 기록해두었다.

그 후로 몇 년간 스완라타는 카트니에서 살았던 자신의 전생에 대해 종종 이야기했다. 특히 부모보다는 형제들 앞에서 그 이야기를 더 자주 꺼냈다. 그녀는 자신의 이름이 비야Biya였고, 파탁Pathak이란 이름의 가문에서 태어났으며, 결혼을 하여 두 아들을 낳았다고 했다.

그녀는 카트니에 있는 자신의 집이 흰색 건물인데 철제 틀로 짠 문들은 검은색이라고 말했다. 또한 집안에 스투코stucco(치장용 도료)로 마감한 방이 네 곳 있고, 나머지 방들은 조금 덜 꾸며졌으며, 입구 쪽 바닥엔 석판이 깔려 있다고 묘사했다. 바깥풍경으로는 철도와 석회 가마가 보이고 집 뒤편으로는 여학교가 있다고 했다. 그녀는 친정집에 자동차가 있다고도 했는데, 이는 당시 인도에서는 대단히 드문 — 1948년 이전이라면 더더욱 — 경우였다. 스완라타의 아버지는 딸의 이야기를 그다지 신뢰하지 못하고 6년이 넘도록 직접 확인해볼 생각을 하지 않았다.

1958년에 이들 가족은 찻타르푸르Chhatarpur에서 살았고 아버지는 그 지역 장학사 사무실에서 조수로 일했다. 스완라타는 곧 열 살이 될 참이었다. 찻타르푸르의 아그니호트리Agnihotri라는 한 대학교수가 전생을 기억한다는 스완라타의 소문을 듣고는 자신의 집으로 초대하면서 몇몇 동료들 앞에서 그 이야기를 들려줄 수 있겠냐고 청했다. 스완라타는 그 자리에서 교수의 아내가 카트니 출신이라는 사실을 알고는 그녀를 불러달라고 했다. 스완라타는 교수의 아내를 보자마자 전생에 그녀와 서로 알던 사이였다고 말했다. 스완라타는 그녀와 자신이 틸로라Tilora라는 마을의 결혼식에 함께 참석했다가 화장실을 찾느라 혼이 났었다고 말했다. 교수의 아내는 실제로 있었던 일이라며 깜짝 놀랐고, 스완라타의 이야기가 카트니에 살던 '비야'의 삶과 일치한다고 확인해주었다. 이날 이후로 스완라타의 아버지는 나중에 확인해볼 수 있도록 딸의 이야기를 기록하기 시작했다.

9개월 후, 즉 1959년 3월에 헤멘드라 바너지Hemendra Banerjee가 이 사례를 조사하기 위해 찾아왔다. 그는 스완라타 가족과 이틀간 지낸 후에 카트니로 찾아가서 그녀의 묘사를 근거로 파탁 가족의 집을 찾았고 실제로 그들과 만나기도 했다. 그들은 스완라타에 관한 소문을 전혀 알지 못했지만 그녀의 이야기가 상당수 사실임을 입증해주었다.

스완라타의 기억은 그들의 딸, 즉 비야 파탁의 삶과 일치했다. 비야는 남편 친타미니 판디Chintamini Pandey와 결혼하기 전까지 카트니에서 자랐고, 결혼 후에는 카트니 북쪽의 마이하르Maihar 마을에서 살았다. 그리고 스완라타가 태어나기 약 10년 전인 1939년에 심장병으로 사망했다. (파탁 가족은 인도의 평범한 가족들보다 훨씬 더 서구화되어 있었다.)

그해 여름이 지나고 파탁 가족과 판디 가족이 스완라타를 만나기 위해 찻타르푸르를 방문했다. 이 기간 동안 스완라타는 대단히 많은 사실을 정확하게 짚어냈다. (아래에 열거할 것이다.) 얼마 안 되어 이번에는 스완라타의 가족이 비야가 생활했던 카트니와 마이하르를 방문했고, 스완라타는 그곳의 장소와 건물들을 확실하게 알아보았다.

스완라타의 증언들을 열거하기에 앞서, 그녀의 가족이 결코 카트니 또는 마이하르와 가까운 지역에 산 적이 없었다는 사실을 확실히 해두고자 한다. 그리고 전생의 가족과 현생의 가족 간에 실낱같은 연결고리가 있긴 했지만*, 1961년에 조사를 시작한 스티븐슨은 이 두 가족이 스완라타의 기억 덕분에 만나게 되기 전까지는 전혀 알지 못하던 사이였음을 거듭 확인했다.

비야의 삶에 관한 스완라타의 기억은 빈틈이 없고 아주 구체적이었다. 앞서 언급된 집, 자동차, 가족의 이름이 전부 사실과 일치했다. 스완라타의 가족이 종종 여행 중에 카트니를 지나치곤 했으니 스완라타가 그 지역에서 유명한 파탁 가족에 관해 뭔가를 주워들었던 거라고 의심해볼 수도 있다. 하지만 스완라타는 건물의 외관뿐만 아니라 내부 모습까지 잘 알고 있었다.

특히 비야의 삶에 관한 스완라타의 기억은 비야가 살았던 곳을 실제로 방문했을 때 더 많이 쏟아져 나왔다. 카트니를 처음 방문했을 때 그녀는 정원에서 길렀던 멀구슬나무에 관해 물었다. 또한 집 뒤편에 있던 독특한 난간도 언급했다. 마이하르에 가서는 비야의 방을 알아보았고, 수영을 하러 강으로 다니곤 하던 길도 알아보았다. 틸로라 마을에 갔을 때는 비야가 죽은 방을 알아보았고, 비야의 생전에는 집에 베란다가 설치되어 있었으나 지금은 없어졌음을 지적했다.

스완라타가 비야의 지인들을 알아보는 능력은 더욱 놀라웠다. 그녀는 비야의 가족이 헷갈리게끔 일부러 꾸민 상황 속에서도 대략 스무 명의 사람들을 알아보았다. 그들은 적게는 열한 명부터 많게는 마흔 명에 이르는 사람들을 스완라타 앞에 모았다. 비야의 실제 지인은 그중에 섞여 있었다. 그들은 그녀의 실수를 유도하려 애썼고 옳은 설명에도 틀린 듯

---

* 비야의 남자형제 중 한 명이 자발푸르Jabalpur에 살던 스완라타의 외가친척 한 명과 약간 알고 지내던 사이였다.

반응했다. 하지만 그 모든 훼방에도 스완라타는 실제 가족을 — 비야의 남자형제 넷(그중 한 명을 애칭인 '바부'라는 이름으로 부르더니 나머지를 나이순으로 가리켰다), 시누이 넷, 남편과 두 아들, 그리고 남편의 사촌을 — 줄줄이 짚어냈다. 또한 비야의 여종, 산파, 소몰이꾼, 알고 지내던 상인과 친했던 부부 등등 친구와 지인들도 모두 알아보았다.

스완라타 사례의 검증 과정에는 꽤 흥미로운 부분들이 있다. 예를 들어, 비야의 남편과 아들 몰리Morli는 스완라타를 보러 찻타르푸르에 처음 왔을 때 그곳의 모든 사람에게 정체를 숨겼다. 그럼에도 스완라타는 열한 명의 남자들 속에서 그 둘을 찾아냈다. 그녀는 비야의 남편 앞에서 전형적인 인도인 아내들처럼 부끄럼을 타는 모습을 보였다. 당시에 몰리는 윤회를 믿지 않았기에 꼬박 하루 동안 자신은 비야의 아들이 아니라고 주장했다. 그러나 스완라타가 확신을 굽히지 않자 결국 정체를 털어놓을 수밖에 없었다.

몰리는 관계없는 사람을 데려와서 자신의 동생이라고 속여 소개하기도 했다. 스완라타는 그 말을 전혀 인정하지 않았고, 나중에 마이하르에 가서 직접 비야의 둘째 아들을 정확하게 찾아냈다. 그제야 몰리는 스완라타가 엄마의 환생임을 받아들였다.

스완라타는 파탁 가족이 쉽지 않을 거라고 예상했던 소몰이꾼도 정확히 알아보았다. 비야의 남자형제 중 하나가 스완라타에게 "그 소몰이꾼은 죽었다"며 바람을 잡아도 소용없었다. 스완라타는 파탁 가족과 친했던 부부를 알아보면서는 "남편이 지금은 안경을 쓰고 있네"라고 말했다. 그는 비야가 살아 있던 때는 안경을 쓰지 않았었다.

파탁 가족의 마지막 검증은 이러했다. 비야의 넷째 남자형제가 스완라타에게 비야는 앞니가 없었다고 무심코 말했다. 그러자 스완라타는 앞니가 없었던 게 아니라 그저 금으로 때웠을 뿐이라고 정정해줬다. 미처 그것까지는 알지 못했던 형제들은 되려 제 아내들을 찾아 물어보고 나서야 스완라타의 말이 사실임을 확인했다.

스티븐슨은 비야의 삶에 대한 스완라타의 동일시가 그다지 강하지 않았다고 — 예컨대 앞선 사례의 파르카시와 비교했을 때 — 기록했다. 그렇지만 비야의 가족과 함께 있을 때 그녀의 행동에는 주목할 만한 부분이 있었다. 현생의 자기 집에 있을 때 그녀는 또래보다 약간 더 어른스러울 뿐인 평범한 소녀였다. 그러나 카트리로 가서 파탁 가족을 만났을 때, 그녀는 자신보다 최소 40세 이상 연상인 남자들 앞에서 즉각 그들의 누이와 같은 행동거지를 보였다. 또한 현생의 가족과 함께 있을 때는 몰리(비야의 아들)에게 별다른 내색을 하지 않았지만, 몰리의 말에 따르면 단둘이 있을 때는 긴장을 풀고서 진짜 엄마처럼 훨씬 친근하게 굴었다고 한다.

몇 가지 세부사항을 더 소개하자면, 스완라타는 비야의 아버지가 그 지역에서는 흔치 않던 터번을 썼다는 사실을 정확히 맞췄다. 또한 비야보다 먼저 사망한 시누이가 하나 있다는 사실도 알고 있었다. 카트니에서 독특한 간식을 맛볼 때는 "나는 전생에 이걸 자주 먹었어요"라고 말하기도 했다. 실제로 비야가 무척 좋아했던 음식이었다. 현생의 가족은 이 바라bara라는 음식을 먹어보기는커녕 본 적도 없었다. 마지막으로, 스완라타는 비야의 남편이 비야의 돈통에서 1,200루피를 가져간 적이 있다고 말했다. 비야의 남편은 그 일을 아는 것은 자신과 비야뿐이었다는 사실을 확인해주었다.

물론 스완라타가 틀리게 말한 부분도 있었지만 그것은 착각으로 봐줄 만한 것들이었다. 그녀는 비야의 가족이 살던 곳의 (행정상의) 지명을 몰랐고, 두 아들의 이름도 거의 비슷했지만 꼭 맞추지는 못했다. 그리고 비야가 목에 생겨난 질병 때문에 죽었다고 말했지만, 사실 비야의 목에 병이 난 것은 죽기 석 달 전의 일이었으며 곧 회복되었다. 비야의 진짜 사인은 심장병이었다. 또한 그녀는 파탁 가족의 큰어른이 누구냐는 질문에 "히라 랄 파탁Hira Lal Pathak"이라고 말했는데, 이것은 사실 두 사람의 이름이 뒤섞인 답이었다. 비야의 아버지 이름이 칫코리 랄 파탁Chhi-kori Lal Pathak이었고, 그의 책임을 넘겨받은 맏아들의 이름이 하리 프라사드 파탁Hari Prasad Pathak이었다. 어쨌든 전생의 마지막 순간(비야의 사망)으로부터 20년의 세월이 흘렀음을 감안하면 나쁘지 않은 기억력이었다.

스완라타의 사례를 흥미롭게 만드는 요소가 하나 더 있다. 스완라타는 비야로서의 전생과 현생 사이에 있었던 또 다른 전생을 조금 기억하고 있었다. 스완라타는 캄레시Kamlesh라는 여자이름과 그녀가 살던 실헷Sylhet 주(현재는 방글라데시)라는 지명, 그리고 몇 가지 풍경을 떠올렸으나 그것만으로는 더 이상의 조사가 불가능했다.

하지만 스완라타는 그 전생으로부터 아주 독특한 결과물 하나를 가져온 듯 보였다. 스완라타는 대여섯 살 때부터 노래와 함께 대단히 복잡한 세 가지 춤을 추기 시작했다. 그녀는 몇 년 동안이나 그 춤을 췄는데, 조금의 변형도 없이 언제나 똑같은 동작을 일관되게 해냈다. 그런 춤을 가르친 적도 없고 다른 사람에게서 배웠을 리도 없음을 잘 아는 스완라타의 부모는 당황했다. 인도의 아이들, 특히 소녀들은 더더욱 철저히 가족이라는 울타리 안에서 지낸다. 따라서 다섯 살 소녀 스완라타가 집 밖에서 부모 모르게 춤을 배웠을 가능성은 거의 없다. 게다가 스완라타가 춤을 추며 부르는 노래는 가족 중에 아무도 할 줄 모르는 벵골어였다. 스완라타도 가사를 외기만 할 뿐 그 의미는 알지 못했다. 그녀는 자신이 캄레시였을 때 친구에게서 그 춤을 배웠다고 주장했다.

스티븐슨이 이 춤에 관해 조사한 세부사항들 가운데, 그의 인도인 동료였던 팔Pal 교수가 마침내 그 춤과 노래의 실체를 밝혀냈다는 사실만은 언급해야겠다. 세 곡 중 두 곡의 노랫말은 인도의 대문호 라빈드라나트 타고르Rabindranath Tagore의 시였고, 나머지 한 곡은 작자 미상의 시였다. 두 곡은 봄맞이 노래였고, 한 곡은 가을걷이 노래였다. 그 춤은 산티니케탄Santinektan* 마을에서 추던 것들로 마침 팔 교수가 공연을 본 적이 있었다. 또한 캄레시가 살았다고 하는 실헷 주는 실제로 벵골어가 공용어이므로 스완라타는 주장은 나름 역사적 사실과 일치했다. 철저한 조사 끝에 스티븐슨은, 스완라타가 평범하고 상식적인 경로를 통해 이 춤을 배웠을 가능성은 거의 없다고 결론내렸다.**

그런데 왜 몇몇 아이들은 전생을 기억하는 데 반해 대부분의 아이들은 그렇지 않을까? 확신할 순 없지만, 전생의 마지막 순간과 다소 관련이 있어 보인다. 스티븐슨은 이 아이들이 가장 생생하게 기억하는 것이 바로 전생의 죽음 직전이라고 말한다. 또한 평범하게 죽음을 맞은 기억보다는 극적인 죽음을 맞은 기억의 비율이 통계적으로 유의미하게 높다고 말한다. 전생의 사인死因이 현생에서 특정 대상이나 환경에 관한 공포증으로 나타나는 모습도 꽤 흔하다.***

---

* 라빈드라나트 타고르가 사재를 털어 자연학교를 세우고 농업 공동체 등을 설립하는 등 인도농민의 계몽과 개혁의 중심지로 삼았던 곳이다. 역주.

** 일례로 스완라타의 가족이 축음기와 라디오를 소유한 것은 그녀가 여덟 살 때였다. 스완라타는 이때까지 영화조차 본 적이 없었다.

*** 오토바이에 대한 로미의 두려움, 커드에 대한 파모드의 혐오감이 그런 예이다. 반면 스완라타의 전생은 사고사나 급사가 아니라는 점에서 여기에 포함되지 않는다.

그런 죽음의 충격이 통상적인 '망각' 과정을 이겨낼 만큼 강한 연결 고리를 만들어냄으로써 한 생의 기억을 다음 생으로 침투시키는 것일까? 가능성은 있지만 단정지을 순 없다. 스티븐슨은 이런 '자발적 기억'의 경우에, 전생의 죽음과 현생의 탄생 사이의 시차가 대개 3년 이내라는 사실을 발견했다.* 이런 '순환 주기'는 일반적인 경우에 비해 대단히 빠른 것처럼 보인다.** 다시 말하지만, 우리는 아무것도 단정할 수 없다. 우리는 윤회 과정의 많은 부분을 아직 이해하지 못한다.

스티븐슨의 연구가 윤회를 옹호하는 문화권에 국한된다고 생각하는 것은 오산이다. 그는 동양의 국가들은 물론이고 영국, 미국과 같은 서양 국가들의 사례들도 조사했다.*** 그렇지만 가장 생생하고 풍성한 사례들이 대개 환생을 믿는 국가들에서 나왔다는 사실은 분명 주목할 가치가 있다.****

그렇다면 우리는 이런 의문을 품어야 마땅할 것이다. 윤회에 대한 믿음이 그 사례들을 직접 만들어낸 것인가, 아니면 그런 문화적 수용력 덕

---

* *Children Who Remember Previous Lives*, 117쪽. / 스티븐슨이 열 개의 문화권에서 조사한 총 616개 사례의 평균값은 15개월이었다.

** *Relieving Past Lives*, 126쪽. / 최면을 통해 기억이 환기된 수백 건의 전생 사례를 연구한 헬렌 웜바크Helen Wambach에 따르면, 지상으로 다시 되돌아오는 시간의 평균값은 50년이라고 한다. 가장 짧은 사례는 4개월, 가장 긴 사례는 200년이었다.

*** *Children Who Remember Previous Lives*, 71~91쪽. / 이 책에는 질리언Gillian과 제니퍼 폴락Jennifer Pollock(영국), 사무엘 헬란더Samuel Helander(핀란드), 로버타 모건Roberta Morgan과 마이클 라이트Michael Wright와 에린 잭슨Erin Jackson(미국) 등의 사례가 실려 있다. 이 사례들은 실증할 근거가 부족하거나 별도의 경로로 정보를 접했을 가능성을 배제할 수 없어 본문에 수록된 사례들보다는 덜 인상적이다. 그럼에도, 특히 미국 사례들의 경우에는 전생에 대해 말하기 시작한 나이와 그 기억의 내용, 관련된 특이행동 등의 많은 측면이 동양의 사례들과 뚜렷한 공통점을 보인다.

**** 스티븐슨이 수집한 사례들은 주로 북인도, 스리랑카, 미얀마, 태국, 터키의 중남부, 레바논, 시리아, 서아프리카, 북아메리카의 북서부 지역에 속해 있다.

분에 연구가가 좀더 많은 사례를 접할 수 있었던 것인가?

'스스로 성취시키는 예언'(Self-fulfilling prophecies)과 '억눌린 욕망의 무의식적 발현'(Wish-fulfilling fantasies) 등의 정신분석학적 설명으로 무장하고 미개한 문화권의 잘 속아 넘어가는 온정주의적 태도를 불신하는 냉소적 비평가들은 윤회를 믿는 국가들의 이 모든 사례를 아예 거들떠보지도 않으려 한다. 그러나 그것은 부당하고 성급한 태도이다. 문화적 선입견을 배제하고 각각의 사례를 있는 그대로 관찰하고 검증하는 것이야말로 좀더 균형 잡힌 태도일 것이다.

개별 사례들을 살펴보다 보면, 동양의 부모들조차 자녀의 전생 기억에 대해 그다지 호의적이지 않다는 사실을 알게 된다. 아이가 전생을 기억하는 것이 해로울 뿐만 아니라 죽음까지 불러올 수 있다는 인도인의 믿음은 이미 언급한 바 있다. 혹은 아이의 기억 중 어떤 특정한 부분에 거부감을 보이는 부모들도 있다. 예컨대 화려한 상류층이었던 기억이 현생의 가난한 부모에겐 약점을 자극하고 화를 북돋는 요인이 되곤 한다. (또한 이런 경우에는 전생의 가족이 현생의 가족으로부터 금전적 보상을 요구받게 되지 않을까 염려하여 확인 작업에 협조하기를 꺼리는 경우도 종종 있다.) 때론 전생과의 동일시가 너무 강해서 현생의 가족을 인정하지 않는 아이들도 있는데, 이때는 온화한 부모조차 인내심의 한계를 느끼게 된다. 아이가 떠올린 전생의 기억이 살인자와 같은 비도덕적인 인물인 경우에도 부모는 그것을 흔쾌히 받아들이기 어렵다.

요점은, 심지어 윤회를 믿는 문화권에서도, 그 당사자들은 전생의 기억에 대해 부정적인 태도를 보일 이유가 적지 않다는 것이다. 실제로 한 연구에 따르면, 전생을 기억하는 아이의 엄마들 중 27퍼센트, 아빠들 중 23퍼센트가 그것을 억누르려고 애썼으며 때로는 폭력적인 수단까지 썼다고 한다.*

동양에서조차 이런 일이 비일비재하다면 왜 서양에서 생생한 전생 사례들이 좀체 발견되지 않는지를 설명하기는 어렵지 않다. 실제로 연구가들이 접할 수 있는 사례는 극소수이며, 그중에서도 구체적 검증이 불가능한 대부분의 사례가 기각된다. 종교적, 학술적으로 윤회론을 부정하는 문화권의 부모들은 '다른 생애'에 관해 말하기 시작한 아이의 말을 진지하게 들어줄 자세가 되어 있지 않다. 따라서 아이의 기억은 그저 기이한 일로, 더 나쁘게는 정신병의 징후로 다뤄진다. 둘 중 어느 쪽이든 부모는 아이를 전문가에게 데려가보지 않는다. 아이의 행동을 억압하는 편이 훨씬 더 손쉽기 때문이다.**

윤회론이 서양에서 더 널리 믿어진다면, 또한 일반 상담가들의 이해도가 높아져서 이런 사례들이 전생 연구가들에게로 더 많이 전달된다면, 서양에서도 곧 놀라운 전생 사례들이 무수히 보고되기 시작할 것이다. 그러니 훗날을 기약해보자.***

전생의 기억을 자발적으로 떠올린 아이들은 가족의 품을 넘어 더 넓은 세상을 경험하게 되는 5세부터 8세 사이에 예외 없이 그 기억을 잃

---

  * *Children Who Remember Previous Lives*, 119쪽. / 인도의 정신건강―신경과학 국립연구소 사트완트 파스리챠Satwant Pasricha의 1978년 박사학위 논문이 인용되어 있다.
  ** '자발적 기억'의 창이 열리는 기간은 대개 2세부터 5세 사이이다. 즉 부모가 조사에 적극적이지 않다면 검증의 기회는 금세 사라진다.
  *** *Children Who Remember Previous Lives*, 165~169쪽. / 스티븐슨은 서양 윤회론자들의 증가 수치를 제시하면서, 전생 사례가 더 많이 밝혀지기 위해서는 단순한 믿음 이상의 무엇이 필요하다고 강조했다. 그는 산업화 사회와 비산업화 사회를 구분 짓는 문화적 요인들에 주목했는데 여기에는 내적 감수성을 높여주는 느린 속도의 삶, 내적 성찰을 중시하는 분위기, 모든 일에는 이유가 있다는 깊은 확신 등이 포함된다.

어버린다. 스티븐슨은 추적 조사를 통해서 이 아이들의 향후 인간관계, 학업, 직업적 능력, 행복도가 다른 사람들과 별 차이가 없음을 발견했다. 대체로 보아, 자발적인 전생 기억은 당사자에게 짐도 아니고 자산도 아닌 듯하다.

하지만 드물게는 현생의 삶을 복잡하게 만드는 수도 있다. 아동심리요법가들은 '성인이었던 기억'이 아동기를 침범했을 때 나타날 수 있는 발달장애와 병리를 연구하기 시작했고, 임상심리학자인 헬렌 웜바크는 《전생체험》(Reliving Past Lives)이란 저서에서 두 가지 사례를 짧게 소개한 바 있다.

하나는 극도로 내향적이었던 린다Linda라는 다섯 살짜리 아이였다. 린다는 모든 인간관계를 거부하고 거의 회복하기 어려운 지경의 자폐증을 나타냈다. 흥미롭게도 린다는 한 번도 배운 적 없는 높은 수준의 계산과 읽기 능력을 보였다. 그런데 린다는 놀이치료 중에, 웜바크 박사에게 반복적으로 젖병을 물림으로써 자신이 현재 자신의 상태 ― 무력하고 수동적인 어린아이의 모습 ― 를 얼마나 싫어하고 있는지를 드러냈다. 린다는 웜바크와 역할을 바꾸어서 마치 웜바크를 무력한 아이처럼 대했다. '어린아이'라는 자신의 현재 모습에 대한 좌절감과 분노를 웜바크에게 전달하고자 했던 것이다.

이 일이 있고 나서 린다의 치료는 빠른 효과를 보였다. 마침내 린다는 또래 친구들과 함께 평범한 유치원에 다니게 되었다. 대신 린다는 읽기와 계산 능력을 잃었고, 다른 아이들처럼 자기 이름을 쓰는 법을 새로 배워야 했다. 그리고 가족이 곧 이사를 가는 바람에 웜바크와 연락이 끊어졌다. 웜바크는 린다가 뭔가 알 수 없는 이유로 아기의 몸을 가진 현생을 거부하고 전생의 정체성에 집착했던 것으로 추정했다. 린다는 치료를 통해 새로운 삶을 받아들인 후로 전생에 대한 집착이 멈춤과 동시에 전생의 능력도 상실했고, 다른 아이들과 똑같은 백지상태가 되었다.*

웜바크는 제멋대로 구는 과잉행동을 보이던 피터Peter라는 아이도 만났다. 피터는 웜바크에게 야단치지 않겠다는 약속을 받고 나서야 경찰관이었던 전생에 대해 털어놓았다. 피터는 흡연이나 야구처럼 전생에 좋아했던 일들을 즐길 수 없는 현실에 화가 난다고 말했다. 당황한 부모가 피터로 하여금 전생 이야기를 떠들지 못하도록 억압해왔음이 분명했다. 하지만 피터의 상태는 린다와 달리 좀처럼 나아지지 않았다. 석 달이 지나도록 호전의 기미가 없자 부모는 치료를 중단해버렸다.

심리학 분야에서 이런 사례들이 보고되기 시작한 지는 얼마 되지 않았다. 그러니 윤회를 뒷받침하는 증거들이 계속 쏟아져나올지는 좀더 지켜봐야 한다. 다만 우리가 말할 수 있는 것은, 이미 다양한 분야에서 윤회의 증거가 충분히 발견된 만큼, 심리적 장애증세를 보이는 아이들 중 일부가 전생과 현생 사이에서 갈등하고 있다고 해도 그리 놀랄 일은 아니라는 사실이다. 혹은 현생의 상황을 거부하거나 회피하기 위한 방어기제의 일환으로써 아이들이 전생의 기억을 되살려낸다는 식의 뒤집힌 해석도 가능하다. 이것은 앞으로 더 탐구해볼 가치가 있는 주제이다.**

---

* *Nadia: A Case of Extraordinary Drawing in an Autistic Child*, Lorna Selfe. / 어린 나이에 전혀 배운 적 없는 그림 실력을 나타낸 자폐아 나디아의 사례도 이와 비슷한 점이 있다. 유아기부터 나타나는 상상 이상의 재능은 윤회의 또 다른 증거일지 모른다. 모차르트가 세 살 때 작곡한 협주곡을 틀어놓고 나디아가 세 살부터 여섯 살까지 그린 작품들을 본다면, 그 누구라도 깊은 인상을 받을 수밖에 없을 것이다.

** 자발적으로 떠오른 전생의 기억이 아이들에게 문젯거리가 되지 않게 하려면 무엇보다도 그것을 억누르거나 비웃지 말아야 한다. 어떤 문제든 공론화될수록 더 쉽게 풀리는 법이다.

환기된 기억

불현듯 전생의 기억을 떠올리는 사람들도 있긴 하지만, 대부분의 사람들은 의식확장 기법들을 통해서 의도적으로 전생의 기억을 불러낼 수 있다는 사실을 좀체 받아들이지 않는다. 그러나 오늘날 정신요법 분야에는 전생의 기억을 환기시키는 듯 보이는 기법들이 적지 않다. 물론 전통 심리학에서는 이런 기법들을 인정하지 않는다. 전생의 기억 따위는 존재할 수 없다는 유물론적 가설을 굳게 믿기 때문이다.

성격 이론이 '일회적 삶'이라는 세계관을 토대로 구축되었기에 심리학자들은 우리의 정신 영역 속에는 현재의 '몸'보다 선행하는 어떤 내용물도 존재할 수 없다고 말한다. 그것을 반증하는 결과를 낸 기법들은 당장 의심부터 받는다. 전생의 기억을 인정하면 심리학 이론의 기반이 뿌리째 흔들리기 때문에 학자들은 태도를 바꾸지 않는다. '자연주의'라는 소위 '과학적' 전제를 기꺼이 포기하는 참된 과학자가 되기엔, 대부분의 심리학자들이 너무나 바쁘다.

전생의 기억을 꺼내는 데 가장 흔히 쓰이는 기법으로 의식의 초점을 용의주도하게 조절하는 최면이 있다. 최면 중에 무엇에 초점을 맞추고 그것을 어떤 방향으로 이끌어갈 것인지는 최면가와 내담자가 인간의식을 어떻게 이해하고 있느냐에 달려 있다. 즉 최면의 활용 범위는 우리의 이해 수준에 따라 달라지며, 오늘날 최면은 수십 년 전이라면 엄두를 못 냈을 심층의식까지의 접근을 가능케 해주고 있다.*

---

* Peter Francuch, *The Principles of Spiritual Hypnosis* 참고.

최면을 통해 드러난 윤회의 증거들이 가장 많이 받는 의심은 내담자의 진술이 최면가의 암시에 의해 오염되었을 가능성이 너무 크다는 것이다. 최면 상태에서는 암시에 크게 영향받게 되므로, 의도적이든 그렇지 않든 최면가가 정해진 결과를 얻는 방향으로 몰고 갈 가능성이 충분하다. 그러니 최면에서 얻어진 윤회의 증거들은 애초에 진지하게 고려할 필요가 없다고 주장하는 사람들이 많다.

물론 중요한 점을 지적하긴 했지만, 나는 회의론자들이 최면기법과 암시의 효과를 과장하고 있다고 생각한다. 그들의 불신은 최면 상태에서는 내담자의 의식이 최면가의 손바닥 안에서 놀아난다는 케케묵은 선입견에서 비롯된 것이다. 그렇다면 최면을 통해 떠오르는 '검증 가능한' 전생의 증거들은 어떻게 설명해야 하는가? 그것들이 모두 암시에 의한 것이라면, 대체 최면가는 어떤 암시를 통해서 정작 본인도 몰랐던 '정확한' 정보들을 내담자로부터 이끌어낼 수 있단 말인가?*

최면 이외의 기법을 통해 전생의 기억이 환기된 사례들도 무수히 많으니 여기서 굳이 최면의 장점을 길게 나열할 필요는 없을 듯싶다. 나는 숙련된 최면가에 의해 보고된 사례들이 환생 현상을 증명하는 데 결정적인 논거를 제공하리라고 믿는다. 하지만 최면 이외의 기법들을 통해서도 더욱 신뢰성 높은 사례가 얼마든지 보고될 수 있다.(우리는 곧 이 주제를 다시 다룰 것이다.)

대개 환기된 기억들은 스티븐슨이 수집한 사례만큼의 엄격한 검증이

---

* Roger Woolger, *Other Lives, Other Selves: A Jungian Discovers Past Lives Therapy* 참고.

불가능하다. 아이들의 자발적 기억은 바로 직전의 생에 해당하지만, 정신요법에 의해 환기된 기억은 대부분 먼 과거의 생에 해당하므로 사실 여부를 검증하기가 무척 어려운 경우가 많다. 바로 이런 이유로 자발적 기억에 비해 환기된 기억은 '증거로서의 가치'가 부족하다고 여겨지곤 한다.*

그럼에도 그것들은 윤회론에 충분히 힘을 실어줄 수 있다. 환기된 기억에 담긴 '증거로서의 가치'는 사실 역사적 검증보다는 내적 검증에 달려 있기 때문이다. 내적 검증이란 그 기억이 당사자의 심리에 얼마나 큰 영향을 미치는가를 살피는 것이다. 아래의 네 가지 사항은 전생퇴행을 유도하는 정신요법을 통해 환기된 기억들 중 일부가 충분히 진실일 수 있음을 잘 말해준다.

첫째로, 전생의 기억들은 하나의 기법이 아니라 서로 다른 여러 기법을 통해 보고되고 있다. 여기에는 재탄생요법(rebirthing)**, 감각차단(sensory isolation)***, 홀로노믹 통합(holonomic integration)*****, 의식확장 효과가

---

* 드물긴 하지만 최면에 의한 전생의 기억 중에서도 역사적 검증이 가능한 경우가 있다. 제인 에반스Jane Evans의 사례를 다룬 제프리 아이버슨Jeffrey Iverson의 *More Lives Than One? The Evidence of the Remarkable Bloxham Tapes*, 레이 브라이언트Ray Bryant의 사례를 다룬 콜린 윌슨Colin Wilson의 *Afterlife: An Investigation of the Evidence for Life after Death*, 브리디 머피Bridey Murphy의 사례를 다룬 모레이 번스타인Morey Bernstein의 *The Search of Bridey Murphy*를 참고하라.

** Leonard Orr and Sondra Ray, *Rebirthing in the New Age*, Elizabeth Feher, *The Psychology of Birth* 참고.

*** John C. Lilly, *The Center of the Cyclone*, *The Deep Self* 참고.

***** Stanislav Grof, *The Adventure of Self-Discovery* 참고. / 비일상적 의식 상태를 유도하는 강렬한 의식요법으로서 최근에는 홀로트로픽 요법(Holotropic Breathwork)으로 명칭이 바뀌었다. 역주.

있는 치료용 약물요법* 등이 두루 포함된다. 또한 각종 신체요법**과 전통 명상법***들도 빼놓을 수 없다. 이는 전생의 기억이 특정 요법에만 한정된 현상이 아님을 말해준다.

만약 전생의 기억이 우리의 심층의식 속에 보관되어 있다는 동양의 관점이 사실이라면, 이처럼 다양한 기법들을 통해 공통적으로 그것이 드러나는 것은 오히려 당연한 결과라 할 수 있다. 심지어 아직 전생의 기억을 발견하지 못한 기법들도 머지않아 같은 결과를 얻으리라고 보아야 한다. 즉 인간의 심층의식에 가닿을 수 있는 기법이라면 언제든 전생의 기억을 환기시킬 가능성이 있는 것이다.****

둘째로, 전생의 기억들은 전생퇴행과는 무관한 치료 과정 중에 '불현듯' 떠올라서 오히려 요법가들을 당황케 하는 경우가 많다. 많은 수의 요법가들은 전생의 기억을 처음 접했을 때 그것을 무시했거나 심지어 적대적인 의심을 품었다고 토로한다. 그들 또한 윤회를 부정하는 환경 속에서 교육받았기 때문에 그런 일에 대해서 전혀 준비가 되어 있지 않았던 것이다. 갑자기 나타난 불청객 때문에 그들도 전생의 기억을 어떻게 다뤄야 할지 새로 배워야 했고, 기존의 세계관을 포기하는 고통스러운 과정을 겪어내야 했다.

* Stanislav Grof, *Realms of the Human Unconscious, LSD Psychotherapy, Beyond the Brain, A Human Encounter with Death* 참고.

** Ida Rolf, *Rolfing: The Integration of Human Structures*. Moshe Feldenkraise, *Awareness Through Movement*, Milton Trager, *Psychophysical Integration and Mentastics* 참고.

*** Nyanaponika Thera, *The Heart of Buddhist Meditation* 참고.

**** 전생의 기억이 최면 상태의 암시에 의한 것이라고 주장하는 사람들은 최면과 전혀 다른 기법들에 의해서도 왜 같은 결과가 나타나는지를 설명하지 못한다.

일례로, 유럽의 무려 아홉 개 대학에서 학위를 받은 알렉산더 캐넌 Alexander Canon 박사는 무수한 임상적 증거를 접하면서도 윤회론을 거부하려 했던 자신의 경험을 《내면의 힘》(The Power Within)이란 저서에서 이렇게 밝혔다.

> 내게 윤회론은 오랜 악몽과도 같았다. 나는 어떻게든 윤회를 부정하려 했고, 심지어 말도 안 되는 얘기라며 내담자들과 다투기도 했다. 그러나 내담자들이 전생을 떠올리는 일이 끊이질 않았다. 저마다 다른 세계관을 가진 사람들이었음에도 말이다. 지금까지 나는 천 번도 넘는 전생 사례를 조사해야만 했고, 결국 윤회의 가능성을 인정할 수밖에 없었다.*

과학적인 기준에서, 관찰자의 신념과 무관하거나 심지어 반대되는 결과가 나타난다면 그것은 그의 연구가 꽤 신뢰할 만한 것임을 암시해주는 좋은 신호이다.

셋째로, 전생의 기억은 현생의 기억과 자연스럽게 이어져 있다. 전생의 기억은 현생의 기억을 되짚어가는 과정 중에 떠오르곤 한다. 가까운 과거의 문제로부터 시작해서 사춘기, 유년기, 유아기를 거쳐 때론 태내의 기억으로까지 퇴행하는 것은 그다지 유별날 것 없는 치료 기법이다. 인간의 정신이란 어떤 측면에서는 양파껍질처럼 여러 겹으로 이루어져 있기 때문이다. 그런데 이런 기법을 더 진행해가다 보면 전생의 기억이

* Joe Fisher의 *The Case for Reincarnation*에서 인용함.

불쑥 튀어나오곤 한다.

이처럼 일관된 과정 속에서 등장한 전생의 기억을 과연 가짜라고 쉽게 단정지을 수 있을까? 전생의 기억 따위가 있을 리 없다는 고정관념 때문에 이것을 무조건 배제해버리는 것이 과연 옳은 태도일까? 치료효과가 확실한 기법이 자연스럽게 이끌어낸 결과라면, 우리의 관점을 고쳐서라도 그 방향을 따라가 보는 편이 바람직하지 않을까?

현생의 기억과 전생의 기억은 대단히 유기적으로 연결되어 있다. 같은 기법을 반복하다 보면 반대로 전생의 기억이 현생의 기억을 환기시키는 경우마저 생긴다. 무척 강렬한 체험으로 이끄는 홀로노믹 요법, LSD 요법 등은 전생과 현생의 특정 기억을 동시에, 그것도 서로 맞물린 상태로 끌어올린다. 스타니슬라브 그로프는 이런 심리적 혼합물을 COEX(condensed experience)라고 부른다. COEX의 표면에는 현생의 특정 기억이, 심층에는 전생의 특정 기억이 있다. 그 둘은 어떤 감정을 공통분모로 하여 서로 엮여 있다. 그래서 그중 하나가 치료 과정 중에 떠오를 때는 다른 하나도 함께 뒤엉켜 떠오른다. 조금 뒤에 소개할 타냐의 사례는 이런 측면을 잘 설명해준다.*

넷째로, 전생의 기억은 분명한 치료효과를 가져다준다. 그것들은 별다른 의미 없는 단순한 기억이 아니다. 그것들은 현생의 기억과 마찬가지로 심리치료에 실제로 도움이 된다. 심리치료란 무의식 속의 스트레스 요인을 의식의 수면으로 끌어올리는 것이다. 과거의 트라우마를 끌어올려 객관적으로 바라보고 조화롭게 수용하는 것이다. 치료 중에 떠

---

* COEX에 대해서는 3장에서 더 자세히 설명할 것이다.

오른 전생의 기억은 본질적으로 현생의 기억과 똑같은 효과를 나타낸다. 그것은 숨어서 문제를 일으키는 과거의 상처를 수면으로 끌어올려 다룸으로써 내담자를 그 문제로부터 해방시킨다. 치료의 측면에서는 그 기억이 현생의 어린 시절이든 17세기 전생의 기억이든 별 차이가 없다.

때로는, 오히려 전생의 기억이 현생의 기억보다 더욱 극적인 치료 효과를 나타내기도 한다. 전생에 (감정적으로) 해소되지 못했던 기억이 떠오름으로써 내면의 깊은 상처가 치유되는 것이다. 이런 현상은 윤회론에 정확히 들어맞는다. 윤회론에 따르면, 우리는 전생에서 완전히 실현하지 못한 경험들을 마치 씨앗처럼 품고 태어난다. 달성되지 못한 욕망, 화해하지 못한 갈등, 수용하지 못한 상처, 성취하지 못한 야망 등등. 그리고 우리 현생의 목적 중 하나가 바로 이처럼 전생이 남겨둔 숙제들을 끝내기 위해서이다. 따라서 그 씨앗들은 우리의 현생에서 대단히 중요한 주제로 작용한다. 우리가 그것들을 해소하지 않는다면, 그것들은 일, 인간관계, 질병, 환경 등을 통해서 우리를 평생 따라다닐 것이다. 그러나 전생을 기억해내서 그 씨앗들을 발견하면, 우리는 현생의 갈등이 진정으로 어디에 뿌리를 내리고 있는지를 깨닫게 된다.

이상을 요약하자면, 효과가 탁월한 정신요법들이 환기시키는 전생의 기억들은 '실제 기억'과 똑같은 속성을 확실하게 보이고 있다. 그것들은 다른 기억들과 유기적으로 엮여 있고, 다른 기억들과 치료효과가 동일하며, 특수한 한 가지 기법에만 의존하여 등장하지도 않는다. 오히려 요법가와 내담자 모두 전혀 예상하거나 기대하지 못한 순간에 불쑥 나타나곤 한다.

이제 다시 실제 사례들을 살펴보자. 다음의 세 가지 사례는 방금 논의한 요점들을 잘 설명해줄 것이다.

조엘 휘튼Joel Whitton 박사는《생과 생 사이》(Life Between Life)라는 책에서 헤더 화이트홈스Heather Whiteholmes라는 가명으로 44세 여성의 사례를 소개했다.* 헤더가 토론토에서 상담소를 운영하고 있던 휘튼 박사를 찾아온 것은 1979년이었다. 헤더는 복잡한 신체적, 심리적 문제로 고통받고 있었다. 헤더는 일상에서 흔한 여러 대상들에 알레르기 반응을 보였고 그로 인해 귀울림, 두통, 뾰루지와 물집을 달고 다녔다. 집안에서는 위험요소를 싹 없앴지만, 집 밖으로 나가면 숨을 쉬기조차 버거웠다. 스스로 자신이 '삶 그 자체에' 알레르기가 있다고 표현할 정도였다. 폐렴과 기관지염이 반복되면서 호흡 장애가 악화된 탓에 여름을 제외한 1년 내내 거의 침대 위에만 누워 있어야 했다. 헤더는 수년간 많은 전문가를 찾아갔지만 상태는 더욱 나빠지기만 했다. 모든 처방과 요법이 허사였다. 휘튼 박사가 실시한 각종 검사의 결과도 다를 바 없었다. — "폐와 기관지의 면역력이 비정상적으로 낮아서 알레르기 반응이 더욱 심각해지고 만성화되고 있음."

심리적 측면을 살펴본 결과, 헤더는 자존감이 몹시 낮고 자신을 무능한 존재로만 여기고 있었다. 헤더는 실패에 대한 두려움이 크고 다른 사람의 비난에 지나치게 예민해서, 실력 있는 보석세공사임에도 제 이력을 스스로 망치고 있었다. 게다가 일이 잘 풀린다 싶으면 어김없이 깊은 우울증이 찾아오곤 했다. 똑똑하고 재주도 좋은 헤더는 든든한 남편까지 곁에 있으니 사실 남부러울 것이 없는 환경이었다.

암시에 아주 잘 걸리는 편이었던 헤더는 자기최면법을 금방 배웠다.

* 휘튼의 획기적인 연구에 대해서는 다음 장에서 알아볼 것이다.

휘튼은 헤더에게 문제의 뿌리를 집에서 혼자 찾아보고, 그 결과를 매주 상담시간에 함께 상의해보자고 제안했다. 이후 6주 동안 헤더는 자신의 무의식 속에서 발견한 무수한 정보를 기록해서 가져왔지만 그중에 어떤 것도 진짜 원인으로 보이지 않았다. 그러다가 불현듯 헤더는 '이소벨 드러먼드Isobel Drummond'라는 이름을 기억해냈다.

헤더는 오랜 기간에 걸쳐서 이소벨의 삶을 아주 조금씩, 조금씩 기억해내기 시작했다. 헤더는 그것이 자신의 전생임을 직감했다. 처음 떠오른 것은, 아름답게 장식된 영국의 한 가정에서 피아노 앞에 앉아 있는 이소벨의 모습이었다. 이소벨은 쇼팽의 에튀드(연습곡) 중 하나를 아주 우아하게 연주했다. 그런데 알 수 없는 이유로 헤더는 이소벨의 이런 모습에서 큰 슬픔을 느꼈고 이내 펑펑 울면서 최면 상태에서 깨어났다. 그 장면은 종일 헤더의 머릿속을 떠나지 않았다. 뒤이어 그날 밤에는 끔찍한 자동차 사고의 기억이 떠올랐다. 헤더는 이소벨의 몸을 제 몸처럼 느꼈다. 이소벨은 불타는 자동차 옆에 쓰러져 있었고, 몸의 오른편에 불이 붙어 있었다. 절벽을 위태롭게 달리던 자동차가 추락한 것이다. 때는 1931년, 헤더가 태어나기 4년 전의 일이었다.

단지 몇 초간의 회상이었지만 그 충격은 헤더의 마음을 완전히 들쑤셔놓았다. 헤더는 밤새 울고 벌벌 떨었다. 그 광경이 도무지 눈앞에서 사라지지 않았다. 그 충격은 사흘간 이어졌다. 헤더는 잠 한숨 못 자고 눈물을 흘렸고 심한 메스꺼움과 기침에 시달렸다. 그리고 마침내 잠이 들었다가 열두 시간 후에 깨어났을 때, 헤더는 자신이 '알레르기 약' 없이도 편안히 숨을 쉬고 있음을 알아차렸다. 또한 만성이었던 두통과 이명 증세도 사라졌고 피부도 한결 깨끗해졌다. 이틀 후에 집 밖으로 나온 헤더는 자신의 알레르기가 정말로 완치되었음을 확인했다.

그러나 이후로 3주 동안 헤더는 악몽과 우울감, 시도때도없이 터져나오는 눈물에 시달려야 했다. 얼마나 힘겨웠는지 휘튼 박사와의 상담 약속조차 지킬 수가 없었다. 이윽고 휘튼과 다시 만나게 되었을 때, 헤더는 최면을 통해 다시 한 번 전생의 사고 장면으로 되돌아갔고 좀더 많은 세부적 정보들을 발견해낼 수 있었다. 휘튼 박사는 그녀의 경험을 이렇게 요약했다.

늦은 오후, 이소벨은 로버트라는 남자와 함께 자동차를 타고서 지중해 수평선을 화려하게 물들이며 기우는 태양을 향해 거칠게 달리고 있었다. 그 둘은 술이 덜 깬 상태였고, 서로 사납게 말다툼을 했다. 로버트의 아기를 밴 이소벨은 결혼을 원했지만, 로버트는 전혀 그럴 생각이 없었다. 화가 난 로버트는 급커브길의 위험성을 간과했다. 그곳은 주앙 레 팡Juan-les-Pins 근처, 마리팀 알프스Maritime Alps를 끼고 도는 해안도로였다. 한 구간에서 좁다란 길이 북동쪽으로 획 꺾였지만 그들의 '부가티 컨버터블'(자동차 상표, 역주)은 속도가 너무 빨랐다. 자동차는 난간을 들이받고는 공중을 날았고, 작은 나무들과 덤불을 훑으며 낭떠러지를 튕겨 내려갔다. 튀어나온 바위에 부딪히는 순간 자동차는 크게 폭발했다. 로버트는 운전석에서 그대로 즉사했다. 조수석에서 튕겨 나온 이소벨은 모래흙 위에 떨어져 정신을 잃었다. 몇 차례 폭발이 이어지며 이소벨의 오른편으로 불길과 연기가 덮쳐왔다. 이소벨의 옷과 머리카락에 불이 붙었고, 곧 오른쪽 얼굴까지 불이 번졌다.

뜨거운 연기에 이소벨의 폐가 상하는 대목을 말하면서 헤더는 심하게 기침을 해댔다. 헤더는 프랑스 소방관들이 사고 장소에 도착해서 이소벨을 근처 병원으로 옮기는 장면을 기억해냈다. 그러나 이소벨은 이미 사경을 헤매는 중이었다.

흰 가운을 입은 간호사들이 커다란 거즈를 물에 적셔서는 붉게 그을린 데다 물집투성이인 이소벨의 몸 곳곳에 붙였다. … 이소벨은 고통 속에서 신음했다. 몸의 오른편이 끔찍하게 타버렸다. 붉은 고름으로 뒤덮여 오른쪽 눈은 형체도 보이지 않았다. 간호사들은 푹 적신 거즈를 붙여 몇 분간 두었다가 조심스럽게 떼어내길 반복했다. 그들은 환자가 원하는 만큼 모르핀(진통제)을 놔줘야 한다고 말했다. 그들이 보기에, 사고 때 뱃속의 아이를 유산해버린 이 환자는 24시간 이내에 사망할 것이 분명했다.

헤더의 알레르기 증상은 이소벨이 사고 시에 유독가스를 마신 데서 비롯되었고, 그 장면을 재경험한 후에 사라져버린 것으로 보인다. 그러나 헤더의 우울감은 그 후로 몇 주간 더욱 깊어졌다. 여러 차례 상담을 진행하면서 헤더는 이소벨의 삶에 대해 더 많은 정보를 발견했다. 이소벨은 예쁘고, 매력적이고, 재주도 많았지만 엄청난 사고뭉치이기도 했다. 부유한 영국 가정에서 태어난 이소벨은 어릴 때 부모를 여읜 탓에 자신의 재산과 미모를 시기하는 시종들의 손에서 길러졌다. 제대로 보살핌을 받지 못한 그녀는 이기적이고, 자학적이고, 사랑을 주고받기는커녕 감정 자체에 무딘 성격으로 자라났다. 열아홉 살이 된 이소벨은 피아노를 배우러 뉴욕으로 유학을 왔다. 러시아 출신 유대인인 니콜라우스를 매니저로 고용한 그녀는 미국에서 몇 차례 공연도 했다. 하지만 뉴욕의 화려한 상류사회가 이처럼 재능 넘치는 미인을 내버려둘 리가 없었다. 이소벨은 곧 이리저리 휩쓸리며 술독에 빠지기 시작했다. 수많은 파티, 수많은 애인들 때문에 음악은 아예 뒷전으로 밀려버렸다.

안정된 생활을 되찾기 위해 이소벨은 영국으로 돌아가서 니콜라우스와 결혼하기로 결심했다. 하지만 니콜라우스는 남편보다는 아버지 역할에 가까운 사람이었고, 결혼 후에도 그녀는 방종을 멈추지 않았다. 그녀는 유럽 대륙까지 오가면서 쉼 없이 바람을 피워댔다. 그녀는 지중해의 한 요트 파티에서 로버트를 만났고, 그의 아이를 가졌고, 그와 함께 도망을 가길 원했다. 런던으로 돌아온 이소벨은 바람을 피운 일로 니콜라우스와 대판 싸웠고 그 길로 집을 나와 로버트의 부가티 자동차를 타고 떠나버렸다. 그리고 나중에야 니콜라우스가 그날의 흥분으로 인한 심장 발작으로 세상을 떠났다는 사실을 알게 되었다.

이소벨은 자동차 사고를 겪고도 살아남았지만 신체적, 정신적으로 장애를 겪게 되었다. 아래 내용은 헤더가 날마다 적은 일기의 내용을 축약한 것이다.

1931년 겨울. 이소벨은 서섹스Sussex 주의 라이Rye라는 동네 근처 해안가에서 간호사 한 명, 시종 두 명과 함께 살고 있다. 그녀는 아주 천천히 움직이고, 그럴 때마다 엄청난 통증이 밀려온다. 그녀는 신음 섞인 속삭임으로만 말할 수 있다. 나는 그녀의 모습을 자세히 살펴보았다. 끔찍하다! 얼굴은 흉터로 온통 일그러졌고, 오른쪽 눈과 입은 삐딱하게 늘어졌다. 그녀는 실크 스카프를 둘러서 얼굴과 목의 복숭앗빛 상처를 가리고 있다. 그녀의 오른손은 오그라들고 물집으로 뒤덮여서 쓸모가 없어 보인다. 집안에 피아노가 있지만 그녀의 연주생활은 이미 끝이 났다. 그녀는 남은 왼손으로 수채화를, 다소 추상적인 꽃 그림을 그린다.

이소벨은 비참한 삶을 끝내고 싶단 생각을 여러 차례 떠올렸다. 그러던 중에 화려한 옷차림을 즐기는 친구, 런던에서 온 엘레너의 방문이 그 생각에 불을 붙였다. 엘레너가 소파에 앉아 차를 홀짝거리면서 내뱉은 말들이 이소벨의 상처에 소금을 뿌렸다. "사람들이 망가진 네 외모와 오른손에 대해 끔찍한 말들을 지껄이고 있어. 물론 나야 그럴 때마다 나서서 따박따박 반박하지. 만약 내가 네 처지였다면 난 못 견뎠을 거야. 친구야, 넌 어떻게 견디고 있니? 그러니까 내 말은, 네 외모 말이야."

그리고 오래지 않은 어느 혹독한 겨울밤, 이소벨은 집을 나섰다. 진눈깨비를 맞으며 들판을 가로지른 후에 파도가 거세게 몰아치는 해변을 걸었다. 그리고 터벅터벅 조약돌을 밟으며 점점 더 바다로 향했다. 천천히 그러나 멈춤 없이, 그녀는 사납게 일렁이는 차디찬 바다로 걸어들어갔다….

헤더의 깊은 우울감은 이소벨의 절망스런 자살로부터 비롯된 것이었다. 헤더가 이소벨의 암울한 죽음을 재경험한 후로 그 우울감은 다시 찾아오지 않았다. 이 최면 후에, 헤더는 자신이 학창시절에 이소벨의 죽음과 대단히 유사한 내용을 담은 곡을 쓴 적이 있었음을 기억해냈다. (헤더는 어린 시절부터 피아노 연주에 탁월한 재능을 보였다. 어릴 때 멕시코에서 살았던 그녀는 그곳의 가장 좋은 음악학교에서 수업을 받았다.)

그 후로 몇 달간 헤더는 무려 열아홉 개의 전생을 기억해냈다. 그 전생들 대부분에서 그녀는 현생과 마찬가지로 예술 또는 손재주와 관련된 일을 했었다. 이소벨의 삶 말고도 그녀의 현생에 큰 영향을 미친 전생이 하나 더 있었지만 여기서 그 이야기까지 다룰 필요는 없겠다. 어쨌든 헤더가 이 두 전생으로부터 물려받은 현생의 신체적, 정신적 고통이 더 건강하고 온전한 삶을 향해 그녀를 몰아붙여온 셈이었다.

그 후로 3년 동안, 헤더와 휘튼 박사는 (최면 없이) 대화 중심의 상담을 통해 그녀가 어린 시절에 겪은 상처를 치유해갔다. 자존감이 높아질수록 그녀의 예술적 능력도 훌륭해졌다. 상담이 종료된 1983년, 이제 그녀를 짓눌렀던 어두운 과거는 깨끗이 해소되었다. 휘튼 박사는 그녀가 이후로는 알레르기에 시달리지 않았고, 그녀의 작품들이 미술품 중개상과 개인수집가들에게 호평을 받았다고 보고했다.*

다음은 1985년에 발간된 스타니슬라브 그로프 박사의 《뇌를 넘어서》(Beyond the Brain)에 소개된 사례이다. 그로프 박사의 치료법은 꽤 복잡해서 짧게 설명하기가 쉽지 않다. 다만 여기서는 최면보다도 훨씬 더 강렬한 체험과 카타르시스를 통해 의식이 크게 확장된다는 정도로 이해해둠이 좋겠다. 그로프는 연구 주제는 윤회와는 거리가 있고, 그 치료 방식 또한 전생의 상처를 해소하는 접근법과는 무관하다. 그로프는 이 사례를 일러, 요법이 진행되는 과정에서 종종 등장하곤 하는 경험들 중 한 가지 유형일 뿐이라고 설명한다.

그로프의 환자 타냐는 34세의 선생님이자 두 아이를 혼자 기르는 이혼녀였다. 타냐는 우울감, 불안, 극심한 피로 탓에 정신요법을 받고 있

---

* 이소벨의 기억을 검증해보려던 헤더의 노력은 성과가 없었다. 그녀는 최면 상태에서 보았던 로버트의 자동차 번호판의 기록을 추적해봤지만, 프랑스 정부가 독일의 침공 전에 관련 자료들을 싹 없애버렸다고 한다. 이소벨이 다녔던 영국의 음악학교도 행정실에 큰불이 나서 과거 학생들의 자료가 소실된 후였다.

었다. 그런데 그저 신체적인 문제라고만 여겨졌던 그 증세들에 대한 예상치 못한 해결책이 세션 중에 발견되었다. 그로프는 이렇게 적었다.

타냐는 지난 12년간 감기와 알레르기 탓에 툭하면 재발하는 만성축농증으로 고생해왔다. 결혼 직후부터 시작된 콧속 문제는 그녀를 온갖 방법으로 괴롭혀왔다. 머리가 아프고, 빰과 입가가 쓰리고, 열이 나고, 콧물이 쏟아지고, 재채기가 터지고, 숨이 막혔다. 그녀는 요란한 기침과 함께 잠을 깨기가 다반사였고, 어떨 때는 그 증세가 서너 시간씩 지속되기도 했다. 그녀는 알레르기 검사를 수차례 받았고, 전문의로부터 항히스타민제, 항생제, 멸균수 코세척 등의 처방을 받았다. 그 모든 치료가 실패로 돌아간 후에 의사는 수술을 권했고, 타냐는 그것을 거부했다.

(어느 날의 세션에서) 그녀는 자신의 탄생 과정*을 재체험하는 도중에 머리가 짓눌리고 조여오고 숨이 막히는 느낌에 휩싸였다. 그녀는 그 느낌이 자신의 축농증 문제와 깊이 연결되어 있음을 알아차렸다. 어쨌든 그 느낌은 더욱 증폭되었고, 출생 과정의 경험임이 분명한 여러 단계를 통과한 끝에 그녀는 전생으로 여겨지는 기억들 속으로 들어갔다. 그러자 그 압박감, 짓눌림과 숨 막힘이 '물속에 빠진 상황'으로 변모되었다. 타냐는 자신의 몸이 널판에 묶여 있고, 마을사람들이 자신을 물속으로 서서히 밀어넣고 있다고 느꼈다. 울부짖고, 헉헉거리

---

* 그로프 박사가 가장 중요하게 다뤄온 주제들 중 하나가 바로 태아로서 엄마의 산도産道를 헤쳐 나오던 때의 기억이다. 많은 환자들이 세션 중에 자신의 출생 과정을 재체험하게 되는데, 그로프는 그들의 묘사가 실제 그들의 출생 상황과 상당히 일치한다는 사실을 발견했다. 역주.

고, 콜록대고, 엄청난 양의 콧물을 쏟는 등의 격렬한 반응을 보인 후에야 비로소 타냐는 전생의 상황과 장소를 인식할 수 있었다.

그녀는 뉴잉글랜드 지역에 살던 어린 소녀였는데, 비범한 영적 경험을 많이 한 탓에 이웃들로부터 마녀로 낙인이 찍혔다. 어느 날 밤 마을사람들은 그녀를 근처 자작나무숲으로 끌고 가서 널판에 묶어 차가운 연못에 거꾸로 떨어뜨렸다. 그녀는 밝은 달빛에 비친 가해자들의 얼굴들 속에 현생의 아버지와 남편이 끼어 있음을 발견했다. 그 순간 그녀는 현생의 많은 요소들이 바로 이 장면의 충실한 재현임을 깨달았다. 아버지, 그리고 남편과의 유별난 관계를 비롯한 현생의 여러 측면들이, 아주 깊은 부분까지 홀연히 이해가 되었다.

그로프는 이것이 어디까지나 그녀만의 주관적 경험인 만큼 윤회의 증거로 여겨지거나 축농증의 직접적인 원인으로 해석되어선 안 된다고 말했다. 하지만 그로프는 이렇게 덧붙였다.

그녀를 알던 모든 사람이 경악했다. 이 경험 후에, 그녀를 12년간 괴롭혀왔고 의사들도 심각한 난치병으로 인정했던 그녀의 축농증이 씻은 듯 나아버렸기 때문이다.*

타냐의 사례는 전생퇴행 요법들이 밝혀낸 공통된 패턴 — 어떤 문제가 한 생에서 다음 생으로 옮겨가는 현상 — 을 잘 보여준다. 신체적 상

* *Beyond the Brain*, 288~289쪽.

처, 감정적 상처, 특정한 사람들, 특정한 장소 등이 마치 매듭처럼 엮인 채로 전생으로부터 현생으로 넘어온다. 따라서 가장 깊숙한 차원에서 치유가 이뤄질 때는 당사자의 몸뿐만 아니라 마음과 인간관계까지 함께 치유된다.

'환기된' 전생 기억들은 대부분 검증하기가 어렵지만, 그렇다고 모든 사례가 검증될 수 없는 것은 아니다. 그로프 박사는 《나를 발견하는 모험》(The Adventure of Self-Discovery)에서 전생 기억의 세부 내용들이 나중에, 그것도 매우 특별한 계기로 실제 사건으로 확인된 사례를 소개한 바 있다. 이 사례는 전문을 소개할 가치가 충분하다.

당시에 칼은 프라이멀Primal 요법을 통해 출생과정의 여러 측면들을 재체험하고 있었는데, 또 다른 시대의 외국에서 있었던 것으로 보이는 극적인 장면들이 단편적으로 떠오르기 시작했다. 여기에는 강렬한 감정과 육체적 감각이 포함되었고, 그것들이 자신의 인생과 깊은 관계가 있는 듯한 느낌도 들었다. 그러나 그들 중의 어떤 장면도 이번 생의 것은 아니었다.

터널과 지하창고, 병영, 두꺼운 벽, 성벽 같은 것들이 보였는데 이 모든 것이 바다가 보이는 바위 위의 요새를 구성하고 있었다. 그리고 여러 가지 상황에 있는 병사들의 모습이 거기에 뒤섞였다. 병사들은 스페인 출신 같은데 장소는 스코틀랜드나 아일랜드 같아 보이는 것도 이상했다.

요법이 진행되면서 상황이 좀더 극적이고 복잡해졌으니, 격렬한 전투와 피비린내 나는 살육 장면들이 자주 나타났다. 병사들에게 둘러싸여 있었지만 칼 자신은 사제였는데, 어느 시점에서 성서와 십자가에 관련된 가슴 뭉클한 심상이 떠올랐다. 이때 그는 자신의 손에서 인장이 새겨진 반지를 보았고 거기에 나타난 글자들을 읽을 수 있었다.

전체적으로는 어떤 상황인지 알 수 없었으나 그림에 솜씨가 있었던 칼은 이런 장면들을 회화로 표현해나갔다. 그리하여 일련의 스케치와 아주 강렬하고 인상적인 지두화指頭畵들이 생겨났다. 이것은 요새의 경관과 살육 장면들, 그리고 칼 자신이 영국병사의 칼에 찔려 성벽 밖으로 떨어진 뒤 바닷가에서 죽어가는 모습이었다. 이중에는 반지를 낀 그의 손을 그린 것도 있었는데 그 반지에는 사제 이름의 머리글자가 새겨져 있었다.

이런 단편적인 장면들을 연결하여 이야기를 채워나가면서, 칼은 그것들과 현생의 삶 사이에서 점점 더 많은 유사점을 발견하게 되었다. 그는 자신이 현재 겪고 있는 감정적, 심리적 문제와 대인관계의 갈등이 이 기이한 전생의 기억과 어떤 식으로든 관련되어 있다는 느낌을 받았다.

갑자기 칼은 아일랜드에 가서 휴가를 보내고 싶어졌고, 이것이 의문 해결의 전환점이 되었다. 돌아온 뒤에 그는 자신이 찍은 사진들을 슬라이드로 관찰하다가 똑같은 경관을 열한 번이나 찍었다는 사실을 깨달았다. 아일랜드 서쪽 바닷가의 그 경관에 특별히 관심이 끌렸던 것도 아니었는데 말이다. 칼은 지도를 보고 자신이 어느 지점에서 어떤 방향으로 사진을 찍었었는지를 계산해본 결과 그의 주의를 끈 장소가 '둔 안 오르'(황금 요새)라 불리는 옛날 요새의 유적임을 알게 되었다.

프라이멀 요법 중에 겪은 체험들과 이 장소가 관계가 있지 않을까 싶었던 칼은 '둔 안 오르'의 내력을 조사해보기로 결심했다. 놀랍게도 그는 월터 롤리* 시대에, 스페인군이 그 요새를 점령했다가 곧 영국군에게 포위당했었다는 사실을 알았다. 월터 롤리는 스페인군에게 성문을 열고 영국에 항복한다면 요새 밖으로 탈출할 수 있도록 허용하겠다고 약속했다. 스페인군은 이 조건을 받아들여 항복했지만 영국군은 약속을 지키지 않았다. 요새 안으로 들어온 영국군은 스페인군을 무자비하게 죽여 성벽 밖의 바닷가나 바닷물 속으로 던져버렸다.

칼은 자신의 내부 깊은 곳에서 힘겹게 끄집어낸 장면들의 사연을 확인하고 크게 놀랐지만 여기서 만족하지 않았다. 계속해서 도서관의 장서들을 뒤적이던 그는 '둔 안 오르' 전투에 관한 특수 기록을 발견했다. 거기에는 스페인 병사들과 함께 온 사제가 있었는데 그도 병사들과 함께 죽임을 당했다고 기록되어 있었다. 그의 이름의 머리글자들은 칼이 자신의 심상 속에서 인장이 새겨진 반지를 보고 스케치했던 글자와 같았다.**

환기된 전생 기억에 대한 논의에서 헬렌 웜바크 박사의 연구를 빼놓을 수 없다. 그녀의 연구는 개별적 사례 중심의 연구들과는 또 다른 관점을 제공하고 있다. 그녀는《전생체험》(Reliving Past Lives)이라는 책에서, 수년에 걸쳐 무려 750여 명의 내담자에게 최면퇴행을 반복시행하여 얻어진 두 가지 장기 연구결과를 보고했다. 그녀는 최면퇴행을 통해 한 개

---

*   Walter Raleigh(1552?-1618): 엘리자베스 여왕 시절에 유명했던 영국의 군인, 탐험가이자 작가. 역주.

**   《The Adventure of Self-Discovery》, 92~93쪽. / 칼이 스케치한 그림들이 같은 책 94~97쪽에 실려 있다.

인이 여러 전생을 기억해내는 동안 드러나는 인과관계를 연구하는 대신, 과거의 역사적 사실들에 대한 세부정보를 풍부하게 수집하고자 했다. 그녀는 피험자들의 체험이 자신의 암시에 의해 특정 시대나 장소로 유도되는 일이 없도록 경계하면서, 열 명에서 열두 명 사이로 구성된 집단을 대상으로 전생퇴행 최면을 실시했다. 그리고 최면이 끝나면 곧바로 질문지를 주어 최면 상태에서 떠올린 전생의 자기 모습과 그 시대상에 대해 답하도록 했다. ― 당신은 남성이었습니까, 여성이었습니까? 당신은 어떤 일을 했습니까? 당신의 사회적 신분은 어땠습니까? 당신은 어느 나라에 살았고, 그 시기는 언제였습니까? 당신은 어떤 옷을 입고 있었습니까? 그 옷은 무슨 재질로 만들어졌습니까? 당신은 어떤 음식을 먹었습니까? 당신은 어떤 도구들을 사용했습니까? 당시에는 어떤 돈이 통용되었습니까? 당시에 정부는 어떤 역할을 했고, 또 사제들의 행태는 어떠했습니까? 당시 사람들의 살림살이와 신앙생활 등은 어떠했습니까? … 이렇게 수만 건의 정보를 수집한 후에, 그녀는 피험자들이 보고한 내용과 실제 역사가들이 추적해낸 내용이 얼마나 유사한지를 확인하기 위해 역사 서적들을 탐독하기 시작했다. 그들의 '기억'이 정말로 역사적 사실과 꼭 들어맞을까? 틀림없이 그 시기에 그곳에서 살았다는 그들의 주관적 확신은 일리가 있는 것일까, 아니면 터무니없는 주장일 뿐일까?

다양한 시대와 장소에 대해 몇 번이고 반복해서 조사했지만, 헬렌의 피험자들이 보고한 기억은 정말로 역사가들의 추정과 정확히 일치했다. 그들은 당시의 옷차림, 화폐, 그릇, 식생활, 사회생활 등을 세부사항까지 맞췄을 뿐 아니라 통계적으로 봤을 때 당시의 상중하 신분-계급의 인구수 비례와도 맞아떨어졌다. 헬렌의 피험자들은 과거 시대를 정확히 묘사했을 뿐만 아니라, 역사가들이 밝혀낸 정보들을 더욱 흥미롭게 채색하기까지 했다.

헬렌이 비교분석한 수많은 역사적 패턴들 가운데서도 가장 눈에 띄는 것은 바로 가장 단순한 정보, 즉 각 시대의 남녀 인구 비율이었다. 놀랍게도, 어떤 시대를 대상으로 하든, 피험자들이 기억해낸 전생의 성별 통계치는 오차 1퍼센트 이내의 50 대 50이었다. 다시 말해서 전생 기억 속의 남녀 비율은 어떤 시대에서든 기이할 만큼 균등하게 나타났고, 그것은 피험자들의 실제 남녀 비율과는 무관했다. 특정 시대의 전생을 기억해낸 '피험자들의 남녀 비율'이 때론 70 대 30까지 기울어져도, '그 전생에서의 남녀 비율'은 거의 정확한 반반이었다. 오직 전쟁 중인 시대와 장소에 해당하는 전생들만이 예외였고, 이 또한 당시엔 남성보다 여성의 인구가 더 많았다는 역사가들의 주장과 일치했다. 이쯤에서 우리는 과연 윤회라는 개념을 받아들이지 않는다면 무슨 수로 이 놀라운 통계치를 설명할 수 있을지 다시 생각해볼 수밖에 없다.

헬렌의 연구는, 최면을 통한 전생퇴행은 나폴레옹이나 클레오파트라처럼 유명한 인물들의 삶을 떠올리게 하기 일쑤라는 세간의 믿음을 정면으로 반박한다. 현시점에서 나폴레옹의 환생자는 한 명일 수밖에 없기 때문에, 이런 믿음은 최면을 통한 전생퇴행이 순수한 기억이 아니라 과거에 대한 자기기만적 환상을 촉발할 뿐이라는 결론으로 우리를 이끈다. 사람들은 최면 상태에서 떠올린 '전생'이란 대개 텔레비전이나 책으로 접해온 공주, 기사, 장군, 혁명가로서의 삶 또는 어떤 낭만적인 장면일 거라고 생각한다. 그러나 이런 생각은 실제와 전혀 다르다. 헬렌에 따르면 피험자들이 떠올린 전생의 대부분은 가난하고 팍팍한 삶, 지루하고 반복적인 일상이었다고 한다. 그녀의 피험자들 중에는 자신의 전생을 역사적 유명인사로 보고한 사람이 단 한 명도 없었다.

이번 장의 목적은 회의론자들을 단순히 설득하기 위함이 아니다. 그보다 한 발 더 나아가 환생의 증거를 담고 있는 풍성하고 놀라운 자료들을 독자들 스스로 탐구하게 하고, 환생에 관한 연구들을 개괄해볼 때 드러나는 패턴들을 소개하기 위함이다. 위의 사례들은 보고된 수많은 자료들 가운데 극히 일부에 불과하다. 나는 개인적으로, 환생의 증거들은 이미 충분히 쌓였다고 생각한다. 스티븐슨 박사가 말했듯이, 적어도 윤회를 믿는 데 대해 지성인들이 찜찜한 기분을 느낄 이유는 전혀 없다.*

질문과 대답

질문 윤회론은 임사체험(Near-Death Experiences) 연구에서 보고되는 이야기와 어긋나지 않습니까? 임사체험자들은 대개 '천상에서의 경험'(heavenly existence)을 이야기합니다. 딱히 스스로 선택하거나 소명을 받지 않는 한, 우리는 환생이 아니라 천상으로 나아가게 된다고 말하면서요. 윤회론은 그들의 묘사와 뚜렷이 모순되는 게 아닐까요?

---

* 1장에서도 말했듯이, 지금까지 수집된 증거들은 환생이 '어떻게' 일어나는지를 설명해주진 않는다. 우리는 물론 그 의문의 답도 찾고자 하지만, 아직 그 답을 못 찾았다고 해서 환생 현상 그 자체의 증거까지 채택을 보류할 이유는 없다. 우리가 지상에서 한 번 이상의 삶을 산다는 전제는 우리의 마지막 결론이 아니라 새로운 시작점이다.

대답 전혀 그렇지 않습니다. 임사체험담은 물질계로부터 비물질계로 옮겨가는 과정에 대해 이야기합니다. 그 과도기 이후에 어떤 길이 펼쳐지는지에 관해서는 그다지 알려주는 바가 없습니다. 오히려 임사연구 국제학회의 전 회장인 케니스 링 박사에 의하면, 임사체험을 한 사람들은 이후에 윤회론을 믿기 시작하는 경우가 적지 않습니다. 임사체험 속에서 윤회론이 암시되는 사례가 전혀 없진 않지만 임사체험과 윤회론이 꼭 맞아떨어지는 것은 물론 아닙니다. 하지만 임사체험자들은 그 체험을 통해 종종 윤회라는 개념에 이끌리고 친숙해집니다.* 그들은 자신의 과도기적 체험과 윤회라는 개념 사이에서 어떤 모순도 느끼지 않습니다. (임사체험자들의 묘사는 《티베트 사자의 서》의 묘사와 상당히 비슷한데, 《티베트 사자의 서》는 후반부로 갈수록 환생 과정에 대한 설명이 많아진다.)**

질문 윤회론은 지구의 급격한 인구 증가와 모순되지 않나요?

대답 우리가 불필요한 온갖 가설들을 윤회론에 덧붙였을 때만 그렇습니다. 예컨대 영혼의 숫자가 정해져 있으며, 모든 영혼이 현재 지상에서 살아가고 있다거나 인류(호모사피엔스)가 처음 등장했을 때 전부 동원

---

* Kenneth Ring의 *Near-Death Experince: Implacations for Human Evolution and Planetary Transformation* 80쪽 참고. 스스로 임사체험자면서 수많은 임사체험자들을 인터뷰한 P. H. M. Atwater는 *Coming Back to Life*라는 책의 101쪽에서 임사체험자들과 윤회론에 대해 이렇게 설명한다. "그들은 환생이 분명한 진실인 것처럼 말한다. 그들은 '인생 계획'(life plan)이라는 표현을 쓰고, 우리의 생이 성장 과정을 따르고 있다고 말한다." Kenneth Ring도 *Heading Toward Omega*란 책에서 임사체험 중에 자신의 현생과 더불어 과거의 여러 생을 되짚어보았던 벨, 윤회의 구체적 방식에 대해 많은 정보를 접했던 재니스 등의 사례를 소개한 바 있다.

** 《티베트 사자의 서》는 죽어가는, 또는 갓 죽은 사람을 인도하는 내용을 담은 8세기의 중요한 불교 문헌이다. 이 책은 사람이 죽어가는 과정, 그리고 하나의 몸을 떠나 다른 몸으로 들어가기 전까지의 중간 단계에 관해 설명한다.

되었다는 가설들 말입니다. 당연히 우리는 이런 가설들을 받아들일 이유가 없습니다.

전통적으로 윤회를 믿어온 문화들은 지상의 삶이 좀 지루하긴 하지만 어디까지 일시적인 '학교'의 — 우리의 영혼을 성숙시켜주는 — 역할이라고 설명합니다. 그에 따르면 우리는 결국 이 학교를 졸업하고 좀더 충만한 영적 단계로 나아가게 될 겁니다. 그들은 '인류'라는 존재 상태 자체가 하나의 학급과도 같아서, 대부분은 그 안에 계속 머물지만 누군가는 새로 들어오기도 하고 또 다른 누군가는 영원히 떠나기도 한다고 말합니다. 그들이 어디서 와서 어디로 가는지는 아직 우리의 지식 너머에 있는 질문입니다. 대개는 지능 높은 동물들 가운데 상위의 의식 차원으로 양자적(Quantum) 도약을 할 준비가 끝난 영혼들이 인류의 범주에 새로 편입된다고들 여깁니다. 이 생각은 윤회 개념을 진화라는 큰 틀과 연계시킨 것으로 나름 일리가 있습니다. 또한 급격한 인구 증가도 무리 없이 뒷받침해줍니다.

로버트 먼로는 《먼 곳으로의 여행》(Far Journeys)에서 또 다른 시나리오를 제시했습니다. 먼로는 체외이탈 상태(out-of-body state)의 경험을 통해서, 우리가 전혀 알지 못하는 비물질적 에너지 차원의 존재들이 이 '지상'이라는 학교로 계속 편입되고 있다는 사실을 발견했습니다. 이곳의 수업을 듣기 위해서 말입니다. 인구가 아무리 증가해도, 인간으로 태어나기를 기다리고 있는 영적 존재들의 숫자가 언제나 더 많다는 것입니다. (먼로는 지능 높은 동물들 중 소수가 인간으로 편입된다는 전통적 관점도 부정하지 않았습니다.)

즉, 윤회론의 본질을 훼손하지 않으면서도 우리는 지상의 급격한 인구 증가를 여러 방식으로 충분히 설명할 수 있습니다.

질문 윤회론은 우리가 동물로 태어날 수도 있다는 뜻입니까?

대답 아닙니다. 윤회에 관한 수준 높은 담론들에서는 인간이 다시 동물로 태어날 가능성이 거의 배제됩니다. 윤회는 최소한 3천 년 이상의 세월 동안 전해진, 아주 오래된 관념입니다. 그동안 이 관념은 종종 원시적, 민중적 믿음과 뒤엉키곤 했지요. 예컨대 인간은 다음 생에 동물로 태어날 수 있는데, 악인은 형편없고 흉측한 동물로 태어나고 선인은 고귀한 동물로 태어난다는 식이지요. 몇몇 문화권에서는 특정한 악행과 특정한 동물로의 환생을 연계시킨 복잡한 체계를 구축하기도 했습니다. 이것은 아이들에게 도덕적 행동을 가르치고 성인들을 교화시키는 효과적인 수단이지만, 철학적으로 보면 윤회론과 어긋나는 점이 많습니다. 동물로의 환생을 당연시하고 있는 인도에서조차 스리 오로빈도와 같은 철학자들은 이런 믿음을 부정했습니다.

수많은 생을 통해 이어지는 의식의 진화과정 속에서는 뚜렷한 임계점들이 있습니다. 하나의 문턱을 넘고 나면, 다시는 이전 상태로 퇴보할 수 없습니다. 그중의 하나가 바로 동물의 의식으로부터 인간의 의식으로 건너오는 것입니다. 일단 인간 의식이라는 바탕과 원천에 속하게 되면 모든 공부는 그 범위 안에서 이뤄집니다. 물리학 전공 대학원생이 산수를 배울 필요가 없는 것처럼, 인간은 더 이상 동물계로 되돌아가서 배울 필요가 없습니다. 따라서 논리적이고 세련된 윤회의 규칙은, 인간의 삶 뒤에는 다시 인간의 삶, 또는 그보다 더 진보된 삶이 있다는 것입니다. (물론 그렇다고 해서 모든 인간이 한때는 동물이었다는 뜻은 아닙니다.)

질문 우리는 항상 같은 성(性)으로 환생하나요?

대답 절대 그렇지 않습니다. 여러 출처를 통해 보고된 증거들에 따르면, 하나의 성별이 좀더 두드러지게 반복되는 경우가 있긴 하지만 그럼에도 성별은 수시로 바뀝니다. 성별뿐 아니라 종교, 인종, 지역도 숱하게 바뀝니다.

질문 우리가 전생의 기억을 늘 간직하고 있었다면, 왜 그것들은 몇 세기 동안이나 잠들어 있다가 지금 깨어나기 시작하는 걸까요?

대답 여러 가지 요인이 함께 작용하는 듯합니다. 아마도 가장 큰 요인은, 지난 수십 년간 우리의 내면을 탐구하는 아주 강력한 정신요법들이 크게 발전해왔기 때문이 아닐까요? 정신분석이 서양의 정신과학계를 주름 잡는 동안에는 자유연상법이 인간의 내면을 탐사하는 주된 수단이었습니다. 자유연상법이란 내담자로 하여금 편안히 누운 자세에서 에고의 검열 없이 생각나는 대로 떠들게 함으로써, 전문가가 그의 내면에 숨은 채로 작용하고 있는 뭔가를 알아내는 것입니다. 그러나 이 방법은, 오늘날의 기준으로 보면, 인간의 내면을 탐구하는 데 그다지 효과적이지 못합니다.

최근에는 정신요법의 흐름이 '상담요법'으로부터 '체험요법'으로 변화되고 있으며, '체험요법'은 언어적, 인지적 에고를 교묘하게 우회합니다. 게슈탈트 심리학파의 창시자인 프리츠 펄스는 "마음을 버리고 감각을 취하라"고 말했는데, 이 강력한 요법들은 펄스의 생각보다 한 발더 나갔습니다. 이 요법들은 지금껏 서양에서 한 번도 체계적으로 연구된 적 없는 인간 정신의 요소들까지 밝혀내고 있습니다. 이 혁신적 요법들에 대해 알면 알아갈수록, 우리는 미래의 임상심리 교과서가 현재의 그것과는 크게 달라질 수밖에 없음을 확신하게 됩니다.*

물론 회의론자들은 점점 더 늘어나고 있는 '전생 기억' 사례들을 여전히 다른 관점으로 설명하고 있습니다. 그들은 '윤회'란 그저 최근에 유행을 타고 있는 하나의 환상일 뿐이라고 말합니다. 슈퍼마켓에서 파는 신문부터 베스트셀러 도서와 대중음악에 이르기까지, 현재 우리는 여러 생을 옮겨 다니는 '연속적 의식체'라는 개념에 집단적으로 매료당하고 있습니다. 이런 개념은 소멸에 대한 두려움, 이 우주 속에서 우리 자신의 보잘것없는 존재감을 누그러뜨려 줍니다. 그러니 윤회라는 개념을 재미있어하는 집단적 흐름에 영향받은 이 사회의 구성원들이 치료 중에 그런 기억들을 자신도 모르게 지어낸다는 지적은 일리가 있습니다. 말하자면 우리가 현재 삶에서 겪는 심리적 갈등을 집단적 열병의 형태로 드러내고 있을 뿐이라는 것입니다.

회의론자들의 이런 가설은 흥미롭지만 신중하게 살펴볼 필요가 있습니다. 철저하게 기록되고 검증된 구체적 사례들에 비추어 평가해야 합니다. 과연 이것이 전생을 기억해낸 사람들과 그들의 성향, 윤회론을 사전에 접해본 경험 등을 가장 잘 설명해주는 가설일까요? 또한 그 기억이 끄집어 내어지게 한 특정 요법들에 대한 정당한 평가일까요? 각각의 사례를 제대로 들여다본다면 저는 누구라도 이 가설을 믿지 않으리라고 생각하지만, 사람들은 자기 입맛대로만 생각하지요. 이런 주장은 스티븐슨 박사의 조사 대상들이 보여준 전생 기억의 정확성에 대해서는 아

---

* Grof의 *Beyond the Brain* 또는 *Revision, The Journal of Transpersonal Psychology* 등의 학회지 참고.

무런 설명도 해주지 못합니다. 웜바크 박사의 조사 대상들이 정확하게 묘사해낸 수세기 전의 생활상에 대해서도 전혀 설명해주지 못합니다.

　물론 점점 더 많은 사람들이 윤회론을 진지하게 받아들이기 시작하고, 그 덕분에 더 많은 자료가 축적되고 있다는 시대적 영향력을 부정할 순 없습니다. 《불멸의 모험》(Adventures in Immortality)이라는 책에 실린 갤럽 사의 여론조사 결과를 보면, 1981년에 미국 내 성인 가운데 거의 4분의 1에 달하는 23퍼센트가 윤회론을 믿고 있습니다. 사람들이 자기 자신에 대해서 한 번도 품어본 적 없었던 의문을 품고, 한 번도 찾아보려 들지 않았던 답을 찾기 시작한 것입니다. 이처럼 환생에 대해 고조된 관심은 단지 전생 사례를 증가시키는 것 이상의 역할을 하고 있습니다. 마치 눈덩이를 굴리는 것과 같이, 스스로 영향력을 키워가고 있습니다.

　그러니 우리는 이런 질문을 던져야 합니다. 윤회에 대해 고조된 관심은 거짓 자료를 양산하고 있는 것일까요, 아니면 우리로 하여금 현실의 새로운 측면을 발견하게끔 돕고 있는 것일까요? 윤회론이 없는 기억을 '지어내도록' 하는 것일까요, 아니면 있는 기억을 떠올리기 쉽게 돕기만 하는 것일까요? 아마도 두 가지 역할을 다 하겠지만, 저는 후자에 훨씬 더 마음이 끌리는군요.

　저는 신중하게 연구된 수많은 전생 사례들이 전부, 그저 윤회론을 믿는 사람들이 증가했다는 이유로 등장하게 된 것이라고 믿지 않습니다. 그러나 그것이 사람들로 하여금 전생의 기억이 저장된 의식 영역으로 더 용이하게 접근할 수 있게 해주고 있는지도 모릅니다. 성숙한 믿음이든 미숙한 믿음이든, 많은 정보를 훑어 신중하게 받아들였든, 적은 정보만 보고 의심 없이 받아들였든 간에, 더 많은 사람들이 윤회를 믿을수록 이런 영향력은 커질 것입니다.

환생에 대한 수준 높은 증거들이 더 널리 공개될수록 윤회론은 점점 더 성숙해지고 우리들 각자가 전생 기억의 저장소에 접근하기도 용이해질 것입니다. 21세기에 접어들고 있는 지금, 이런 흐름은 우리 사회가 어떤 방향으로 진화해가고 있는지를 잘 보여줍니다.*

---

* 같은 종의 생명체들은 모종의 정보장을 공유하고 있다는 루퍼트 셸드레이크 박사의 이론에 비추어보면, 각 개체의 변화가 모여 동종 집단 전체를 점진적으로 변화시켜가는 현상을 더 깊이 이해할 수 있다. 그에 따르면, 일정 비율 이상의 개체가 특정한 재능 또는 통찰을 얻게 되면 같은 종의 다른 개체들도 그것을 좀더 쉽게 획득하게 된다. *A New Science of Life: The Hypothesis of Formative Causation* 참고.

3
카르마

우리가 지상에서 환생을 거듭한다는 사실 자체가 그러한 생애들이 서로 의미심장하게 연결되어 있음을 뜻하는 것은 아니다. 어쩌면 윤회는 그저 무작위적인 사건, 그저 자신의 운을 점쳐보는 우주의 복권과 같은 것인지도 모른다. 또는 우리가 스스로 선택하는 것이라 해도 거기에는 단지 즉흥적인 변덕 외에는 아무런 선택의 기준이 없을지도 모른다. 마치 색색의 사탕이 진열된 선반 앞에 선 아이들 — 손 닿는 대로 한 주먹씩 쥐어 가방 안에 쑤셔 넣는 — 처럼 우리는 별생각 없이 다음 생을 선택하는 것인지도 모른다.

이런 시나리오들이 어느 것도 불합리하다고 할 수는 없지만 윤회론을 포용하는 대부분의 영적 전통들은 우리의 삶이 이렇게 작동한다고 설명하지 않는다. 이 전통들에 따르면, 윤회는 무작위적으로 규칙 없이 일어나는 것이 아니라 인과관계를 통해서 일어난다. 전생과 후생은 인과관계로 이어져 있다. 인도에서는 이 인과관계를 '카르마'라고 말한다.*

오늘날 카르마라는 개념은 우리에게 낯설지 않다. 실제로 이 개념은 대중음악, 토크쇼, 코미디극에서 심심치 않게 등장한다. 우리는 '준 대로 받는다, 행한 대로 돌아온다'는 식의 카르마의 법칙도 잘 이해하고 있다. 이런 믿음은 서양의 종교들 속에도 깊이 뿌리 박혀 있다. ― "심은 대로 거두리라." "칼로 흥한 자, 칼로 망하리라." 우리의 가슴은, 우리의 의도와 행동이 불러올 결과를 피할 방법은 없다는 사실을 알고 있다. 현대의 의사들은 우리의 태도와 신념이 온갖 정교한 방식들을 통해 우리의 몸에 반영된다고 설명한다. 우리의 모든 생각, 말, 행동은 다른 누구보다 먼저 우리 자신에게 영향을 미친다. 우리의 몸조차 그렇게 빈틈이 없는데, 과연 우리의 삶이 그보다 더 엉성하게 일을 처리하겠는가?

카르마는 어떤 측면에서는 단순하지만, 어떤 측면에서는 대단히 복잡한 개념이다. 늘 우리에게 "자신이 받고 싶은 그대로 타인에게 베풀라"라는 똑같은 충고를 해준다는 점에서 보면 그것은 더없이 단순하다. 하지만 카르마가 실제로 '어떻게' 작동하는가를 궁금해하는 순간, 상황은 달라진다. 우리의 행동과 생각 ― 마음속에만 있던 ― 들이 수백 년 이후의 사건들에 영향을 미치는 방식을 알려고 하면 할수록 우리는 점점 더 미궁 속으로 빠져들게 된다. 게다가 우리는 '제3자'로서 카르마를 관찰할 수도 없다. 우리의 삶 자체가 곧 카르마의 흐름이기 때문이다. 즉 카르마를 탐구하는 것은 우리 자신의 속을 뒤집어보는 것과도 같다.

---

* 이언 스티븐슨 박사는 *Children Who Remember Previous Lives*에서 중동 이슬람의 시아파, 서아프리카의 부족들, 알래스카 남동부의 틀링기트족 등을 윤회는 믿지만 카르마 개념은 받아들이지 않는 예외적 집단들로 꼽았다.

우리 각자가 바로 카르마의 현현顯現이다. 카르마를 이해하는 것은 곧 우리 삶의 본질을 이해하는 것이다.

　이번 장에서 나는 카르마를 논의하기 위해 두 덩어리의 지식을 수집했다. 배경이 되는 시대와 문화는 각기 다르지만, 카르마에 대한 그 둘의 인식은 상당히 일치하면서도 또 보완적이다. 카르마에 대한 첫 번째 설명은 전 세계의 비교秘教 전통들로부터 나온 것이다. 동양 종교들의 비중의 훨씬 크겠지만 서양 종교들도 똑같이 다루었다. 하시디즘, 수피즘, 영지주의는 윤회와 카르마를 설했다. 또한 지난 2백 년간 타국의 전통을 받아들이고 나름대로 발전시켜온 미국의 신지학 운동도 빼놓을 수 없다. 두 번째 설명은 정신요법들이 촉발한 사례들의 연구로부터 나온 것이다. 이 사례들은 윤회를 증명하기 위함이 아니라, 생과 생을 가로질러 작동하는 인과관계의 원리를 조금이나마 알아보기 위해 소개되었다. 비교 전통들이 카르마를 광대한 이론적 문맥에서 살펴보게 해준다면, 사례 연구는 구체적인 몇몇 패턴들을 발견하도록 도와줄 것이다. 마지막으로, 나는 조엘 휘튼과 조 피셔의 놀라운 책 《생과 생 사이》(Life Between Life)의 내용을 자세히 소개할 것이다. 이 책은 죽음 이후부터 환생 이전까지의 단계, 즉 한 생의 카르마가 다음 생의 조건들로 옮겨가는 과정을 파헤친 선구적인 책이다.

비교 전통들

카르마는 일반적으로 인간 의식을 성장시키는 많은 인과법칙을 가리킨다. 카르마Karma라는 단어는 본래 '행위'를 뜻한다.* 기원전 6세기 힌두 문헌인 《우파니샤드》에서 언급된 이래로, 카르마는 '환생을 낳는 행위'를 뜻하게 되었다. 카르마 철학에 따르면, 우리는 수많은 생을 거치며 선택을 하고 그 선택의 결과를 경험하는 과정을 통해 성장한다. 모든 배움은 그렇게 이뤄진다. 우리는 스스로 선택한 행위로부터 비롯된 결과(조건)를 경험하게 된다. 그리고 그 새로운 조건 속에서 새로운 선택을 하고, 그것은 또다시 새로운 조건을 만들어낸다. 수많은 가능성 앞에서 선택을 하고 그에 따라 상황은 계속 달라져 가기 때문에, 이는 결코 사전에 확정되어 있는 구조가 아니다.**

비교 전통들은 우리가 특별한 과제를 수행하며 진화해가기 위해 지상에서 윤회하고 있는 것이라고 가르친다. 전생요법을 경험한 한 사람은 이를 이렇게 표현했다. "나는 우리가 더 강해지고, 깨어나고, 진화해가고, 책임감 있는 존재가 되기 위해선 장애물이 주어질 수밖에 없음을 깨

---

* 카르마Karma(행위, 業)는 비카파vikapa(결과, 報)를 만든다. 그러나 카르마라는 말은 통상 원인과 결과 둘 다를 지칭하는 말로 잘못 쓰이고 있다. 사람들이 "좋은 카르마를 타고났다"고 말하는 것은 엄밀하게는 "좋은 비카파를 타고났다"고 말해야 옳다. 하지만 대다수가 이미 이런 표현에 익숙해져 있으므로 나 또한 굳이 구분을 강요하진 않을 것이다.

** 요가수행자들의 설명에 따르면, 우리의 모든 행위는 정신 속에 삼스카라samskaras라는 잔여물을 남긴다. 삼스카라는 무의식 속에 잠재되어 있고, 마치 '씨앗'처럼 우리 삶에서 특정 조건들을 싹틔운다. 삼스카라는 우리가 현재 경험하고 있는 모든 조건의 뿌리다. 여기에는 성격과 같은 내적 조건은 물론이고 성장사 같은 외적 조건들도 포함된다. 이런 씨앗들이 자라나는 이유는 '중요하지만 아직 미완결된 것을 제대로 끝냄으로써 더욱 성장하게끔' 이끌기 위해서다. Ajaya의 *Psychotherapy East and West* 67쪽 참고.

닿게 되었다."* 말하자면 이 지상은 우리가 영혼을 발전시키고 완성하기 위해 입학한 일종의 학교에 비유될 수 있다.

하지만 환생이 반복됨에 따라, 이 학교 안에서 우리가 내리는 선택들은 점점 더 이전에 내린 선택들에 의해 깊이 영향받게 된다. 우리의 인식은 갈수록 중립성을 잃고 경험에 의해 채색된다. 각각의 삶이 우리에게 막을 덧씌우고, 더 나아가 완전히 자유롭게 선택할 수 있는 우리의 능력마저 갉아먹는다. 결과적으로는 우리는 거대한 자기기만에 빠지게 되고, 진짜 우리의 본질이 무엇인지를 까맣게 잊어버린다. 이 과정 자체에 너무나 깊이 파묻혀버려서 심지어 죽음을 통해 육체와 분리된 이후에도 카르마의 결과로부터 제대로 벗어나지 못하는 것이다.

카르마와 비카파. 원인과 결과. — 선택을 하고, 그 선택의 결과를 짊어진다. 우리는 스스로 이런 인과사슬의 미궁 속으로 한 걸음씩 걸어 들어왔듯이 그 바깥으로 나가기를 선택할 수도 있다. 그처럼 사슬을 약화시키거나 중화하는 카르마를 선업善業이라 하고, 더욱 강화하는 카르마를 악업惡業이라 한다.

비교 전통들은 인간을 몸속에 갇힌 채 되풀이되는 과정을 겪고 있는 영혼으로 보고, 우리는 스스로 지어낸 조건들로부터 벗어나고자 애쓰고 있다고 설명한다. 그리고 종교란 곧 지상의 영혼들로 하여금 본래의 집으로, 본래의 영적 존재로 돌아가게끔 안내하는 신호등이라고 가르친다. 지상에 산다고 하여 나쁘다고 말할 순 없지만, 그것은 결코 영원할 수 없는 제한된 삶이라는 것이다. 우리는 이곳에 무한정 붙잡혀 있기를

---

* *Life Between Life*, 41쪽.

바라지 않는다. 따라서 카르마에 관한 비교적 가르침은 대체로 '귀환(return)'에 관한 가르침이다. 그것은 우리가 자신의 본질과는 무관하게 얽히고설킨 사슬로부터 벗어나게끔 돕기 위해 고안되었다. 그것은 우리로 하여금 궁극적인 목표에 초점을 맞추게 한다.

아주 흔하게는, 카르마는 도덕률적인 주고받음의 법칙으로 설명된다. ― "주는 대로 받게 되리라." 당신이 타인을 대하는 그대로 이 우주도 당신을 대할 것이다. 당신이 뭔가를 훔친다면, 이 우주도 언젠가 당신에게서 뭔가를 훔쳐갈 것이다. 당신이 누군가를 친절히 대했다면, 이 우주도 언젠가 당신을 친절히 대해줄 것이다. 이 법칙에 의거한 도덕적 권고는 실로 수많은 종교들에 보편적으로 등장한다. ― "너희가 대접받고자 하는 그대로 너희도 남을 대접하라." 사리사욕을 정화하기 위해 희생을 권고하는 가르침들도 있지만, 넓게 보면 대체로 우리는 우리 자신을 포함한 모든 사람을 하나로 보고 그에 따라 대하도록 배운다.

각각의 종교전통들에는 이런 유의 영적 평등주의를 표현하는 저마다의 단어가 있다. 그리스도교에서는 아가페agape라 하고, 유대교에서는 헤세드hesed라고 한다. 모두 지고한 사랑을 뜻한다. 이것은 타인을 깊이 공감하고 연민하며, 그의 상황과 경험을 충분히 살핌과 동시에 나 자신의 뜻도 달성해가는 식의 행위를 뜻한다. 도교에서는 이런 식의 이타적인, 그러나 마냥 손해를 보는 것만도 아닌 태도를 무위無爲라고 부른다. 간혹 이 단어가 '행함이 없음'(non-action)으로 잘못 번역되기도 하지만 본래는 '인위적이지 않게 행함'(non-self-motivated action)이라는 뜻이다.

앞서 살펴봤듯이, 카르마 개념은 단순한 도덕적 주고받음보다 훨씬 더 넓은 범위의 인과관계를 포함한다. 그럼에도 도덕적 인과법칙에 대한 강조는 어쩌면 당연한 것인지 모른다. 왜냐면 영적 귀환을 위한 노력의 중심에 바로 도덕적 인과법칙이 있기 때문이다. 그 이유를 이해하기 위해서는 비교 전통 속에 자리한 두 번째 신념을 먼저 알아야 한다.

이 전통들은 모든 인간의 가장 내밀한 심층이 바로 신성 그 자체라고 가르친다. 겉모습은 모두 다르지만 우리는 신성이라는 하나의 정체성을 공유하고 있다. 우리는 '신에 의해' 존재할 뿐만 아니라 '신으로부터' 나왔다. 우리는 모두가 신성의 결정체이다. 제 각각의 겉모습은 시공간이라는 조건이 만들어낸 환상에 불과하다.

도덕적 인과법칙은 이런 문맥 안에서 새로운 의미를 띤다. 우리가 스스로 대접받길 원하는 대로 다른 사람들을 대접하도록 권고받는 이유는, 사실은 그들과 우리가 근본적으로 동일한 존재의 현현들이기 때문이다. 대접받길 원하는 대로 대접함으로써, 우리는 우리가 서로 분리된 존재들이라는 착각을 점차 약화시키고 일체(oneness)로서의 근원적 자각을 강화하게 된다. 따라서 황금률을 따르라는 충고는 무슨 고매한 목적 때문이 아니라, 그것을 통해서 우리 자신의 가장 중요한 진실을 재발견할 수 있기 때문이다.

물리적 관점으로 보면 우리가 모두 하나라는 주장은 철저히 그릇된 것이다. 물질세계에서 우리는 서로 분리된 별개의 존재이다. 우리는 각자가 따로 태어나고, 각자 생계를 위해 아웅다웅하고, 각자 죽는다. 아무리 우리가 하나인 것처럼 행동하려 애쓴다 해도, 우리가 하나가 아니라는 사실은 너무나 명백해 보인다. 서로 별개의 존재이기 때문에 나는 내 행복을 위해 당신에게 손해를 입힐 수 있다. 나는 내 일을 위해 당신의 일을 망칠 수 있고, 그로써 내 삶이 더 나아진다는 결론에 도달한다. 설령 당신을 밟고 올라선 결과라 해도, 내가 더 많은 돈을 벌고 더 만족스러운 직위에 오르게 되리라는 사실은 변함이 없다. 이상론과는 무관하게, 내 개인적 이익을 위해 남을 이용하는 방식은 늘 통하는 듯해 보인다.

그러나 영적 관점에서 보면 이런 분리감은 궁극적 진실이 아니라 환상에 불과하다. 모든 생명은 서로 연결되어 있을 뿐만 아니라 단일한 실재가 현현한 것이다. 분열된 생명이 가장 깊은 진실을 드러낼 때, 우리는 우리가 모든 생명과 공유하고 있는 그것이야말로 우리의 가장 진정한 정체성임을 거듭 깨닫게 된다. 그 안에서 우리는 항상 둘이 아닌 하나로 존재한다. 이런 이유로, 내가 가슴속에서 당신을 밀쳐냄으로써 장기적인 이익을 얻는 것은 불가능하다. 내 행동이 현실의 물결을 역행하게 될 것이므로 그런 방식은 통하지 않는다.

이 진실은 누가 누구에게 가르쳐줄 수 있는 것이 아니다. 우리 스스로 그것을 배워야 한다. 카르마와 환생을 통해서 말이다.

겉으론 별개지만 실제로는 하나라는 이 모순된 상태는 흔히 바다에 비유되곤 한다. 대양의 수면을 타고 여행하는 일련의 파도들을 상상해보라. 그 파도들은 서로 분리되어 있기도 하고, 그렇지 않기도 하다. 그 파도들의 중간 높이에 그어져서, 치솟은 파도의 윗단과 대양과 연결된 파도의 아랫단을 분리시키는 가로선을 상상해보라. 그것은 아마도 그림과 같은 모습일 것이다. 여기서 가로선 위쪽이 물질 차원에서 나타나는 실재라면 아래쪽은 영적 차원에서 나타나는 실재이다. 파도들이 분리되어 있고 서로 독립적이라는 관점은 물질적 감각의 속임수로서, 그것들이 하나라는 지고한 진실을 거부하게 만든다. 어떤 파도도 태양으로부터 분리되어 있지 않다. 태양이 매 순간 각각의 파도를 밀어냈다가 잡아당겼다가 할 뿐이다. 모든 파도가 그 질료, 형상, 에너지를 같은 근원으로부터 얻기 때문에, 그것들은 그저 동일한 실재의 서로 다른 표현이다.

그리스도교는 공식적으로 윤회를 인정하지 않지만, 우리를 더 큰 하나로 묶어주는 '근원적 실재'라는 개념은 그리스도교에서도 중요한 주제이다. 예수는 이 문제를 설명하기 위해 '가족'이라는 상징을 사용했다. 그는 하나의 실재, 곧 하나님은 우리의 아버지로서 우리 삶의 근원이라고 가르쳤다. 생물학적인 부모는 서로 다르지만, 우리는 모두 동일한 신성으로부터 나왔기에 모두가 형제이자 자매로서 하나의 '영적 가족'이라는 것이다. 따라서 형제자매가 서로 돌보듯이 우리도 서로를 돌보아야 한다. 바울은 모든 교인이 그리스도 안에서 하나라고 말하며 이점을 더욱 강조했다.(고린도전서 12장 12절~30절) 인체의 각 부위는 다른 모든 부위들에 의존함으로써 유지된다. 몸 전체의 건강과 무관히 건재할수 있는 신체부위는 없다.

비교 전통들에 따르면, 서로 분리되어 있다는 환상은 물질로서 존재할 때의 조건들 때문에 생겨난다. 지상에 존재한다는 것은 곧 분리 속에서 존재하는 것이다. 그것을 피할 방법은 없다. 우리는 지상에서 분리된 채로 존재하는 동시에 일체성을 배워가고 있다. 스스로 선택한 결과를 짊어져야 하는 구조는 우리가 서로 분리되어 있다는 전제를 깔고 있지만, 그것은 우리 모두를 하나의 존재로 품는 신성을 발견하도록 — 분리라는 환상을 꿰뚫어 보게끔 — 우리를 한 걸음 한 걸음 이끈다. 우리는 타인을 대접한 그대로 대접받는다. 이기심에 누군가를 해한다면, 그것은 사실 우리 자신을 해하는 것이다. 마찬가지로 누군가를 돕는다면, 그것은 우리 자신을 돕는 것이다.

삶이 우리가 남을 대접한 대로 우리를 대접해주는 이유는, 그로써 우리와 그들이 물질적으로는 별개지만 본질은 하나라는 진실을 가르치기 위함이다.

이런 피드백 과정에 의해 만들어진 드라마가 수십 세기를 가로질러 펼쳐지고 있다. 우리의 현재가 독립된 순간이 아니라 뿌리는 과거에, 가지는 미래에 두고 있는 인과 사슬의 일부라는 사실을 카르마의 법칙은 가르쳐준다. 카르마는 무수한 선택에 의해 달라지는 조건화(conditioning)의 총합이다. 우리가 살면서 내리는 선택들의 운동량이 곧 카르마이다. 한 번 발생한 에너지는 소진될 때까지 작용할 수밖에 없다. 우리가 스스로 끌어들인 것들은 반드시 작용할 수밖에 없다. 역사는 어떤 시점에서 보든, 미래로 투사될 수밖에 없는 운동량을 갖고 있다. 어떤 존재 수준이든 예외가 아니다. 역사란 곧 개인과 가족과 사회와 국가와 인종과 세계의 운동량이 모두 한데 얽힌 것이며, 그것들은 모두 인과관계로 서로 단단히 엮여 있다. 그리고 이런 인과관계는 오직 우리의 깨달음을 위해 존재한다.

일반론은 이쯤에서 멈추자. 하나의 삶이 다음 삶에 어떤 식으로 영향을 미치는지 그 세부적인 내용을 좇다 보면 답보다는 의문만 더 많이 쌓일 것이다. 인과의 사슬이 너무나 다양하고 복잡하기 때문에 그것들을 정리해내려는 시도는 별 소득을 얻지 못한다. 힌두교의 《우파니샤드》는 윤회란 경험적 진실이므로, 그것을 모두 머리로 이해하려 들지는 말라고 경고한다.

그대가 생각하는바, 그대는 그것이 될지니,
이것이야말로 영원한 신비로다.

그럼에도, 카르마가 자연의 법칙으로 인식된 이래, 우리는 그것의 작동 방식을 이해하려 노력해왔으며 실제로 여러 단계를 거쳐 이해 수준을 높여왔다.

초기에는 카르마가 예컨대 '눈에는 눈, 이에는 이'라는 인과응보식 정의로서 묘사되곤 했다. 당신이 누군가를 죽였다면 다음 생에서는 그가 당신을 죽일 것이다. 당신이 훔치고 속이고 무시하고 모욕했다면, 나중에는 당신이 그로부터 똑같은 대접을 받을 것이다. 그러다가 '보상'이라는 개념이 카르마 법칙에 포함되기 시작했다. 누군가를 죽였다고 해서 꼭 그로부터 죽임을 당하진 않을 수도 있다. 하지만 어쨌든 당신은 어떤 식으로든 그만큼 그에게 빚을 갚아야 할 것이다. 예컨대 한 생에서 누군가의 생명을 앗았다면, 다른 생에서 당신은 그의 생명을 구해줘야 할 것이다.

이윽고 카르마는 엄격한 기계적 균형보다는 좀더 '배움'에 초점이 맞춰진 개념으로 바뀌었고, 보상의 법칙도 더욱 폭넓게 이해되었다. 당신은 원래 피해자에게 빚을 갚는 대신, 비슷한 일을 겪은 다른 피해자에게 빚을 갚게 될 수도 있다. 누군가를 죽였다면, 다음 생에서는 가족을 잃은 사람들을 위해 헌신함으로써 간접적으로 이전 행동의 결과를 짊어지게 될 수도 있다. 요점은 실수를 통해 '배우는' 것이다. 이런 배움은 피해 당사자와의 관계로부터 얻어지기도 하고, 그 대리인을 통해 얻어지기도 한다.

때로는 카르마에 의한 배움에 다른 사람이 전혀 필요치 않은 경우도 있다.

때로는 카르마가 특정한 태도나 감정이나 습관 등을 한 생에서 다음 생으로 고스란히 옮겨주는 식으로만 작용하는 것이다. 그러면 그것은 전생의 상황에서는 적절한 것이었더라도 다음 생에서는 고통만 일으킬 수도 있다. 예컨대 전생으로부터 물려받은 죄책감은, 우리가 그걸 해소하기 전까지 현생에서 우리의 자존감을 손상시키고 온갖 심리적 혼란을 일으킬 수 있다.

카르마를 설명하는 요즘의 관점은 이처럼 배움의 필요성을 강조하고, 그 배움이 다양한 방식으로 일어날 수 있다고 말한다. 따라서 카르마를 단순히 인과응보식 정의로 이해하는 편협한 사고방식을 넘어서야 한다. 생과 생이 연결되는 방식은 그런 개념으로 해석하기엔 너무나 섬세하고 또 기발하기까지 하다. 지금까지 말한 배움의 방식들은 정신요법들을 통해 수집된 내용일 뿐, 이외에도 우리가 아직 발견하지 못한 무수한 인과법칙이 존재할 것이다.

'주는 대로 받으리라'는 법칙은 우리의 영적 성장에 무척 중요하다. 그러나 우리의 삶은 그 법칙을 넘어서는 수많은 인과관계로 얽혀 있으며 실로 모든 것이 다 카르마이다. 전생에서 늘 굶주림을 경험한 사람은 후생에서 강박적인 식탐에 빠져들 수 있다. 추락으로 인해 죽은 사람은 후생에서 고소공포증에 시달릴 수 있다. 피아노 연주를 장기간 연습했던 사람은 피아노에 '천부적 소질'을 지니고 다른 세기에 태어날 수 있다. 카르마는 실로, 인생사를 수놓는 모든 범위의 인과관계를 포함한다. 사실상, 우리가 소위 '선천적'이라고 말하는 모든 것은 우리의 전생 어딘가에 그 뿌리가 있다.*

오늘날 카르마에 관한 논의는 정신요법 관련 문헌에 보고된 전생기억

사례들을 통해 계속 영향받고 있다.

역사상 다른 시대의 경험들을 구체적으로 기억해내고, 그로 인해 극적인 치료 결과가 있었던 사람들의 사례가 정식 발표된 것만 수백 건이다. 그 사례들을 연구함으로써, 우리는 카르마의 패턴들을 발견하고 그것들이 어떻게 여러 생을 가로지르는지를 조금씩 더 깊이 이해할 수 있다. 아래서 소개할 세 가지 사례는 그중 일부의 패턴을 담고 있다. 우리는 카르마를 인과응보의 개념으로만 생각하려는 경향이 있지만, 반대로 이것은 도덕적 측면과는 전혀 관계없는 인과관계의 사례들이다.

전생요법의 사례들

전생요법 사례를 다룰 때의 한 가지 문제점은, 그것들 모두가 '순수한' 전생의 기억을 담고 있지는 않다는 것이다. 그러나 아래에 소개될, 엄격한 요법가들이 제공한 순도 높은 사례들은 우리에게 충분한 도움을 줄 것이다. 모든 전생의 기억이 순수하진 않을지라도 분명 신뢰해도 좋을 상당수의 사례가 존재한다. 한두 사례가 아니라 수많은 사례를 통해 카르마 패턴을 좇음으로써, 우리는 마음이 지어낸 허상들을 걸러내고

---

* 스와미 아자야Swami Ajaya는 카르마를 작용-반작용의 법칙으로 정의했다. 그는 "모든 치우친 행동 — 양극 중에서 한 편과만 동일시함으로써 행해지는 — 은 균형을 맞추려는 반작용을 유발한다"고 말한다. *Psychotherapy East and West*, 67쪽. 이런 설명이 많은 카르마 인과관계를 설명하는 데 유용하긴 하지만, 나는 이것이 과연 정신요법을 통해 드러나고 있는 온갖 인과 패턴들을 제대로 품을 수 있는 설명인지는 확신하지 못하고 있다. 예컨대 음악적 역량이 다음 생으로 옮겨가는 현상은, 물론 불가능하진 않겠지만 이런 개념으로만 설명하긴 어렵다.

그 실체에 가까이 다가갈 수 있다. 아래의 세 가지 사례는 각각 적잖은 증거들을 포함하고 있다. 이것들은 각각 특정한 카르마 패턴을 대변한다고 보아도 좋을 대표적 사례들이다.

《당신은 이미 이곳에 있었다》(You Have Been Here Before)의 7장에서, 이디스 피오르Edith Fiore 박사는 조Joe의 사례를 설명한다. 조는 심각한 불면증으로 이디스를 찾아왔던 30대 중반의 남자였다. 최면을 통해 조는 데일Dale이라는 미국 서부개척자로서의 삶을 떠올렸다. 데일이 열일곱 살이었을 때 연방보안관(marshal)이었던 아버지가 총에 맞아 숨졌다. 3년 후, 총을 능숙히 다루던 데일은 큰돈을 벌기 위해 마차 행렬에 속해 캘리포니아로 향했다. 어느 날 까마귀족 원주민(Crow Indians)들이 그 마차 행렬을 포위하고 일행을 근처 나무 아래로 끌고 갔다. 데일은 일행 중에서 유일하게 적과 겨룰 힘이 있는 사람이었다. 달이 뜨지 않은 칠흑 같은 밤, 이 일행들은 기회를 엿보다가 한 사람 한 사람씩 달아났다. 그들은 밤새 쫓겼고, 여기저기서 비명이 들렸다. 데일은 맨손으로 원주민 둘을 죽였다. 그러나 다른 사람들을 도울 방법이 없었고 본인도 쫓기고 있었기에 어둠 속에서 홀로 몇 시간을 달려야 했다. 데일은 사흘 내내 낮에는 뛰고 밤에는 뜬눈으로 경계했다. 추적자들이 멀리 있음을 확신할 때라야 겨우 토막잠을 잘 수 있었다.

잽싸고 영리했던 데일은 결국 추적자들을 따돌렸다. 그 후 데일은 잠시 나쁜 짓에도 손을 댔지만 곧 총솜씨를 인정받아 경호원 일로 생계를 꾸리게 되었다. 그러다가 캔자스에서 지방보안관(sheriff) 직을 맡아 아버지와 같은 길을 걷게 되었다. 무법이 판치던 시대였고 워낙 빼어난 총솜씨를 가졌던 터라 데일은 수년간 많은 사람들을 죽일 수밖에 없었다. 데일은 회의를 느꼈으나 일을 그만두진 않았다. 후에 데일은 콜도라도의 좀더 큰 도시로 이사를 했고 그곳에서 연방보안관이 되었다. 이전과 다를 바 없이, 그는 범죄가 횡행하고 주정꾼들이 난동을 피우는 밤에 주로 일을 했다. 그의 직업 자체가 밤마다 신경을 곤두세우고 정신을 바짝 차리길 요구했다. 그는 거리를 다닐 땐 그림자 속에 몸을 숨겼고, 골목마다 확인을 한 후에야 움직였다. 자신을 제물로 삼아 명성을 높이려는 사람들이 호시탐탐 기회를 노리고 있었기 때문이다.

결국 데일은 동네 당구장에서 친구들과 내기 당구를 치던 중에 총에 맞아 숨을 거두었다. 창밖에서 들려온 총소리에 깜짝 놀란 순간, 데일은 자신이 이미 총에 맞았음을 직감했다. 그는 블라인드가 걷힌 밝은 장소에서 잠깐 경계심을 풀었던 자기 자신에게 화가 났다. 돌다리도 두들기고 건너는 노력 덕분에 오랫동안 목숨을 부지해왔는데, 오늘은 아니었다. 그는 잠깐의 부주의가 어떤 결과를 불러오는지를 처절하게 느꼈다.

이처럼 데일의 삶을 상세하게 기억해낸 후에 조의 불면증은 사라져버렸다. 정말로 데일의 삶이 그처럼 오랫동안 밤마다 위협적인 긴장감을 불러왔던 것일까? 아니면, 그 기억은 단지 조의 마음이 불면증이라는 문제를 벗어나기 위해 스스로 투사해낸 가짜 이야기에 불과한 것일까? 우리는 두 가지 가능성을 살펴보면서, 조가 전생을 떠올린 후 데일과 자신에게 몇 가지 공통점이 있음을 깨달았다는 사실에 주목해야 한다. 데일처럼 조 역시 기본적으로 사람들을 가까이 두지 않는 외톨이였고, 다른 사람들의 약점을 찾아내는 데 일가견이 있었다. 결정적으로, 사격은 조가 어린 시절부터 가장 좋아했던 취미였다. 조는 이렇게 말했다. "총솜씨만큼은 정말 타고났다니까요!"

이 사례의 경우, 데일의 삶으로부터 옮겨온 카르마적 특질들은 도덕적 측면과는 무관해 보인다. 피오르 박사의 짤막한 설명에 따르면, 조의 불면증은 데일의 삶에서 지워진 죄책감으로부터 비롯된 것이 아니다. 데일은 자신이 구해주지 못했던 일행들에 대해서도, 법집행관으로서 죽여야 했던 범죄자들에 대해서도 별로 죄책감을 보이지 않았다. 조의 불면증은 데일이 짊어졌던 쉴 없는 긴장감의 재현이자, 특히 생의 마지막 순간에 선명히 각인된 교훈으로부터 비롯된 것으로 보인다.* 조의 불면증은 데일이 자기 직업의 스트레스를 감당할 방법을 배우지 못했다는 사실을 반영하고 있었다. 데일은 진정으로 푹 쉬어볼 기회나 방법을 찾지 못했었다. 대신 그는 항상 신경을 '켜뒀고(on)' 긴장을 늦추지 않았다. 이런 삶의 방식은 건강하지도, 효율적이지도 않다. 그래서 후생에서 바로잡혀야만 하는 불균형이 생겨난 것이다.**

총솜씨에 관한 조의 재능은 또 다른 카르마 패턴을 보여주고 있다. 한 생에서 계발된 소질은 일종의 '천성'으로서 다음 생으로 옮겨가곤 한다. 때로는 특정한 능력이 수많은 생을 거쳐 이어지며 계속 발전하기도 한다. 즉 특출한 정치가, 철학자, 군인, 예술가들은 한순간에 툭 튀어나온 게 아니라 오랫동안 훈련되고 다듬어진 결과라는 것이다. 실제로 전생 사례들을 연구하다 보면, 큰 업적을 이루려고 나섰다가 스스로 준비가 덜 된 탓에 기회를 날려버린 경우를 종종 발견하게 된다.***

두 번째 사례는 모리스 네더톤Morris Netherton 박사가 낸시 쉬프린Nancy

---

    * 전생의 마지막 순간에 떠올린 생각은 후생에 강력한 영향을 미친다. 우리는 삶을 평온하게 마무리 짓기도 하지만, 불안과 긴장을 남겨둠으로써 그것을 다음 생으로 가져가기도 한다. 데일은 하룻밤 경계심을 풀었던 자기 자신을 용서할 수 없었다.

    ** 이 사례의 카르마적 요소가 도덕적 측면과는 완전히 무관한지 확인하기 위해서는 데일의 삶에 앞선 전생들로는 또 어떤 것들이 있었는지 조사해봐야 한다.

    *** Michael Gallander의 사례 참고. *Life Between Life*, 85~92쪽.

Shiffrin과 함께 저술한 《전생요법》(Past Lives Therapy)에 실린 것이다. 여기서 한 가지 주목해볼 사항은, 네더톤 박사는 환자들로 하여금 전생의 사건들을 재경험하도록 깊은 상태로 유도할 때 '최면'을 활용하지 않는다는 점이다. 대신에 그는 현재 자신의 문제에 대한 환자들의 진술에서 몇 가지 핵심 단어를 찾아낸다. 그리고 환자들을 눕혀 눈을 감게 한 후에, 어떤 영상이 떠오를 때까지 그 단어들을 반복해서 말하게끔 한다. 그렇게 일단 회상이 시작되고 나면, 요법가가 화제를 돌리려고 해도 환자들은 떠오른 시나리오를 내면의 흐름에 따라 계속 펼쳐가고자 한다.

칼 파슨스는 30대 중반의 남자로 갑자기 위궤양에 시달리게 되어 네더톤 박사를 찾아왔다.* 칼은 망해가는 전자공학 회사의 책임자로서 모든 것을 잃게 되리라는 비관에 빠져 있었다. 지난 몇 달간 칼은 잠을 못 이루고, 만성 소화불량에 시달렸으며, 본인의 표현에 따르면 명치 아래에서 "달궈진 쇠막대에 찔리는 듯한" 통증을 느껴왔다. 또한 성생활에서도 종종 불능 상태가 되었는데, 이것은 칼이 이전에 다른 궤양을 앓았을 때는 전혀 없던 증상이었다.

'달궈진 쇠막대'라는 구절을 시발점으로 삼자, 칼은 아프리카 또는 남아메리카 어딘가의 원주민 마을을 떠올렸다.** 아래는 그의 기억을 정리한 내용이다.

---

* *Past Lives Therapy*, 4장. 같은 책의 다른 장에서 네더톤 박사는 밀실공포증, 간질, 성기능장애, 대인관계, 알코올중독, 편두통, 과다활동, 초기 암 등과 관련된 사례들을 소개하고 있다.
** 칼과 같은 전생 사례들에 의해 우리는 잘못된 이해를 갖기 쉽지만, 전생에 대한 일차원적 이해는 4장에서 다시 보완될 것이므로 여기서는 더 깊이 들어가지 않겠다.

나는 열세 살 또는 열네 살쯤 된 여자를 아내로 얻기 위해 노력해왔다 … 하지만 내 경쟁자… 내 원수가 그녀를 차지해버렸다. 부족장의 결정이었다. 그 둘은 내 천막 바로 옆에 살림을 차렸다. 그날 밤, 그 둘이 헉헉대는 소리가 들려왔고 나는 그 소리에 … 나 자신을 저주하며 울었다. 그런데 그놈이 지금은 없다. 사냥을 갔나? 전쟁에 나갔나? 정확히는 모르겠다. 그놈이 없는 틈에, 나는 그녀의 천막으로 들어간다. 그녀가 안에 있다 … 우리 부족은 옷을 입지 않는 것 같다. 적어도, 지금은 둘 다 벌거벗은 상태다. 그녀는 … 어떻게 저항해야 할지 모르는 듯하다 … 주변에는 다른 여자들도 없다. 나는, 음, 그녀 위에 올라탔고 우리는 바닥에 깔린 어떤 가죽 위에서 몸을 섞었다. 그런데 갑자기 … 환해졌다! 누군가 천막을 열고 들어와서 나를 뒤로 내동댕이쳤다. 그놈이 돌아왔다! 그놈이 사냥용 창을 들고 서서 소리친다. "개 같은 놈!" 이건… 낯선 언어지만 어쨌든 그 뜻만은 확실하다! "개 같은 놈, 다시는 남의 여자를 넘볼 수 없게 해주마!" 그놈은 … 나를 훌쩍 밀쳐놓고서 그대로 창을 던진다!

… 그의 창이 바로 여기, 내 복부에 꽂힌다. 그리고 나는 … 창에 관통당한 채로 천막의 기둥에 기대어 있다. 이제 그놈은 아래로 손을 뻗더니, 세상에나, 내 성기를 자른다. 내 성기를 … 하지만 나는 아무 느낌이 없다. 나는 … 아마도 제정신이 아닌 듯하다. 아, 나는 마비되었다. 오직 복부에서만 고통이 느껴질 뿐, 그 아래로는 아무 느낌이 없다. 나는 풀썩 주저앉았고 아무 느낌도 … 아마도 죽어가고 있는 것 같다. 죽음이란 것은 … 너무나 놀랍다. 모든 고통이 사라졌다.

이 세션에서 칼의 성적 장애와 찌르는 듯한 복부 통증 간의 연관성이 드러났는데, 이후의 세션에서 거의 똑같은 내용이 담긴 또 다른 전생의 기억이 떠올랐다. 그 기억 속에서 칼은 아직 엄마 뱃속에 있었는데, 그 엄마가 다른 남자와 바람을 피우는 도중에 아빠가 들이닥쳤다. 격분한 아빠는 둘의 몸을 떼놓고서 먼저 남자를 칼로 찔렀고, 뒤이어 엄마도 찔러서 태아와 함께 죽게 만들었다. 그때 엄마는 남편의 이런 고함을 들으며 죽음을 맞았다. "이제 다시는 이런 짓 못할 테지!"*

그럼에도 전체 그림을 보면, 칼의 두 가지 신체적 증상과 경제적 어려움 간의 관련성은 풀리지 않은 상태였다. 이 퍼즐 조각은 칼이 영국의 대저택에서 귀족으로 살던 때를 떠올린 또 다른 세션에서 발견되었다. 그 기억 속에서 칼은 다른 남자의 아내와 몰래 몸을 섞기 위해서 연회장 뒤편의 계단을 살금살금 오르고 있었다.

지금 우리는 내 침실에 있다. 내가 보는 앞에서 그녀가 옷을 벗는다. 먼저 귀걸이부터 풀고, 시간이 오래 걸린다 … 여자들은 … 겉옷 속에도 주름이 진 옷들을 겹겹이 입고 있다. 이제 우리는 침대에 있고, 나는 그녀 위에 올라탄다. 나도 벌거벗은 상태다 … 그녀가 내 귀에 대고 이렇게 말한다 … "다른 남자의 아내랑 뒹구는 기분은 어때

---

* 여기서 태아의 정체성과 자각 능력의 문제까지 세세히 논의할 순 없지만, 네더톤 박사의 사례들은 스타니슬라브 그로프 박사의 사례들과 마찬가지로 태아의 인식 능력 — 물론 본질적으로는 '엄마를 통한' 인식이지만 — 이 상당하다는 분명한 증거를 담고 있다. 태아와 엄마는 서로 분리된 존재가 아니다. 태아는 엄마의 생각과 감정과 인식을 무차별적으로 받아들인다. 따라서 태내의 기억들이 과연 태아의 독립된 인식 능력과 정체성을 뒷받침해주는 증거인지에 대해서는 별도의 논의가 필요하다. 철학자들이 이것을 어떻게 판단하든 간에, 임상적 증거는 이런 경험들이 비록 단편적이기는 해도 그 영혼의 현재 경험을 구성하는 요소가 됨을 암시하고 있다.

요?"… 그런데 그때, 맙소사, 나는 허리를 수그리며 앞으로 쓰러진다. 처음엔 그녀가 나를 찌른 줄 알았는데 … 아니다. 그냥 내 몸의 문제다. 아프다, 너무 아프다.

네더톤 박사의 말에 따르면, 이 사례는 하나의 전생이 그보다 더 앞선 전생으로부터 영향받고 있음을 잘 보여준다. 요컨대 칼은 내연녀의 질문에 무의식적으로 대답을 한 것이다. 원주민으로 살 때 겪었던 불행한 사고를 몸으로 재현함으로써 — 마치 "이게 바로 그 느낌이야"라고 답하듯이 — 말이다. 이 순간 이후로 칼의 인생은 내리막을 걷기 시작했다. 내연녀는 칼과의 관계가 밝혀질까봐 곧장 자리를 피했다. 왕진을 온 의사는 칼의 위장에 구멍이 났고, 약간의 심장발작도 있었다고 진단했다. 칼은 오랫동안 침대에만 누워 있어야 했기에 여러모로 위험한 시기였음에도 재산을 제대로 관리할 수 없었다. 회복될 무렵 칼은 거의 파산 직전이었다. 칼은 재산을 다시 모으는 데 집착했고, 의사가 처방한 (독성이 있는) 벨라돈나 잎을 점점 과용하게 되었다. 재산도 잃고, 정신도 황폐화된 것이다. 난방비를 아끼기 위해 저택의 대부분을 폐쇄해야 했고, 고작 한 명의 하인만이 남았다. 끝내 칼은 독초를 삼키고 스스로 목숨을 끊었다.

세션을 통해 이런 기억들을 떠올리는 동안, 칼의 불면증과 복부의 통증이 점차 개선되었다. 그러나 성기능 장애, 경제적 곤란, 복부 통증 간의 연관성이 드러났음에도 칼은 결정적인 돌파구를 발견하지 못했다. 칼은 존폐의 기로에 선 회사 일로 계속 스트레스를 받았고, '누군가가 나를 끝장내러 올 것'이라는 불안감은 오히려 더 심해졌다. 그런데 바로 이 구절을 출발점으로 삼아, 네더톤 박사는 그 어떤 환자로부터도 들어

본 적 없는 대단히 생생하고 완전한 전생의 기억을 목격하게 된다. 아래는 네더톤 박사가 그 이야기를 요약한 것이다.

칼은 멕시코의 한 평원을 묘사했다. 그는 다른 나라에서 태어났으나 이곳에서 수십 년간 살아왔다고 한다. 그는 평생 쉼 없이 일을 하여 대규모의 목장을 세운 엄청난 재력가였다. 그는 부담스러울 정도로 애정을 표현해온 한 여자와 사귀고 있었다. 그런데 막상 결혼을 하고 나니 그녀의 태도가 돌변했다. 아내는 잠자리를 거부했고, 아주 오랫동안 자기 오빠와 속닥거리는 일이 잦았다. 그는 즉각 의심을 품었지만, 그저 성욕을 해소할 다른 방법을 찾았을 뿐 딱히 아내에게 어떤 조치를 취하진 않았다. 칼은 어느 도시의 값비싼 호텔에서 창녀와 함께 있던 때를 떠올렸다. 그는 창녀와 관계를 갖는 도중에, 자신의 아내가 이 모든 일을 알고 있거나 심지어 배후에서 조종하고 있음을 깨닫게 되었다.

"내 아내가 다 알고 있는 거지?" 그는 창녀에게 물었고, 창녀는 시선을 외면할 뿐 대답을 못했다. 바로 그 순간, 그는 영국의 귀족이었던 전생에 경험했던 것과 똑같은 예리한 통증을 명치에서 느꼈다. 칼 본인은 그 두 전생의 공통점을 자각하지 못했지만, 나는 그에게 지금 똑같은 유형의 기억을 묘사하고 있다고 지적해주었다.

그의 외도는 영국과 마찬가지로 멕시코에서도 처참한 결과를 불러왔다. 통증을 느낀 직후에 아내와 처남이 방으로 들이닥쳤고, 외도를 저지른 죄로 그를 구속시켰다. 그리고 담당 관료를 매수하여 그를 정신병원에 집어넣었다. 아내와 처남은 그렇게 그의 전 재산을 차지했고, 그는 빈털터리가 되었다.

그는 정신병원에서 무의미하게 여생을 보냈다. 오직 죽음만이 유일한 탈출구였다. 칼은 그 삶의 마지막 순간을 이렇게 묘사했다.

나는 콘크리트로 지어진, 좁고 어두운 방 안에 있다. 날이 밝아온다. … 음식과 물을 갖다 주는 남자가 있다. 이날 아침도, 여느 날과 똑같이 그가 문을 열고 들어온다. 그는 제 할 일을 하다가 — 내 모습을 보고는 경악한다. 거울을 본 지가 기억도 안 날 만큼 오래되었다. 여기엔 거울이 없으니 나는 … 내 몰골이 어떤지 전혀 모른다 … 그런데 그가 비명을 지른다. "이런 세상에… 전염병이잖아!" 그는 문을 쾅 닫으며 나가버린다. 무슨 일인지 모르겠다. 특별히 아픈 데도 없는데. 하지만 앉아서 생각해보니 … 그 연놈들이 한 짓이 분명하다! 그들이 나를 끝장내려, 아예 나를 죽이려고 올 것이다. … 갑자기 눈이 부시다! 정오쯤인데 문이 열렸다. 사람들이 내 방 안에 건초더미를 가져와 풀어헤친다. 확실하다 … 아내와 처남, 그 연놈들이 시킨 짓이다. 누군가 이렇게 말한다. "우리도 어쩔 수 없어요. 당신은 … 전염병에 걸렸으니까요." 그들은 성냥불을 붙이고는 밖으로 나가 문을 잠근다.

죽어가는 동안, 그의 마음은 오직 한 가지 생각에 — 계략에 빠져 외도를 저지른 탓에 모든 것을 잃고 말았다는 — 고정되었다. 그 마지막 생각이 칼의 현생에 지대한 영향을 미치고 있었다. 이후로 몇 주 동안 칼은 이런 유형의 기억들을 의식 속으로 떠올려 수용했고, 실은 정작 자신이 회사를 경영하는 일을 원치 않고 있음을 깨달았다. 그는 지금껏 자신이 사업을 벌여 삶을 긴장으로 가득 채워온 이유가, 이번 생만큼은 실패를 거듭해온 그 뿌리 깊은 패턴을 멈추고 더 나은 길을 찾기 위함이었음을 알아차렸다. 상담을 끝낼 즈음에 칼은 회사를 팔고 좀더 스트레스가 덜한 일을 찾아 대기업에 취직했다. 칼은 건강을 되찾았고 궤양도 다시는 재발하지 않았다. 악순환이 드디어 끝난 것이다. 여러 전생을 거치며 칼의 내면에서 한 덩어리로 뒤엉켜버린 요소들 — 불륜, 복부 통증, 경제적 파산 — 이 마침내 별개의 것들로 분리되었다.

이상 소개한 두 사례는, 카르마로 인해 해소된 문제가 기본적으로 한 개인의 차원에 속한 것들이었다. 이와 달리 다음 사례에서는 여러 사람이 복잡한 카르마로 서로 얽혀 있다. 이 사례는 조엘 휘튼Joel Whitton과 조 피셔Joe Fisher가 지은 《생과 생 사이》(Life Between Life) 9장에 실려 있다.

개리 페닝턴은 인정받는 법심리학자이자 두 아이의 자랑스러운 아버지로서 더할 나위 없이 행복한 결혼생활을 하고 있었다. 10대 시절부터 시작된 아내 엘리자베스와의 사랑도 결혼 후 16년 동안 더욱 깊고 진해졌다. 많은 친구들이 그들의 단란한 가정과 풍족한 수입을 부러워했고, 개리는 밖에서 바람을 피우고 싶단 생각을 단 한 번도 품은 적이 없었다. — 1982년의 크리스마스 파티에서 캐롤린을 만나기 전까지는. 개리와 캐롤린은 서로 첫눈에 반했고 순식간에 뜨거운 관계로 발전해갔다. 개리는 이렇게 말했다. "이제야 진짜 내 집을 찾은 것 같았어요."

개리는 용서를 빌며 아내 엘리자베스에게 캐롤린과의 관계를 밝혔다. 엘리자베스는 이해해보려 노력했지만 이미 금이 가버린 결혼생활을 더 이상 감당할 수 없었다. 석 달 후 그녀는 자살을 기도했다. 다행히 실패로 돌아갔지만, 이 일로 충격을 받은 개리는 즉각 캐롤린과의 모든 관계를 끊었다. 이에 절망한 캐롤린은 대신 다른 남자에게 빠져들었지만 그는 그녀가 원했던 상대가 아니었다. 결국 캐롤린도 자살을 기도했고, 간

신히 목숨을 건졌다. 캐롤린의 지인들은 그녀의 절망이 바로 개리와의 이별 때문임을 잘 알고 있었다.

그러는 동안, 최악으로 치달았던 개리의 결혼생활은 조금씩 회복되어 갔다. 개리는 오직 엘리자베스만을 바라보며 잃었던 신뢰를 차츰 쌓아 나갔다. 잠시 한눈을 팔았던 일, 그리고 그로부터 이어진 불행에 대해서 자기 자신을 용서할 수 있을 만큼 최선을 다했다. 하지만 개리는 왜 그런 감정이 자신을 덮쳐왔었는지 전혀 이해하지 못했다. 그동안 지켜온 모든 것이 위태로워질 줄 알면서도 왜 캐롤린과 함께 있고 싶은 갈망에 도무지 저항할 수가 없었을까? 개리는 휘튼 박사를 만난 후에야 그 답을 찾게 되었다.

깊은 최면 상태에서, 개리는 '피터 하그리브스'라는 공군 소위의 1944년 모습을 떠올렸다. 피터는 영국의 정보장교로서 당시 이탈리아의 살레르노 부근에 주둔 중이었다. 피터는 비행훈련을 받긴 했지만 정식 비행사는 아니었다. 그런데 그날 피터는 무장도 안 된 P-51 머스탱 전투기를 타고 적진 위를 저공비행할 계획이었다. 항공사진을 보니 독일군이 반격을 준비하고 있을 가능성이 있었기에 그 지역을 직접 살펴보고 싶었던 것이다. 동료들은 무모하고 위험한 작전이라고, 정찰은 정찰대에게 맡기라고 피터를 말렸다. 하지만 피터는 동료들의 경고를 무시하고 이륙했다. 그의 전투기는 전선을 넘자마자 독일군 전투기의 공격을 받았고, 피터는 왼쪽 다리에 심한 부상을 입었다. 전투기는 불시착했고, 피터는 포로로 잡혀서 나치 친위대의 고문실로 끌려갔다. 그들은 영국군의 정보를 알아내고자 피터를 계속 고문했다. 굶기고, 잠을 안 재우고, 치료도 안 해주었지만 피터는 꿋꿋이 버텼다. 고문기술자들은 마지막 시도로 피터의 손톱까지 뽑아버렸다. 피터는 끔찍하게, 그러나 명예롭게 죽음을 맞았다.

피터의 삶을 떠올리고 난 후, 개리는 몇 가지 사실을 새삼 깨닫게 되었다. 개리는 캐나다에서 태어나고 자랐음에도 어린 시절에 뚜렷한 영국 말씨를 갖고 있어서 선생님들이 입양아인 줄 착각할 정도였다. 또한 평생 스키장 근처에는 얼씬도 안 할 만큼 다리가 부러지는 데 대해 심한 공포를 느꼈다. 비행기를 탑승할 때도 큰 불안을 느꼈다. 한번은 그 공포심을 극복하고자 직접 비행술을 배워볼까 하다가 나중으로 미룬 적도 있다. 개리는 자신이 비행기를 조종하는 법을 이미 알고 있다고 직감했지만, 그 영문 모를 불안감을 도무지 떨쳐낼 수 없었다. 게다가 정보장교였던 하그리브스의 일과 법심리학자인 자신의 일도 상당히 닮은 구석이 많았다. 아마도 고문에 관한 자신의 비정상적인 흥미도 전생의 경험 때문인 듯싶었다.

이후의 최면 세션에서, 잃어버린 조각이었던 캐롤린과의 관계가 발견되었다. 이탈리아어에 능숙했던 피터는 나치에 저항하는 지하운동가들과 함께 일하라는 임무를 받았다. 살레르노에서 피터가 만난 저항군의 연락책이 바로 캐롤린의 전생인 '엘레나 보치'였다. 그 둘은 위험한 순간들을 함께 겪으며 사랑에 빠졌다. 엘레나의 아버지가 전투 중에 사망한 후로 피터는 그녀의 가족을 돌보기 위해 최선을 다했다. 그 둘은 깊이 사랑했고, 전쟁이 끝나자마자 결혼하기로 약속했다. 하지만 피터는 그 약속을 지키지 못했다. 나름의 정보망을 통해 피터가 죽었다는 사실을 알게 된 엘레나는 절벽에서 몸을 던졌다. 개리에 의하면, 피터는 엘레나와의 약속을 못 지켰고 엘레나의 자살을 막지도 못한 데 대해서 — 그는 이미 몸이 없는 영혼으로서 그저 지켜볼 수밖에 없었다 — 엄청난 죄책감을 느꼈다고 한다.

그런데 개리와 캐롤린의 사랑은 제2차 세계대전보다 더 먼 과거로 또 거슬러 올라갔다. 다른 세션에서, 개리는 (제정러시아의) 엘리자베타 페트로브나 여제의 특사로서 루이 15세의 궁전으로 파견된 '세바스티앙 움노브'의 삶을 기억해냈다. 당시는 프랑스와 러시아의 관계가 위태위태했기에 세바스티앙은 스파이의 역할도 해내야 했다. 세바스티앙은 여동생 리젠카와 근친상간의 사랑을 나누고 있었는데, 리젠카가 바로 캐롤린의 전생이었다. 리젠카는 세바스티앙이 오랫동안 외국을 다니면서 다른 여자들과 어울릴 거라고 늘 걱정했다. 세바스티앙은 리젠카만을 깊이 사랑했기에 그건 기우에 불과했지만, 리젠카는 오빠의 행실에 관한 유언비어를 듣고 홧김에 다른 남자와 결혼을 해버렸다. 그리고 몇 주 후, 진실한 사랑을 스스로 망쳐버린 자신을 원망하면서 리젠카는 목을 매 자살했다. 여동생이 죽었다는 소식에 세바스티앙은 절망했고, 늙어죽을 때까지 러시아로 돌아가지 않은 채 홀로 외롭고 쓸쓸하게 지냈다.

이 세션은 개리와 캐롤린의 심층적 관계와 더불어 두 가지 흥미로운 정보를 알려주었다. 첫째로, 세바스티앙과 개리는 업무와 관심사가 비슷했다. 둘째, 캐롤린은 문제가 있으면 자살을 시도하길 반복했다.

이처럼 개리와 캐롤린의 관계가 뿌리 깊다면, 개리가 현생에서 캐롤린이 아니라 아내 엘리자베스를 더 깊게 사랑하는 이유는 무엇일까? 역시 그 둘의 관계도 전생부터 이어진 것일까? 놀랍게도, 사실이 그러했다. 뒤이은 세션에서는 그 둘이 연인이었던 여러 전생들이 드러났다. 그 둘은 주로 금지된 사랑, 즉 비밀리에 만나는 관계를 반복해왔다. 그 둘이 함께했던 가장 최근의 전생에서 개리는 19세기 옥스퍼드 대학교의 수학강사 제레미였다.

제레미는 두 집 살림을 했다. 주말에는 옥스퍼드 시외에서 아내를 비롯한 가족들과 함께 지냈고, 주중에는 시내에서 첩과 함께 지냈는데 그 첩이 바로 엘리자베스의 전생이었다. 제레미는 그녀를 진심으로 사랑했고, 그녀와의 관계에서 낳은 사생아들을 잘 보살펴주겠다고 거듭 약속했다. 그런데 불행히도 폐렴에 걸려 30대 후반의 나이로 세상을 떠나고 말았다. 약속을 못 지킨 것이다. 본처는 제레미의 유산으로 풍족하게 살았지만, 그녀는 빈털터리가 되어 비참하게 살았다. 제레미는 무책임한 사람이 아니었지만 이런 상황까지 미리 대비해놓지는 않았던 것도 사실이었다. (그제야 개리는 가족의 경제적 안정을 향한 자신의 과도한 집착, 그리고 꼭 사고를 당하고 말 사람처럼 엄청난 생명보험을 들어놓을 수밖에 없었던 불안감을 이해하게 되었다.)

개리와 엘리자베스는 여러 전생에서 사랑을 나눠왔지만 떳떳하게 함께 사는 것은 이번 생이 처음이었다. 수백 년간 은밀한 연애를 나눈 후인 만큼 그 둘의 결혼생활은 더없이 행복할 수밖에 없었다. 그 둘의 사랑은 태어나기 전부터 신중하게 계획되어 있던 바였다. 개리와 엘리자베스의 관계는 오래 지속되도록 계획되어 있던 반면, 개리와 캐롤린은 관계는 그렇지 않았다. 격렬하게 타올랐으나 그 끝이 정해져 있었다. 개리는 이렇게 말한다. "우리는 마치 잠깐씩 돌출행동을 하는 배우들 같았어요."

이 사례의 관계들은 모두 반복되는 카르마 패턴을 보여준다. 깊은 사랑은 대개 전생에 그 뿌리가 있다. 남녀 간의 관계는 실로 대단히 복잡미묘하므로 충분히 무르익으려면 수많은 생이 필요하다. 서로에게 푹 빠진 한 쌍, 서로 못 잡아먹어서 안달인 한 쌍, 서로 든든한 버팀목이 되어주는 한 쌍… 이들은 사랑이라는 긴 여정에서 각자 다른 단계에 속해 있다. 게다가 이들이 상대의 입장을 경험하기 위해 곳곳에서 성性을 맞바꾸기로 결정한다면, 이 여정은 더욱 길어지고 흥미로워질 것이다.

통합적 접근

카르마와 환생에 대해 공부하면서 내가 처음 읽었던 자료들은 카르마의 '비인격성'을 강조하고 있었다. 카르마는 우리를 감시하고 판결하여 이후 생에서 보상이나 처벌을 주는 무엇이 아니었다. 카르마는 우리의 선택에서 비롯된 교란을 바로잡아 조화를 회복하는 그저 '무정無情한' 자연의 원리였다. 그러니 프로이트의 정신분석학과 마찬가지로 '평형 상태'(equilibrium)라는 개념이 중요해 보였다.

그러나 '평형 상태'라는 개념만으로는 환생을 통해 새로운 것을 시도하고 자기 한계를 뛰어넘고자 하는 우리 의식의 끝없는 충동을 설명할 수가 없었다. 카르마는 단순히 우주라는 저울의 균형점을 맞추거나 우리의 정신과 영성을 긴장 없는(tensionless) 상태로 돌려놓기 위한 것이 아니다. 그것은 우리가 내린 선택의 결과를 끝없이 되돌려줌으로써 우리의 성장을 촉진하는 일종의 영적 '인공두뇌' 체계이다. 그리고 카르마는 그 역할을 절대적으로 무정하게 해낸다.

연구 초기에, 나는 카르마란 것이 우리의 생각과 행동에 내재하는 모든 에너지를 수집하고 소화하여 후생에서도 그에 알맞은 조건과 환경들을 발현해주는 거대하고 무정한, 그리고 유기적인 자동기계라고 생각했다. 그런데 시간이 지나면서 나는 두 가지 사실을 알게 되었다.

첫째, 카르마를 일종의 기계에 비유하기에는 과거의 선택을 미래의 삶 속으로 옮겨주는 그 창조력과 지혜가 너무나 경이롭다는 점이다. 카르마는 빈틈이 없을 뿐만 아니라 대단히 창조적이다. 카르마는 살아 있는 존재, 살아 있는 지성이다. 오늘날이 제아무리 컴퓨터에 의한 인공지능의 시대라 해도 카르마를 기계에 비유할 순 없다. 따라서 나는 '기계'

라는 비유를 내려놓고 그 대신 '살아 있는 지성' 또는 '살아 있는 존재(들)'라는 비유를 택할 수밖에 없었다.

둘째, 카르마와 환생은 내가 풀고자 했던 미스터리들의 해답을 많이 제공해주지만, 정작 그 자신의 정체에 대해서는 알려주지 않는다는 점이다. 카르마와 윤회는 이 지구라는 '학교'에서 인간 의식의 성장을 관장하는 원리들이다. 그러나 우리는 그것들의 실체를 설명해낼 수 없다. 쉽게 말해서, "누가 이 체계를 만들었는가? 누가 이처럼 정교한 걸작을 디자인했는가?"라는 의문은 여전히 그대로 남는다. ('무엇이' 만들었느냐는 표현보다 '누가' 만들었느냐는 표현이 더 적절하다. 앞서 말했듯 카르마는 '지성'이기 때문이다.)

환원주의자들, 즉 작은 요소들로써 전체를 설명할 수 있다고 믿는 사람들은 이런 의문의 가치와 의미를 알아보지 못할 것이다. 카르마와 환생은 신에게 씌어 있던 많은 의무를 우리 자신에게로 돌려주었다. '알 수 없는 이유로' 고통을 주길 즐기거나 용인하는 듯했던 신의 변덕이 질서로 대체되었다. 카르마와 환생에 의해 고통은 의미 있고 고마운 것이 된다. 거기엔 목적과 의도가 있다. 이 우주는 자비로운 곳이다. 그러나 카르마와 환생의 실체가 설명되려면 어쨌든 그것들보다 더 큰 존재가 등장해야만 한다.

그 상위의 지성은, 힘은 둘째치고라도 덩치만으로도 우리를 압도한다. 우리는 모든 곳에서 우리 존재의 법칙을 정의하고 있는 그 거대한 영향력 앞에 굴복할 수밖에 없다. 아직 이름도 없고 개념화도 이뤄지지 않은 이 '상위의 무엇'은 필연적인 존재이다. 이것은 중세의 '설계 논증'(design argument)*과 같은 순환논리의 재탕이 아니다. 이것은 추정이지만 경험적이고, 가설이지만 의심의 여지가 없다. 나는 이 '포괄적인 실재'를 수용할 수밖에 없었다.

내가 카르마에 관해 '기계'라는 비유를 포기하자 두 가지 새로운 가능성이 열렸다. 우리 모두를 아우르는 이 카르마 체계를 거대지성 또는 거대존재가 홀로 지휘하고 있을 수도 있고, 또는 수많은 지성들이 동시에 개입하고 있을 수도 있다. 내 성향은 전자를 택하고 싶어했다. 일신교를 믿어왔던 세월 탓에, 영적 세계를 더없이 단순하고 통합된 '일체(One)'로 생각하는 습성이 남아 있었기 때문이다. 이 물질우주의 반대편은 오직 신 — 또는 하나의 지성 — 만이 전부라고 나는 생각했다. 물론 인간의 영혼도 있긴 있겠지만, 신이 이 우주를 다스리기 위해 그들을 필요로하진 않으리라고 말이다. 무릇 신은 전지全知하고 전능全能하므로 능히 모든 일을 잘 해내지 않겠는가. 나는 신이란 관념을 버리기로 했음에도 여전히 영적 세계를 뭉뚱그려 보는 틀 속에서 벗어나지 못했던 것이다.

하지만 계속 유지하기엔 억지스럽고 무리가 많은 관점이었다. 나는 카르마 작용에 하나의 거대지성이 아니라 서로 공조하는 많은 지성들이 참여하고 있다는 생각으로 점점 더 이끌렸다. 더없이 복잡하고 다층적인 이 우주를 하나의 지성이 다 떠맡는 것은 효율적이지 않다. 게다가 '영적인 안내자들'과의 만남을 보고하는 신뢰할 만한 자료들이 넘쳐났다.** 또한 시스템 이론***을 통해서 하나의 통합지성 안에서 각각의 개별지성들이 공동 작용하는 방식을 이해하기가 수월해졌다. 층층이 겹친

* 자연은 대단히 정교한 작품과 같으므로 당연히 그것을 만들어낸 지적 설계자가 필요하다는 논리로서, 주로 신의 존재를 역설하기 위해 쓰였으나 진화론이 등장한 후 더 이상 주목받지 못했다. 역주.
** Gregory Bateson, *Steps to an Ecology of Mind*, *Mind and Nature* 등 참고.

모양의 시스템 이론 도표들은 일체(the One)와 개체들(the Many) 간의 관계를 이해하는 눈을 새로 뜨게 해줬다. 그래서 나는 '방출(emanation)'이라는 고대의 관념을**** 부활시켜 이 우주를 유기적인 다층구조로 바라보게 되었다. 층마다 가치가 다르다는 뜻은 아니다. 모든 것이 신성하다. 그러나 층마다 의식 수준, 책무, 형태는 서로 구분되어 있다.

　이런 사고방식은 카르마에 대한 내 궁금증에도 실마리를 툭 던져주었다. 나는 윤회를 '살아 있는 지성'에 의한 것으로 이해하게 되었지만, 그것은 카르마의 '무정한(impersonal)' 측면과 잘 어우러지지 않았다. 인과법칙이 철저하게, 마치 중력처럼 예외 없이 작용함을 보여주는 믿을 만한 자료들이 있다. 그런데 한편에는 후생을 계획하도록 도와주는 '영적 안내자'에 관해 언급하는 또 다른 믿을 만한 자료들도 있다. 영적 안내자라는 인간적인 개념과 인과사슬이라는 기계적인 개념을 어떻게 통합해야 할까? 시스템 이론이 바로 이 지점에서 좀더 유연하고 창조적으로 생각하도록 날 이끌었고, 나는 점차 그 둘을 하나의 큰 그림으로 통합하는 방법을 찾아가기 시작했다. 아직도 그 그림은 구체적으로 완성된 것이 아니라 많은 가능성을 내포한 상태이다.

　*** 　하나의 시스템은 각 요소들의 단순한 집합체도 아니고, 각 요소들을 초월한 추상적 총체도 아니며, 상호 연관된 각 요소들에 의해 구성된 통일체라고 보는 입장이다. 처음에는 생물학에서 유기체의 특성을 설명하기 위해 등장했으나 자연과학의 범위를 넘어 다양한 학문 분야에 적용되고 있다. 역주.

　**** 　3세기 로마의 철학자 플로티누스가 설한 우주론에 의하면, 삼라만상은 단 하나의 궁극적 실재로부터 방출되어 나왔고 그 근원과의 거리에 따라 우주는 다층구조를 이루고 있다. 그러나 결국 모든 것의 내부에는 신이 깃들어 있으므로, 내면의 신성과 다시 합일함으로써 근원으로 회귀하는 것이 우리 삶의 목적이다. 역주.

요컨대 어느 정도는, 윤회 과정의 온갖 요소들을 감독하고 수행하는 지성들이 있다고 추정된다. 이를테면 카르마를 각 개인에 맞게 적용시키는 것도 그들의 역할이다. 카르마는 우리의 삶 전반에 걸쳐서 예외 없이 작동한다. 그러나 필연적이고 불변한다고 해서 실제 상황에서 전혀 융통성이 없는 것은 아니다. 그것은 늦춰지기도 하고, 잠깐 멈추기도 하고, 때론 몰아붙이기도 한다. 당사자의 신체, 감정, 정신을 통해서 나타나기도 하고, 타인과의 불화 또는 내적 갈등을 조장하기도 한다. 카르마는 앞선 선택들로 인해 생겨난 에너지 덩어리이며 우리가 이미 아는 것과 아직 모르는 것이 기록된 점검표이다. 그러나 카르마가 우리의 교육 과정을 직접 계획하지는 않는다. 그보다는 실현 가능한 범위를 설정해주는 것에 가깝다. 그 안에서 우리는 우리를 감독하고 있는 영적 존재들과 상의하여 스스로 계획을 세운다. 그들은 우리로 하여금, 미처 못 끝낸 배움을 마치고 다음 단계로 넘어가는 데 적합한 계획을 세우도록 돕는다. 설령 그들이 많은 부분에 개입했더라도 그 계획은 여전히 우리의 책임이다. 왜냐면 우리는 언제든 그들의 제안을 거절할 수 있기 때문이다.

　우리가 영적으로 성장하도록 지켜보고 돕는 영적 안내자들이 있다는 생각은, 희망적이고 역사도 깊지만, 많은 사람들에게 거부감을 불러일으킨다. 나 자신도 오랫동안 주저했기 때문에 나는 사람들의 이성적, 감정적 반감을 충분히 이해한다. 그럼에도 다양한 출처에서 나오는 증언들은 영적 안내자의 존재를 '증명'까진 못한다 해도 상당한 '심증'을 갖게 해준다.

　예를 들어, 저마다 다양한 의식확장 기법을 발전시켜온 기관들은 영적 안내자를 만났다는 경험담을 수시로 보고하고 있다. (버지니아주의 먼로 응용과학 연구소가 대표적인데, 그들은 이 문제를 철저히 중립적인 태도로 다루고 있다.) 채널링 현상도 많은 이야깃거리를 전해준다. 채널링 현상들은 워낙 자기기만에 그치는 경우가 많지만, 그렇게 간단히 무시해버릴 수 없는 수준의 정보를 내놓는 채널러들이 있다.* 그리고 세련된 초개아적 정신요법들도 종종 영적 안내자와의 접촉을 보고한다. 아래는 스타니슬로프 그로프 박사가 홀로노믹Holonomic 요법 중에 등장한 여러 영적 안내자들에 관해 묘사한 것이다.

영적인 안내자, 스승, 또는 수호자를 만나는 경험은 초개아적 현상 중에서도 가장 가치 있고 뜻깊은 일이다. 그들은 상위 의식, 상위 에너지 차원에 속하는 초월적 존재들로 보인다. 그들은 영적 성장의 특정 단계에서 자발적으로 등장하기도 하고, 피험자가 정신적 혼란 속에서 외친 다급한 도움 요청에 응답하여 급작스럽게 등장하기도 한다. 어떤 경우든 간에, 그들은 소기의 목적을 이룰 때까지 피험자들 앞에 반복적으로 나타난다.**

최면요법도 영적 안내자의 존재에 관한 또 다른 증거들을 제공해준다. 일부 최면요법가들은 최면 상태에서 영적 안내자와 만났던 경험을 기억해낸 내담자들의 사례를 발표했다. 그중 조엘 휘튼과 조 피셔가 지은 《생과 생 사이》(Life Between Life)에는 최면을 통해 사후세계 — 죽음부터 환생까지 — 를 탐구하고자 했던 휘튼의 이야기가 실려 있다. 이번

---

* Jon Klimo, *Channeling: Investigations on Receiving Information from Paranormal Sources*.

** *The Adventure of Self-Discovery*, 121쪽.

장의 주제들과 두루 연관되어 있으니 다음 내용을 주의해서 읽어주길 바란다.

생과 생 사이

휘튼 박사는 토론토의 정신의학자로서 최면이 윤회의 뚜렷한 증거를 제공해줄 수 있을지를 오랫동안 연구해왔다. 1974년의 어느 날, 우연히 그는 여성 내담자가 최면 상태에서 전생퇴행과는 다른 방향으로 들어서는 모습을 목격하게 되었다. 여러 의미로 해석될 수 있는 최면 암시 덕분에, 그녀는 우발적으로 자신이 죽음과 환생 사이에 겪었던 일들을 떠올리기 시작한 것이다. 한 번도 이런 가능성을 생각해보지 못했던 휘튼 박사는 놀라고 당황했다. 이 행운은 그의 연구에 새로운 길을 열어주었고, 그는 이후로 10년간 새로운 최면기법을 발전시켰다. 그 결과가 바로 조 피셔와 함께 집필한 《생과 생 사이》이다.* 조 피셔는 뉴스기자이자 《윤회의 사례》(The Case for Reincarnation)의 저자였다. 휘튼 박사는 30명 이상의 사람들로 하여금 생과 생 사이에 있었던 물질계 너머의 경험들을 탐험하게끔 인도했다. 그의 연구는 전생의 카르마가 후생의 삶에 어떻게 작용하는지를 잠깐 엿볼 귀한 기회를 제공해준다.

---

* 이 책은 공저이지만 여기서 나는 실제 연구를 진행했던 휘튼 박사만을 언급할 것이다. 물론 조 피셔의 공로를 무시한다는 뜻은 아니다.

휘튼의 내담자들은 전생의 마지막 순간(죽음)을 떠올려 묘사하면서 임사체험자들의 증언과 거의 비슷한 표현을 사용했다. 몸으로부터 분리되어 자기 자신을 내려다보고, 주변을 떠돌다가 터널 같은 곳을 지나고, 흰빛을 만나고, 이번 생을 되짚어보고 등등. 임사체험자들은 그쯤에서 현생을 제대로 마무리하기 위해 다시 지상으로 되돌아온다. 하지만 휘튼의 내담자들은 바르도bardo — 《티베트 사자의 서》에서 생과 생 사이의 차원을 뜻함 — 에서 무슨 일들이 더 이어지는지를 말해주었다. 휘튼은 지상을 떠난 이런 상태의 의식을 초의식(metaconsciousness)이라고 불렀다.* 초의식 상태는 지상의 경험과는 전혀 다른 상위의 자각 상태다. 그것은 물질계를 훌쩍 벗어났기에 일직선적인 시간 개념을 초월한다. 따라서 단순히 '죽음부터 환생 전까지의 과정'이라는 개념으로 정의 내릴 순 없다. 그 차원에서는 인과의 사슬이 무너지고 모든 일이 동시에 일어난다. 이것은 대단히 혼란스런 경험이므로, 휘튼은 내담자들이 그 홀로그램 같은 현상들에 매몰되지 않도록 주의해야 했다. 초의식적 경험을 우리가 이해할 수 있는 내용으로 전달받기 위해서, 그는 의도적으로 이곳 지상의 일들을 꾸준히 상기시켜야 했다.

초의식은 이 지상의 상태보다 더욱 '실제적인' 것으로 경험된다. 당사자들은 한결같이 그곳이야말로 우리의 진짜 고향이라고 표현한다. 우리는 이 지상이 아니라 그곳에 속한 존재이다. 휘튼의 상담실에서 최면

---

* 《티베트 사자의 서》에 묘사된 사후세계와 휘튼이 연구한 초의식 사례들은 그 내용이 대단히 비슷하다. 사후세계에 관해, 이국異國의 고대 문헌이 기록한 내용과 현대의 의식연구가들이 발견한 내용이 일치한다는 사실은 쉽게 넘길 문제가 아니다. 게다가 현대의 연구들은 사후세계를 믿지 않거나 전혀 생각해본 적도 없는 사람들을 대상으로 이뤄진 것이다. 《티베트 사자의 서》에 관해서는 5장에서 더욱 자세히 살펴볼 것이다.

을 깬 한 내담자는 이렇게 말했다. "당신이 나를 가짜 세상 속으로 깨워 냈어요. … 나는 이제 어느 세상이 진짜인지를 알았어요." 다른 내담자 는 이렇게 말했다. "그곳은 너무나 밝고, 아름답고, 고요해요. 마치 아 무 통증도 없이 태양 속으로 들어가 그것과 하나되는 느낌이에요. 당신 도 그 완전한 일체로 돌아갈 거예요. 나는 다시 돌아오고 싶지 않았어 요." 휘튼의 내담자들은 한결같이 바르도의 완전함, 강렬함, 충족감을 표현할 단어를 찾는 데 어려움을 느꼈다. 그들은 매우 상징적이고 원형 적인 이미지들을 묘사했고, 말로는 그 느낌을 도저히 전달할 수 없다고 했다.

우리는 생을 반복할 때마다 이런 황홀경을 맛보고, 그럼에도 매번 그 것에 매료당하는 듯하다. 지상에서 살아가는 동안은 그것을 까맣게 잊어 버린다. 하지만 죽고 나면 망각의 구름이 걷히고, 우리는 우리 자신이 더 큰 우주극 속에 속한 존재임을 재인식한다. 일곱 번의 전생과 그 중간 과 정들을 기억해낸 한 사회복지사는 자신의 경험을 이렇게 표현했다.

전생의 죽음 이후에 나는 엄청난 신체적, 정신적 변화를 느꼈다. 내 몸이 커지고 부풀어 방 안을 가득 채웠다. 곧 한 번도 느껴본 적 없 는 극도의 희열이 흘러넘쳤다. 또한 내가 누구인지, 내가 존재하는 목 적이 뭔지, 또 내 자리는 어디인지를 완전히 이해하고 자각하게 되었 다. 모든 것이 명쾌했고, 모든 것이 완벽했다. 경이롭게도 사랑이 바 로 만물의 본질이었다. 평소의 의식으로 돌아와 깨어날 때, 나는 그 절대적인 사랑과 지혜, 평온을 내려놓아야 했다. 조악하고 불쾌한 이 현실을 다시 마주하면서 나는 차라리 죽음을 바라고픈 심정이었다. 그러면 그 경이로운 상태로 돌아갈 수 있을 테니까. 지금껏 나는 죽음을 두려워했다. 그러나 지금은 죽음이 손톱만큼도 두렵지 않다.

《티베트 사자의 서》가 12세기 전에 묘사해놓은 대로, 우리가 몸과 분리된 후에 경험하게 될 내용은 각자의 사고방식과 기대에 따라 크게 달라진다. 때론 평생 관심을 쏟아온 주제에 관해 깨달음을 얻는 사람들도 있다. 하지만 가장 공통된 증언은 말로는 표현할 수 없는 아름다움과의 합일, 황홀경과 완전성의 회복이다. "모든 것이 명쾌해졌다." 이 한마디 속에 참으로 깊은 뜻이 담겨 있다. 마침내 우리 삶의 본질이 무엇인지, 그리고 삶 그 자체의 본질이 무엇인지를 이해했다는 것이다!*
　바르도 속에서, 영혼은 윤회의 참된 목적이 자기 자신을 영적으로 성장시키고 정화하여 신께 되돌리기 위함임을 깨닫게 된다. 한 여성은 이렇게 말했다.

　　우리는 신의 모습으로 창조되었고, 그러므로 신께로 돌아가려면 신과 같아져야 한다. 신이 계신 곳까지는 많은 상위 차원들이 있다. 그곳까지 가기 위해서, 우리는 하나씩 옷을 벗어 마침내 참된 자유를 얻어야 한다. 이런 배움의 과정엔 끝이 없다. … 때로 우리는 상위 차

---

*　각 개인의 종교적 신념과 기대치는 그가 사후에 경험하게 될 내용에도 영향을 미치는 듯 보인다. 한 내담자는 스페인에서 독실한 로마 가톨릭의 신도로 살았던 전생을 떠올렸는데, 그 생이 끝난 후에 평생 기대해온 바처럼 "자줏빛 배경 위로 아기천사와 치품천사가 보이고, 장엄한 합창이 울려 퍼지며, 예수께서 두 팔을 벌려 환영해주는" 경험을 했다고 한다. 하지만 우리 신념의 영향력이 절대적인 것은 아니다. 휘튼에 따르면, 오히려 종교적 근본주의자들은 사후에 "복잡하고 장구한 영혼의 성장 과정이 '구원'이라는 한 단어로는 축약될 수 없다"는 사실을 깨닫게 된다.

원을 잠깐 엿볼 기회를 얻는다. 상위 차원들은 그 이전 차원들보다 가볍고 밝다.

또 다른 여성은 자신의 영혼을, 태고의 슬픔(어둠)을 빛으로 겹겹이 감싼 양배추 모양으로 인식했다. 윤회를 통해 그 빛이 한 겹씩 벗겨지면서 점점 더 어둠과 고통은 밖으로 풀려나온다. 이런 식으로 마침내 그 속이 다 드러나면, 모든 고통이 흩어지고 양배추는 온전한 빛 그 자체가 된다.

바르도를 지나 지상으로 돌아오는 시간은 영혼마다 크게 다르다. 휘튼의 사례들 중 가장 짧은 경우는 10개월, 가장 긴 경우는 약 8백 년이었다. 휘튼에 따르면 그 평균치는 40년 정도이고, 지난 3백 년 동안 점점 주기가 짧아지는 듯 보인다고 한다. 영혼마다 이 시기에 행하는 일들도 제각각이다. 극단적으로 영적 성장에 관해 무관심하거나 의지가 없는 영혼들은 바르도의 대부분을 '잠을 자며' 보낸다고 한다. 즉 다음 생을 위해 깨기 전까지 그저 일종의 가사상태에 있다는 것이다. 그들과 반대 극에는 자신의 영적 성장을 위해 적극적으로 많은 것들을 공부하며 다음 생을 준비하는 영혼들도 있다.*

바르도에서 영혼은 자기 자신을 대령大靈(Oversoul)으로서 — 다만 직전 생의 여운이 조금 남아 있을 뿐인 상태로 — 인식하는 듯하다.** 즉 바르

---

* 시대를 막론하고, 전생에 관한 자료들은 대부분 바르도가 다차원 구조로 되어 있다고 말한다. 상위 차원일수록 좀더 신성에 가까우며 지복에 차 있고, 하위 차원일수록 그 정도가 덜하다. 말하자면, 바르도에서 각 영혼은 자신의 영적 단계에 따라 서로 다른 차원에서 머문다. Robert Monroe, *Far Journeys* 참고.

도에 들어가 '심사위원회'(Board of Judgment) 앞에 서는 것은 지금 우리의 자아가 아니다. 거기서 영혼은 직전 생에 관한 모든 진실을 마주해야만 한다. 휘튼의 내담자들은 직전 생의 교훈을 알려주고 다음 생의 계획을 도와주는 현명하고, 연륜 있고, 원형적인 존재들을 언급한다. 그들은 때로 그 영혼의 종교적 관념에 부합하는 모습으로 보이기도 하고, 그저 현명하고 자애로운 조력자로만 인식되기도 한다. 때론 이미 지상의 교육과정을 다 마친 존재들로 인식되기도 한다. 특정 존재를 인식하지 못하고 그저 심사과정이란 게 있었다는 정도만 기억해내는 내담자들도 있다.

이 '심사'에 앞서 영혼은 직전 생을 재경험하게 된다. 한 내담자는 이렇게 말했다. "마치 내 인생을 한 편의 영화처럼 거슬러 보게 되지요. 생의 모든 순간이 아주 세세한 감각까지 완벽히 재현돼요. 말 그대로 완전한 기억(total recall)이에요." 이때 우리는 단순히 생을 재경험하는 데서 그치지 않는다. 우리는 그 안의 모든 사건과 모든 관계의 의미를 깨닫는다. 그리고 자신이 그 의미들을 얼마나 파악하며 살아왔는지를 자각한다. 미처 몰랐던 삶의 분기점들, 성공과 실패들이 빠짐없이 드러난다. 그야말로 자기 자신에 대한 모든 진실을 마주하게 되는 놀라운 경험이다. 지상에서 자신을 보호하기 위해 썼던 방어기제들이 여기서는 전혀 통하지 않는다. 만약 독방으로 된 지옥이 있다면, 영혼들은 모든 게 발가벗겨지는 대신 차라리 지옥을 택할지도 모른다.

***

** 대령은 많은 환생을 통해 수집한 경험들을 모두 통합하고 수용하는 상위 의식체이다. 다음 장에서 더 자세히 언급할 것이다.

지난 생에 대한 회한, 후회, 자책감이 뜨겁게 솟아오르고 그 고통과 슬픔 탓에 차마 계속 바라보기가 버거워진다. … 다른 사람에게 주었던 상처가 온전히 나 자신을 향했던 것인 양 매섭게 느껴진다. 하지만 가장 괴로운 진실은, 마음을 바꾸고 실수를 바로잡을 시간이 이미 끝나버렸다는 점이다. 지난 생은 이미 문이 닫히고 봉인되었다. 우리가 누구이고 무엇인지를 있는 그대로 샅샅이 까발리는 '심사위원회'에서 나는 내가 한 짓과 회피한 것들의 결과를 직면해야 한다.

이 경험에 대한 휘튼의 묘사는 그것의 부정적인 면을 강조하고 있다. 그러나 자신의 과제를 잘 인식하고 심지어 초과달성한 영혼에게 이 과정은 대단히 만족스러울 뿐만 아니라 축하를 받는 시간이기도 하다. 길고 고된 과제를 끝낸 결과로서 맛보는 칭찬과 격려는 얼마나 달콤한가. 휘튼의 사례에서 부정적인 묘사가 많은 이유는 그의 내담자들이 인류 전체를 대변할 만한 표본이 아니기 때문이다. 그들은 어떤 문젯거리가 있어서 휘튼을 찾아왔고, 그 문제는 전생들로부터 미해결 상태로 넘어온 것들이다. 따라서 그들은 이전에 '심사위원회' 앞에 섰을 때 아마도 주로 자신의 실패를 곱씹었을 것이다. 정신요법들에 의해 수집된 사례들은 필연적으로 건강한 측면보다 병적인 측면 — 영적인 질병 — 에 더 초점이 맞춰져 있다. 정신요법들에 의해 수집된 사례들을 바탕으로 카르마와 환생을 탐구할 때는 이런 점에 주의를 기울여야 한다. 표본집단 자체가 편향되어 있기 때문에, 이 사례들은 이 부분에 대한 우리의 인식을 부정적인 쪽으로 왜곡할 수 있다. 전생의 부채를 갚기 위해 애쓰는 사람이 있다면, 그 반대로 전생의 덕을 자산으로 물려받은 사람도 있음을 잊지 말아야 한다.

휘튼의 내담자들에 의하면, 사실상 이 단계에서 심사를 하는 주체는 신(God)이나 현자들(the elders)이 아니라 우리 자신이다. 우리 자신이 자책을 하고, 오히려 그들은 우리의 죄를 사해준다.* 한 여성은 이렇게 말했다. "내 영혼은 고통과 회한, 슬픔, 죄책감, 애통함으로 떨고 있었다. … 나는 부끄러움에 고개를 들 수 없었다. 하지만 따뜻하고 평화로운 푸른 빛이 나를 감싸주었다. 그것은 끝을 알 수 없는 평화였다." 심사위원회 앞에 선 영혼은 점차 자신의 고통을 벗어나 사랑과 용서의 빛에 휩싸인다. 심사위원들은 영혼을 나무라는 것이 아니라 치유의 에너지를 방사하여 그 죄책감을 녹이고 평화로 이끌어준다. 그들은 직전 생의 중요한 사건들에 대해 조언해줌과 동시에, 아무리 고약한 경험도 사실은 영적 성장을 촉진하는 기회일 뿐임을 일깨워 우리를 안심시킨다. 그들은 다양한 방법을 통해서 각 영혼이 자신의 행위를 객관적으로 이해하도록 돕는다. 수많은 전생들의 연장선상에서 직전 생을 돌아봄으로써, 영혼은 자신의 카르마 패턴과 경향을 통찰하고, 자신의 영적 단계가 어디쯤인지를 확인한다.

이처럼 밝아진 눈을 가지고, 영혼은 다음 생을 계획하는 일에 착수한다. 혼자 다 하는 것이 아니라 심사위원회의 안내자들도 함께 거든다. 그들은 그 영혼의 카르마를 전부 꿰고 있기 때문에 그가 더욱 지혜로워질 수 있도록 조언해줄 수 있다. 한 내담자는 이렇게 말했다.

---

* 임사체험자들도 이 부분에 관해 똑같은 증언을 한다. Kenneth Ring의 *Heading Toward Omega*, 70쪽 참고.

도움을 받아 다음 생을 계획하면서 나는 어떤 어려움을 겪게 될지 미리 알 수 있었다. 달갑지 않은 일들이었다. 나는 그것들을 극복할 능력이 내겐 없다고 느꼈다. 하지만 장애물을 극복하기 위해서는 직접 부딪혀보는 수밖에 없다. 더 강해지고, 더 깨우치고, 더 진보하고, 더 성장하기 위해서는.*

위원회의 조언은 바로 그 영혼에게 꼭 맞는 것이기 때문에, 영혼들은 사뭇 복잡한 감정을 느끼게 된다. 영혼은 권고된 삶을 좋아하지 않을 수도 있다. 하지만 높아진 관점에서는 영혼도 배움의 도구로서의 그 가치를 인식한다. 다음 생에서 이전과 똑같은 적들 또는 엄청난 시련을 마주하게 될지라도, 그것들은 그 영혼이 '현재의' 한계를 극복할 수 있도록 세심하게 준비된 것들이다. 휘튼에 따르면, 우리는 미리 다음 생의 내용을 살펴보고 그 목적을 이해하고 동의한 후 환생한다고 한다. 한 내담자는 이렇게 말했다.

내가 전생에 상처를 준 사람들이 있다. 그러니 나는 지상으로 내려가서 그 빚을 갚아야 한다. 만약 이번 생에서 그들이 나를 해하더라도

---

* 다음 생에 대한 결정권에 관해서는 영적 전통마다 사뭇 다른 관점을 취한다. 어떤 사람들은 우리의 역할은 극히 적으며 대부분이 안내자들에 의해 결정된다고 본다. 휘튼 박사의 견해도 그러했다. 우리가 그 일을 떠맡기에는 이해할 수 없는 요소와 변수가 너무나 많지 않느냐는 것이다. 깔루Kalu 린포체도 *The Dharma*라는 책에서 티베트 불교를 논하며 같은 입장을 보였다. 그는 카르마의 힘이 워낙 강력하기에 우리에겐 별로 선택권이 없다고 보았다. 반대로 *Far Journey*에서 우리 스스로 다음 생의 시기, 장소, 내용을 선택할 수 있다고 설명한 로버트 먼로 같은 사람들도 있다. 아마도 이런 이견은 영혼의 '나이(age)'에 따라 그 영혼의 경험도 달라지기 때문인 듯하다. 경험량에 따라 운신의 폭도 달라질 거라는 말이다. (영혼의 '나이'라는 개념은 5장에서 다시 설명할 것이다.)

나는 그들을 용서할 것이다. 왜냐면 내가 진정 원하는 것은 고향으로 돌아오는 것이기에. 바로 이곳이 내 고향이다.

또 다른 증언도 있다.

나는 알츠하이머 유전인자를 가족력으로 물려받아 평생 노심초사해야 할 것을 알면서도 지금의 엄마를 선택했다. 왜냐면 그런 유전적 결함보다도 우리 둘 사이의 카르마가 더 중요했기 때문이다. 지금의 부모를 고른 데는 또 다른 이유도 있었다. 안내자들은 내게 홀어머니 아래서 성장해보는 경험이 필요하다고 조언했고, 나는 이 부부(부모)가 곧 갈라설 것을 미리 알고 있었다. 또한 이 부부의 자식으로 태어나야 운명적인 결혼상대와 만나기에 적합한 지역에서 살게 될 것임을 알았다.*

성장하기 위해서는 도전해야 한다. 카르마에 의한 이런 도전들은 삶 속에서 불안, 갈등, 좌절의 형태로 나타난다. 휘튼은 말한다.

---

* 우리 삶의 모든 요소, 모든 조건이 다 카르마에 의한 것이라고 믿는 사람들에게 이 여성의 증언은 의미심장하다. 내 생각에, 과격한 윤회론자들은 삶의 모든 측면에서 '내가 뭘 배워야 하는지'를 찾아내는 데 집착하는 경향이 있다. 그러나 이 여성은 다른 조건들을 충족시키기 위해서 알츠하이머병이라는 가족력을 그저 '감수했을' 뿐이라고 말한다. 지상에서 이어지고 있는 많은 인과관계들을 감안할 때, 영혼들은 그중에 가장 적절한 환생의 조건을 선택하거나 더 나은 조건이 나타날 때까지 기다린다는 것이다.

카르마에 의해 온갖 종류의 신체적, 심리적 장애가 발생할 수 있다. … 부도덕한 선택, 억눌리고 엉겨붙은 감정들은 이후의 생들에서 질병, 트라우마, 공포증, 기타 다양한 증상으로 모습을 드러낸다.

그렇지만 삶이 고단하다고 해서 꼭 전생의 악업 때문이라고만 단정 지어서는 곤란하다. 어쩌면 그것은 먼 미래까지 내다본 담금질 과정일 수도 있다. 영적 성장에 매진하는 영혼들은 때로 여러 생의 계획을 한 번에 세워두기도 한다. 그때 첫 번째 생은 이후 생들에서 큰 성취를 이루기 위해 힘과 감성을 길러두기 위한 목적으로서, 상당히 가혹할 수 있다. (왕으로 태어나기 위해 준비 과정을 거치는 영혼의 이야기를 떠올려보라. 그는 좋은 왕이 되기 위해서 빈민가에서 세 번이나 태어난다. 빈털터리 거지, 가뭄에 시달리는 소작농, 병든 아이의 삶을 몸소 경험해본 후에야 비로소 그는 왕으로 태어난다. 그리고 그 세 번의 가혹한 삶에서 얻은 연민을 원동력으로 삼아 세상을 바꿔나간다.)

우리는 불행의 원인을 전생의 악업으로 돌리는 경향이 있지만 그것은 전혀 근거가 없는 생각이다. 지금 누군가가 또는 자기 자신이 심하게 고통받고 있다고 해서, 그것이 꼭 전생에 저지른 끔찍한 범죄 또는 악행 때문이라고 단정할 순 없다. 첫째로, 앞서 말했듯이, 그 고통은 미래의 성취를 위한 준비 과정일 수 있다. 둘째로, 지상에서 윤회하는 단계를 거의 끝마쳐가는 영혼들은 좀더 큰 그림을 보고 있기 때문에 마무리 짓는 속도를 최대한 높이길 원하기도 한다. 그래서 그들은 스스로 더 가혹한 삶을 자처한다. 심지어 휘튼은 우리가 영적으로 진보할수록 삶의 내용은 더 가혹해지는 경향이 있다고 말한다. 삶의 내용이 가혹해질수록 그만큼 영적 성장을 촉진할 기회도 많아지기 때문이다. 말하자면 진도를 높이기 위해, 그간의 전생들에서 미해결된 카르마 조각들을 한 번의 생에 몰아넣는 것이다. 이처럼 참담한 고통을 겪고 있는 사람이 실은 지상의 윤회 과정을 끝마치려 서두르고 있는 영혼일지 모른다. 우리는 삶 속의 불행이 무슨 이유로 찾아왔는지를 절대 알 수 없으며, 그러니 최선의 선택은 그들에 대해 아무런 판단도 내리지 않는 것이다.

영적 안내자들이 제안하는 '카르마 시나리오'(karmic script)는 실제로 그 상황에 참여하게 될 다른 모든 영혼들과 상의를 거쳐 완성된 것이다. 그 계획이 실천되려면 관련된 영혼들이 지상에서 제때, 제자리에 모여야 한다. 부모를 선택하는 일은 그 삶의 주제를 택하는 아주 중요한 일이다. 꼭 다시 만나야 할 영혼들이 있다면, 부모를 신중히 선택하여 최적의 장소와 시기에 태어나야 한다.

잠깐 샛길로 빠지자면, 영적 안내자들과 함께 다음 생을 계획하는 과정에 관한 휘튼의 설명은 헬렌 웜바크 박사가 1979년에 출간한 《생 이전의 생》(Life Before Life)의 설명과 흡사하다. 이 책에서 웜바크는 전생퇴행 최면을 통해 현생의 과제들을 찾으려 했던 750명 이상의 내담자들로부터 얻은 정보를 요약했다. 그녀에 따르면, 81퍼센트의 내담자는 스스로 환생하기를 선택했다고 말했다. 그리고 61퍼센트는 그 선택이 썩 내키진 않았다고 말했다. 81퍼센트의 내담자들은 대부분 다음 생을 계획하는 데 도움을 받았다고 말했다. 도움을 준 존재들에 대한 묘사는 조언자, 안내자, 스승, 수호령, 친구 등등 휘튼의 사례들보다 훨씬 다양했다. 일종의 모임으로 인식되는 경우도 있었다. '둥글게 모여 선 많은 존재들', '나를 사랑해주고 지지해주는 존재들', '영혼 위원회', '영혼 자문단' 등등. 그들은 해당 영혼과 특별한 관계가 있는 존재들로 인식되기도 한다. "내가 존경하고 의지하고 사랑하는 현명한 어르신이었어요." "내 오래된 조언자들이었어요." "더 없는 친구였어요." 웜바크의 내담자들 중 10퍼센트는 현생의 중요한 주변 인물들 — 부모, 자녀, 남편, 아내, 친척, 친구 — 과 협력하여 현생을 계획했다고 말했다. 41퍼센트는 안내를 받은 기억은 있지만 그 존재들을 특정할 만큼 뚜렷한 인상을 떠올리진 못했다. 재밌게도, 0.1퍼센트만이 환생 과정에서 신(God)이 자신을 이끌어주었다고 말했다.*

카르마에 따라 계획을 세운다고 해서 그 계획이 반드시 달성되는 것은 아니다. 우리는 꽉 짜인 운명이 아니라 가능성과 변수들 속에서 살아간다. 휘튼은 영혼의 계획을 커다란 프레스코화**에 비유했다. 바르도에서 다음 생은 밑그림 정도만 그려진다. 실제 대부분의 회화 작업, 즉 정교하게 색을 칠하고 최종 결과물을 만드는 일은 지상에서 이뤄진다. 그리고 죽은 후에 바르도로 돌아가서 우리는 그 그림이 원래의 구상대로 잘 표현됐는지를 배우게 된다. 그 결과는 아쉬울 수도 있고, 기대 이상일 수도 있다.***

* *Life Before Life*, 3장 참고.
** 소석회消石灰에 모래를 섞은 모르타르를 벽면에 바르고 수분이 있는 동안 채색하여 완성하는 회화. 역주.
*** 신께서 우리의 미래를 미리 알고 계시거나 정해두시는 걸까? 논의를 좀 확장해보자면 여기에는 크게 두 가지 가능성이 있다. 하나는, 지금까지의 내용에서 암시된 대로, 신은 이 모든 과정과 관련이 있지만 그보다는 근본바탕이 되는 상위의 일체라는 것이다. 우리는 각각의 구체적인 장소와 시대 속에서 신의 자유를 펼쳐내고 있다. 우리는 신의 존재를 적극적으로 펼쳐내는 존재이지 신이 정해준 운명대로 따라가기만 하는 수동적인 존재가 아니다. 둘째는, 그럼에도 불구하고, 우리의 의식 수준에 따라 삶에 대한 자각이 달라진다는 관점이다. 높은 의식 수준에서 볼수록 우리 삶의 결말은 좀더 정해져 있는 듯 보이고, 낮은 의식 수준에서는 열려 있는 듯 보인다. 물질세계 너머로 멀리 갈수록 시간이 덜 직선적으로 움직이는 것이 사실이라면, 여기서는 예지처럼 보이는 것이 거기서는 현재의 지식처럼 보일 수도 있을 것이다.

휘튼의 내담자 중 일부는 카르마 계획에 따라 현생에서 겪을 일들을 바르도에서 미리 목격했다고 말했다. 그중엔 구체적인 가르침을 받은 경우도 있었고, 그저 일반적인 지침만을 얻은 경우도 있었다. 그런데 놀라운 사실은, 그들의 의식은 최면에서 깼을 때 그 사전경험의 기억을 유지할지 말지를 철저히 통제했다는 점이다. 스스로 미래의 특정 사건들을 예견해서는 안 되는 경우에, 그들은 최면에서 깨는 순간 모든 기억을 잃어버렸다. 심지어는 최면에서 깨기 전에 미리 휘튼 박사에게 입조심을 — 자신의 카르마가 방해받지 않도록 — 당부하기까지 했다. 이후에 휘튼이 이 예견들 가운데 시기가 가까웠던 일들을 확인해본 결과, 실제 현실과 그대로 들어맞고 있었다.

그럼에도 우리의 인생 계획은 분명히 변주變奏의 가능성을 품고 있다. 이에 대한 휘튼의 설명이 흥미롭다. 아직 미숙하고 '어린' 영혼들에게는 잘 짜여진 인생 계획이 더 도움이 되는 듯 보이고, 이미 성숙하고 '늙은' 영혼들은 좀더 상황마다 창조적으로 대응할 수 있게끔 운신의 폭을 넓게 잡아두기를 선호한다는 것이다.

심지어 정해진 '필연' 속에서도 우리에게는 선택권이 있다. 휘튼의 내담자 중에 숲으로 끌려가 강간을 당했었던 37세의 여성이 있었다. 그 후로 오랫동안 그녀는 왜 자신이 이런 끔찍한 일을 겪어야 했는지 혼란스러워했다. 그리고 최면 상태에서 그 답을 얻었다.

계획에 따라, 나는 30대에 접어들 즈음 내 영혼을 완전히 뒤흔들어 놓을 비극적인 사건을 하나 '선택하게' 될 것이다. 그리고 그 비극의 영향으로써 내 삶의 깊은 의미를 찾기 위해 가능한 온갖 수단을 다 동원하게 될 것이다. 그래서 나는 실제로 그런 일을 겪게 된 것이다.

중병으로 거의 죽어가던 한 내담자는 그 고통이 원래의 카르마 계획엔 들어 있지 않았던 요소임을 깨달았다.

　나는 이 고통이, 삶의 목적을 더 잘 달성하기 위해 (중간에) 스스로 '불러들인' 경험임을 알게 되었다.

위 사례들이 암시하는 바는, 이미 환생한 이후라도 우리는 아직 일어나지 않은 사건에 대해 많은 선택권을 갖고 있다는 것이다. 우리는 거의 자각하지 못하는 채로 이 권리를 행사한다. 아마도 이런 선택 과정은, 비록 우리의 몸은 지상에 있지만, 이 지상이 아니라 영적 차원에서 이뤄지고 있을 것이다. 체외이탈체험(out-of-body experience) 연구가들은 우리의 의식이 거의 매일 밤마다 몸을 벗어난다고 말한다. 어쩌면 이 짧은 '여행' 동안에 우리는 우리 삶의 세부사항들을 조종하고 돌아오는지도 모른다. 또는 좀더 상위의 통합의식이 이런 일을 총괄하고 있는지도 모른다.(다음 장을 참고하라.) 어쨌든 요점은, 바르도에서 결정된 계획이 — 그 시기가 환생 이전이든 환생 이후든 — 실제로 지상에 영향을 미치는 방식에 대해서 우리는 거의 모른다는 것이다.

형이상학의 문헌들은 대개 영적 세계가 원인이고 물질세계는 그 원인의 결과물이라고 주장한다. 물질세계의 인과관계는 눈에 보이지 않는, 더 높은 차원의 인과관계에 사실상 종속되어 있다. 휘튼의 내담자들도 이런 관점에 동의했다. 최면 상태에서 그들은 상위의 인과관계가 작용하는 모습을 목격하곤 했다. 혹은 환생을 계획하는 과정 중에, 이 '인과관계 메커니즘'을 고차원적인 상징들로서 인식하기도 했다. 한 내담자는 이렇게 말했다.

나는 특정 부품을 끼움으로써 원하는 결과를 만들어낼 수 있는 일종의 시계장치 같은 것을 보았다. 나는 뭔가를 변화시키기 위해 작업을 하는 중이었다. 나는 내 의도가 지상의 다음 생에서 실현되도록 계획에 변화를 주었는데, 실제로 그 작업은 그 기계를 손봄으로써 이뤄지고 있었다.

이런 유의 묘사는 그것을 경험한 당사자들에게, 그리고 우리처럼 전해 듣는 사람들에게도 무척 인상적이다. 하지만 인과관계의 실제 작동 방식에 대해서 별다른 정보를 주진 못한다. 여전히 그 실체는 미지의 것으로 남아 있다.

카르마 시나리오는 우리 삶의 중요한 순간마다 '카르마 시험'(karmic tests)를 준비해두기도 한다. 그 시험의 결과에 따라 우리의 삶은 방향을 확 바꾼다. 스티브 로건은 자기 아버지를 아주 싫어할 만한 이유가 있었고, 그래서 아버지가 위독한 상태였는데도 양로원에 거의 들르지 않고 지냈다. 그런데 어느 날 갑자기 아버지가 만나고 싶어졌다. '뭔가 심상치 않다'는 느낌이 들었다. 스티브가 방에 들어갔을 때 아버지는 숨을 헐떡거리고 있었다. 인공호흡기 호스가 빠져서 산소가 부족해진 것이다. 스티브 자신만 모른 척하면 아버지는 곧 돌아가실 참이었다. 스티브는 잠깐 갈등했지만, 발길을 돌리는 대신 간호사를 불러왔다. 그리고 몇 년 후 스티브는 심각한 오토바이 사고를 당했는데, 트럭에 받히고도 대퇴부에만 금이 갔을 뿐 기적적으로 목숨을 건졌다. 그리고 10여 년이 더 지나서 40대 초반이 되었을 때, 스티브는 휘튼 박사와의 세션에서 이 두 사건이 서로 연결되어 있음을 알게 되었다.

내 카르마 시나리오에는 아버지의 생사를 가르는 순간이 가장 중요한 시험으로 정해져 있었다. 그가 내게 저지른 짓을 용서하지 못한다면 — 이번 생은 처음이 아니었다 — 나는 오토바이 사고로 죽을 운명이었다. 내 전생의 행실로 볼 때 그가 죽도록 모른 체할 가능성이 많았다. 하지만 나는 그 시험을 통과했다. 그리고 오토바이 사고를 당하는 순간에 내 원래의 시나리오는 끝이 났다. 나는 우리의 미래가 그저 간단한 밑그림 정도만 그려져 있다는 사실을 알게 되었다.

스티브의 마지막 말은 대단히 흥미롭다. 용기와 의지를 갖고 삶의 과제들을 떠안을 때, 우리는 원래 할당된 카르마를 조기 종결함으로써 다음 생으로 내정돼 있던 계획들을 현생으로 당겨올 수 있다. 특별히 영적 성장에 전념하는 사람들이라면 많은 생의 과제들을 한 생에서 해치울 수도 있을 것이다.

벤 가론지의 사례는 카르마 시나리오에 삽입된 시험의 다른 예를 보여준다. 성별을 바꿔가며 많은 생을 살아오는 동안, 벤은 자신에게 잘못을 저지른 사람을 죽여 복수하는 과잉폭력의 행태를 반복해왔다. 그리고 이번 생에서는 어릴 때 아버지에게서 심한 학대를 당했다. 당연히 벤은 아버지를 몹시 증오하게 되었고, 18세에 그 증오를 폭발시킬 기회가 찾아왔다. 어느 날 밤, 아버지는 몹시 취해 정신을 잃었고 벤은 주방에서 칼을 가져와서 아버지의 목을 그으려 했다. 또다시 폭력의 악순환이 벌어질 참이었다. 그런데 그때, 그만 멈추라는 내면의 목소리가 들렸다. 벤은 마음을 돌려 칼을 내려놨다. 이 선택은 그의 삶에서 커다란 전환점이 되었다. 그때부터 벤의 삶은 조금씩 개선되기 시작했다. 그는 방황을 멈추고 목표를 세웠다. 그는 좀더 활발해졌고 성공을 향해 달려갔다.

초의식 상태에서 벤은 현생의 아버지를 택해 고난을 불러들인 것이 바로 자기 자신이었음을 알게 되었다. 벤과 아버지는 여러 생에 걸쳐 적대적인 관계를 맺어왔었고, 이번 생은 극단의 도발에도 폭력으로 되갚지 않고 참아내는 법을 배우기 위해 계획된 것이었다. 칼을 내려놓는 순간에 그는 중요한 시험을 통과했고, 자멸의 악순환으로부터 벗어났다. 환생하기 전에 그는 바르도에서 이런 목소리를 들었다고 한다. "이번에 잘 해내면 모든 게 좋아질 테지만, 그렇지 않으면 더 혹독한 환경이 필요해질 거야."

모든 시험이 좋은 결과를 낳지는 않는다. 2장에서 언급했던 헤더 화이트홈스의 사례를 보면, 이소벨 드러먼드(헤더의 전생)는 바르도에서 계획한 대로 살지 못했다. 초의식 상태에서 헤더는, 이소벨이 조금만 음악적 소질을 더 계발하고 방탕한 생활을 자제했다면 훌륭한 음악가가 될 운명이었음을 알게 되었다. "사후세계에서 보니, 이소벨은 성공한 여성이자 멋진 할머니로서 행복하게, 바로 지금 즈음에 죽을 수도 있었더군요. 의지와 인내가 있었다면 그녀는 모든 걸 가졌을 거예요."*

비록 어리석은 선택일지 몰라도, 우리는 위원회가 제안한 계획을 언제든지 거부할 수 있다. 그때 우리는 '인증된 계획' 없이 빈손으로 이 세상에 태어난다. 그렇게 거부한다고 해서 딱히 벌을 받는 것은 아니지만, 그 생은 쓸모없이 낭비될 가능성이 무척 많다. 내면에 삶의 나침반이 없기 때문에 그들은 눈앞의 일들에 극도로 예민할 수밖에 없다. 휘튼

---

* 이 사례의 아이러니는, 이소벨이 재능을 낭비하지 않았다면 헤더도 존재할 수 없었으리란 사실이다. 헤더의 현생은 이소벨이 죽고 나서 '예상 외로 긴급히 계획된' 것이었다. 휘튼은 이렇게 기록했다. "헤더는 낭비되고 조기 종료돼버린 이소벨의 카르마를 해결하기 위해 거의 지상으로 떠밀려왔다."

에 따르면, 최면 상태에서 자신이 '계획 없이' 지상에 태어났다고 말한 사람들은 대부분 삶 자체에 큰 공포를 느낀다. 반면 고난을 겪더라도 그 것이 미리 계획된 것이라면 당사자들은 대개 불안을 잘 극복하여 평온 을 유지한다. 단적으로 말해서, 계획 없이 살아가는 것은 최악의 경험이 다. 시나리오가 없으니 우리는 매 순간 즉흥적으로 행동할 수밖에 없다. 자신이 잘하고 있는지 아닌지를 암시해줄 내면의 목소리도 없다.*

이처럼 우리 삶에 정해진 계획이 있다면, 그것이 지금 잘 달성되고 있 는지의 여부는 어떻게 확인할 수 있을까? 짐작했겠지만, 안팎으로 두루 조화를 이루고 있는 느낌이 바로 그 기준이다. 휘튼은 이렇게 말한다. "카르마 시나리오를 잘 따르고 있거나 이미 초과 달성한 사람들은 자신 의 삶이 순리대로 펼쳐지고 있다고 느낀다. 반대로 시나리오를 벗어난 사람들은 모든 게 뒤엉킨 듯한 혼란에 휩싸인다."

우리의 진짜 고향은 영적 세계이고 윤회라는 현상이 실재한다는 사실 을 이성적으로 받아들이는 것은 특별한 일이 아니다. 하지만 영적 세계 를 직접 '경험하는' 것은 또 다른 문제다. 휘튼의 내담자들은 바르도에 서의 경험과 거기서 내린 결정들을 기억해내면서 크게 변화했다. 여기 에 실린 내용은 그들의 내적 경험을 휘튼이 한 번, 또 내가 한 번 축약한 것임에 주의하라. 즉 이것들은 이미 수차례나 희석된 내용이다. 그들이 내적으로 경험한 바를, 그리고 출생 이전에 해당하는 그 기억들의 생생 함을 온전히 이해하려면, 우리는 언어의 한계 탓에 누락된 부분까지 감

---

* 웜바크 박사는 내담자들 중 안내자의 조언을 거부했다고 말한 비율이 3퍼센트였다고 밝혔다. 그들은 다음 생을 좀더 신중히 선별했어야 하는데 조바심과 성급함 때문에 그러질 못했다고 후회했다. *Life Before Life*, 3장 참고.

안해야 한다. 우리는 언어를 넘어서야 한다. 그들은 우리의 삶이 영원하며 윤회의 궁극적인 목적은 사랑을 배우기 위함이란 사실을 '믿는' 게 아니라 '알게' 되었다고 말한다. 이런 경험이 선사하는 비범한 통찰력은 직접 겪지 않고서는 이해할 수 없다.*

바르도에서 현생을 계획했던 일을 기억해낸 사람들은 입을 모아 똑같은 메시지를 전한다. ― 우리는 현재의 우리 자신에 대해, 그리고 우리가 경험하는 매 순간의 조건에 대해 전적인 책임이 있다고. 삶 속에서 카르마를 창조하는 것도 우리요, 그 카르마를 해소할 방법을 정하는 것도 우리다. 얼마나 버겁게 또는 부조리하게 보이든 간에, 삶의 모든 요소는 우리를 위해 존재한다. 시련과 고통이 너무 힘겨워 그것의 필요성을 부인하고 싶어질 때 우리는 저 너머를 본 사람들로부터 용기를 얻을 수 있다.

카르마는 우리의 삶에 목적과 타당성을 부여해준다. 그것은 수많은 생들을 하나의 태피스트리(직물)로 엮어낸다. 궁극적으로, 우리의 배움은 우리 자신의 성장뿐만 아니라 다른 사람들의 성장과도 연계되어 있다. 그런 상호관계에 의해, 우리의 성장은 거대한 영적 흐름 ― 지상의 우리들로서는 겨우 엿볼 수밖에 없는 ― 의 생명망 속으로 흡수되어간다. 그 엄청나게 복잡하고 장엄한 과정을 잠깐 맛볼 때, 우리는 고통을 초월하여 더욱 성장해가고픈 의지를 회복한다. 누가 그런 프로젝트에 참여할 기회를 제 발로 차겠는가? 영적 완성을 향해 이끌어주겠다는데

---

* 그 계기가 임사체험이든 최면 퇴행이든, 바르도를 경험하는 일이 당사자의 성격과 세계관에 미치는 장기적 영향력은 비슷하다. 임사체험의 장기적 영향력에 대한 설명은 Charles Flynn의 *After the Beyond*와 Kenneth Ring의 *Heading Toward Omega*를 참고하라.

우리가 무슨 노력인들 못하겠는가?

질문과 대답

질문 카르마 개념은 사회적으로 수동적인 태도를 양산하는 듯합니다. 누군가의 불행이 그들의 카르마 때문이라면, 무엇 때문에 그들을 도와야 합니까? 오히려 카르마를 훼방하는 짓이 되지 않을까요?

대답 누군가가 '카르마에 의해' 불행한 처지로 태어날 때, 그걸 목격하는 사람들에게도 그들을 도울 의무가 '똑같은 카르마에 의해' 주어지는 것입니다. 따라서 카르마 개념은 사회적 무관심을 정당화하는 데 쓰일 수 없습니다. 만약 그렇다면 악용되고 있는 것입니다. 만약 카르마가 두 영혼으로 하여금 지상에서 거듭 마주치게끔 이끌고 있다면, 그것은 그 둘이 아직 각자에게 주어진 과제를 하지 않고 있다는 뜻입니다. 카르마 개념은 운명론도 아니고 결정론도 아닙니다. 그것은 조건을 정할 뿐이지 결과를 정해두진 않습니다. 카르마는 또한 상호의존적입니다. 하나의 조건이 누군가에겐 짐이 되지만 다른 누군가에겐 기회가 됩니다. 그러니 타인을 돕는 것은 그의 카르마를 훼방하는 것이 아니라, 오히려 그와 나 사이에 양다리를 걸치고 있는 카르마 안에서 우리 나름대로 길을 찾아가는 것입니다.

질문 카르마 시나리오가 정말로 있다면, 어쨌든 우리 삶에 다른 길은 없다는 뜻일까요? 만약 다른 길이 있다면, 그건 우리 삶의 조건들이 카르마에 의해 준비되어 있다는 설명과 모순되지 않습니까?

대답 몇몇 기본 조건과 사건들이 계획되어 있다고 해서, 우리 삶의 모든 요소가 결정되어 있다는 뜻은 아닙니다. 그처럼 결과가 정해져 있는 삶이라면 애초에 우리가 태어날 이유가 무엇이겠습니까? 저편에서 선별된 계획이 물질세계 속에서 실현되고, 우리는 그 안에서 우리 자신의 능력을 시험합니다. 대부분의 영적 전통들은, 많든 적든 인간에겐 선택의 자유가 있다고 주장합니다. 그러려면 지상의 사건들은 그 결말이 열려 있어야 합니다. 즉, 이 시스템 안에는 다소간의 불확실성이 존재합니다.

카르마에 따르면 우리의 선택이 결과를 만듭니다. 우리는 태어나기 전에 카르마 시나리오를, 즉 우리 삶의 대략적인 궤적을 정해놓습니다. 그리고 정해진 조건들 속으로 태어납니다. 하지만 살면서 더 많은 선택을 하게 되며 그로써 조건들을 새롭게 바꿔갑니다. 대략적인 밑그림이 있다고 해서 한 가지 가능성만 고집할 이유가 전혀 없습니다. 살아 있는 유기체의 경우에는 일정 정도의 불확실성이 창조력과 활기를 높여줍니다. 이 우주 시스템도 같은 특성을 지녔을 것입니다. 설령 그런 불확실성 탓에 정해진 순리가 틀어지는 일이 생기더라도, 그것은 우주 시스템의 상위 차원에서 간단히 보정될 수 있습니다.

유치한 비유 같지만, 놀이동산에 있는 다중 코스의 퍼트퍼트 게임(미니 골프)을 하고 있다고 상상해보세요. 초급 단계부터 고급 단계까지 다섯 개의 코스가 있습니다. 한 번 코스를 고르고 나면, 그 코스를 벗어날 순 없지만 각 홀마다 어떤 점수를 얻을지는 여전히 당신의 몫입니다. 어려운 코스일수록 각 홀의 난이도도 높고 선택지도 훨씬 다양해집니다. 어떤 코스든 18홀에서 끝나는 것은 똑같지만, 그 결과(최종 점수)는 매번 다릅니다.

한 발 더 나아가서, 어려운 코스일수록 더 많은 돌발변수가 작동하도록 설계되어 있다고 상상해봅시다. 숨어 있던 장치가 무작위로 작동하면서 당신의 공을 갑자기 다른 코스로 옮겨다 놓기도 합니다. (예컨대 4번 코스에 있던 공이 비밀함정을 통해 5번 코스로 굴러가면, 당신도 코스를 옮겨 진행해야 합니다.) 요점은 이런 돌발변수도 각 코스에 맞게 적절히 설정된 것이며 그로 인해 게임이 훨씬 더 흥미진진해진다는 것입니다. 인과법칙은 여전히 작동하지만, 돌발변수가 많아질수록 우리는 게임의 양상을 훨씬 더 깊게 이해해야 합니다.

이처럼 카르마는 변수를 배제하지 않습니다. 오히려 변수에 의해 카르마 작용은 기계적인 수준을 넘어서게 됩니다. 불확실성이 있다고 해서 매 순간의 상황들이 우리에게 의미 있는 기회라는 사실이 바뀌진 않습니다. 우리는 계획된 바 없는, 즉 카르마 시나리오에 없던 상황들과도 마주하게 되지만, 그에 대한 우리의 반응이 결과를 낳는 방식은 여전히 카르마 작용에 속해 있습니다. 지상에서의 돌발변수는 포커의 만능패(wild card) 역할을 합니다. 그것은 우리의 선택지를 늘려줄 뿐, 상황을 악화시키진 않습니다. 약간의 상상력만 발휘한다면 우리는 카르마의 엄정성과 불확실성을 얼마든지 모순 없이 이해할 수 있습니다.

그러므로 지상에 불확실성이 존재하는지를, 또는 그 불확실성이 카르마를 훼방하는지를 묻는 것은 적절한 질문이 아닙니다. 진짜 필요한 질문은, '이처럼 인과관계와 불확실성이 조합된 삶이 과연 우리에게 가장 이득이 되는 것인가'입니다. 불확실한 만큼 부주의한 결과가 생기진 않을까요? 다음 대답에서 좀더 이야기해보겠습니다.

질문 경우에 따라, 개인적 시련에서는 카르마적 의미를 발견할 수도 있다고 생각합니다. 하지만 대규모의 비극은 어떻게 이해해야 할까요? 예컨대 나치수용소에서 유대인 6백만 명이 죽임을 당한 일도 미리 정해져 있던 거라고 봐야 하나요?

대답 모든 일에 의미가 있다는 생각은 개개인의 비극보다 대규모의 비극을 마주할 때 쉽게 무너져내리지요. 간단히 이해할 수 있는 문제가 아니니까요. 아이들을 태운 통학버스가 사고를 당한다거나, 지진으로 25,000명이 사망한다거나, 6백만 유대인이 몰살당하는 참극 등을 보면, 뭐가 됐든 거기서 의미를 찾는 일 자체가 부질없어 보입니다. 저 역시 본인의 삶은 본인이 계획한다는 카르마 원리를 믿지만, 그럼에도 이런 비극들 앞에서 이러쿵저러쿵 '설명'을 늘어놓는 윤회론자들을 보면 자리에서 벌떡 일어설 만큼 화가 치솟곤 합니다. 가뭄으로 황폐해진 아프리카에서 굶어 죽어가는 수천의 아이들을 향해 "너희들 스스로 선택한 거야"라고 말하는 것은 너무도 가혹하지요. 이런 냉담한 태도는 그 참극에서 진짜 의미를 찾기보다는 얼른 거리부터 두고 싶은 마음 때문일 것입니다.

제 솔직한 생각은, 이런 비극 앞에서는 철학적 담론을 그쳐야 한다는 것입니다. 우리는 이 정도 규모의 카르마적 인과관계를 이해할 능력이 없음을 인정해야 합니다. 이런 사건들 앞에서 논쟁이나 벌이고 있어선 안 됩니다. 이런 집단적 비극에는 과연 어떤 목적과 의미가 있는 걸까요? 이런 불가해한 시련 앞에서 어떻게 우주가 공평하다고 감히 말할 수 있겠습니까?

하지만 나는 다음과 같은 두 가지 가능성 때문에 인류의 비극에도 원인이 있고 의미가 있다고 — 증명할 순 없지만 — 믿기로 했습니다.

첫째로, 우리는 효과가 확실한 여러 전생퇴행 기법들을 통해서 각각의 내담자들로 하여금 현재 자리까지 이르게 만든 사건들을 순서대로 찾아내서 재구성할 수 있습니다. 우리는 그들의 삶을 관통하고 있는 인과법칙들을 발견할 수 있습니다. 모든 사람들이 전생을 기억해내는 데 성공하진 않지만, 전생을 기억해낸 상당수의 사례를 대상으로 한정해보면, 우리는 인간의 비극에도 의미가 있다고 충분히 추론해볼 수 있습니다. 그렇다면 이런 질문을 던져봅시다. 우리는 이 소수의 사람들을 인류 전체의 표본집단으로 볼 수 있을까요? (물론 소수라고는 했지만, 문헌으로 보고된 것만 수천 건에 달합니다.) 이 사례들에 등장한 인과법칙을 전 인류에게로 일반화시켜도 무방한 걸까요? 정말로 이처럼 최소한 인류의 일부가 필연적인 사건들 속에서 살아가고 있는 게 사실이라고 한다면, 마땅히 모든 인류의 삶 또한 같은 원리를 따르고 있다고 — 설령 대규모의 비극이 벌어진다 하더라도 — 생각해야 맞는 것이 아닐까요?

대규모의 비극은 여전히 우리에게 수수께끼지만, 그렇다고 우리의 추론을 일반화시킬 근거가 사라지는 것은 아닙니다. 정원의 한 곳을 파고 내려가서 특정한 자연의 원리를 발견했다면, 당연히 아직 파보지 못한 곳에서도 같은 원리가 작용하고 있다고 추정해볼 수 있습니다. 각 개인의 시련이 그의 개인사를 확장해 살펴봄으로써 설명될 수 있다면, 그리고 그런 과정이 많은 사례를 통해 거듭 — 치유와 깨달음까지 수반하며 — 반복된다면, 당연히 다른 환경의 다른 사람들에게서도 같은 결과가 나오리라고 생각하는 것이 합당합니다. 최소한 원칙적으로라도 말입니다. 우리의 가설은 적잖은 사례 연구를 바탕으로 하고 있기에 모든 인류의 시련이 — 대규모의 비극까지도 — 그와 같으리라고 추정하는 것은 결코 무리가 아닙니다. 카르마적 인과관계가 물리법칙과 같은 자연의

164

원리라면 그것은 전 우주에 예외 없이 작용함이 마땅합니다. 물론 이런 자신감은, 우리가 사례 연구를 통해 삶의 인과법칙들을 제대로 발견했다는 사실로부터 나온 것입니다.

앞선 질문에 대답했던 것처럼, 지상의 삶에 변수가 작용한다면 우리는 그 범위가 어디까지인지를 알아봐야 합니다. 지금 논의에 초점을 맞추자면, 삶의 변수에 관한 두 가지 가능성이 있어 보입니다. 첫째로, 삶엔 불확실한 요소가 있지만 거기에 '인류의 비극'까지는 포함되지 않는다는 관점입니다. '변수는 어디까지나 제한적일 뿐'이며, 우리를 때론 혼란스럽게 하지만 소소한 사건들에 한정되어 있어 삶의 큰 줄기를 바꿔놓지 못한다는 것입니다. 그렇다면 이 세상의 집단적인, 대규모의 참극은 (변수에 의해서가 아니라) 카르마적 필연에 의해 일어나고 있을 것입니다.

두 번째는 삶의 불확실성에 의해 커다란 사건도 일어날 수 있으며, 다만 그때도 카르마적 의미가 여지없이 지속되고 있을 가능성입니다. 불확실성은 사실상 우리의 노력과 염원을 철저히 무시하는 듯 보입니다. 그것은 우리의 땀과 눈물이 더 큰 그림에서 봤을 땐 별로 중요하지 않으며, 우리가 최종결과를 바꿔놓진 못하고 있음을 알려줍니다. 그렇다 하더라도 만약 불확실성이 상위체계 — 삶 속의 우리 선택들을 더 큰 영적 진보과정 속으로 자애롭고 세심하게 반영시켜주는 — 의 일부분이라면, 그것은 당연히 우리를 위해 작동하고 있습니다. 만약 우주의 체계가 우리 몸은 죽더라도 의식은 지속시켜주고, 현생의 성취를 — 그것이 계획에 의한 것이든 변수에 의한 것이든 — 다음 생에서도 인정해준다면, 삶 속의 변수는 고통의 원흉이 아닙니다. 그것은 우리가 인간으로 태어나 '집중적인' 성장과정에 참여할 때 감수해야만 하는 위험요소 중 하나입니다.

이 두 가지 가능성 중에서 제 마음은 후자 쪽으로 더 기울어져 있습니다. 첫 번째 가능성은 너무 무작위적이고 무의미해 보입니다. 물론 두 번째 가능성도 좀체 신뢰가 가지 않긴 마찬가지입니다. 우리 주변에서는 늘 크고 작은 비극이 일어나고 있습니다. 하지만 우리 모두의 성장을 위해 이런 시련을 용인하고 있다는 '우주의 자상한 손길'은 어디서도 보이질 않습니다. 정말 그런 게 있는 것일까요? 삶 속에서 인과법칙과 불확실성이 조합되고 있는 이유가 우리를 보호하고 이롭게 하기 위함이라는 근거가 있을까요? 윤회를 삶의 진실로 인정하더라도, 삶의 불확실성은 그런 우주에 대혼란을 일으킬 수 있는 요소라고 봐도 괜찮지 않을까요? 여기서 우리의 논의는 한 발 더 나아가게 됩니다.

전생 경험들은 대단히 내적이고 사적인 경험이며, 다양한 계기로 인해 발생하여 반복적으로 보고되고 있습니다. 초의식 상태에서, 휘튼 박사의 내담자들은 삶의 온전한 흐름 속에서 깊은 의미를 발견하고, 그 의미로 인해 경외감에 휩싸이고, 개인사의 지평 너머로 눈높이가 상승하는 경험을 보고하곤 합니다. 한 내담자는 이렇게 말합니다.

나는 말로는 도저히 표현할 수 없는, 창조의 실체를 엿보게 되었다. 나는 지고한 수준에서는 우리의 모든 행위가 의미를 갖는다는 것을 알게 되었다. 우리의 시련은 무의미한 것이 아니었다. 그것은 우리의 상상 이상으로 복잡하고 경탄스러운 '무한한 계획'(eternal plan)의 일부이다.

죽음을 눈앞에 두었으나 발달된 의학기술의 도움으로 살아난 사람들도 종종 삶의 목적과 정교함을 깨닫게 되었다고 증언합니다. 이런 임사체험자들에 대한 연구가 흥미로운 이유 중 하나는 그들의 이야기가 '순수하다는' 점입니다. 말하자면, 그들은 어떤 식으로든 자신의 경험을 지어낼 이유가 전혀 없습니다. 그저 죽음의 손길에 끌려갔다가 돌아왔을 뿐이니까요. 케니스 링의 《마지막을 향하여》(Heading Toward Omega)에 실린 사례를 읽어보시죠.

내 곁에 거대한 느낌의 존재가 있었다. 나는 그 형체를 볼 순 없었다. 그 빛은 내 모든 것을 밝혀주었고, 그 목소리는 이루 말할 수 없이 부드러웠다. 그 강렬한 사랑의 목소리를 통해 나는 수많은 의미를 이해하게 되었다. 나는 그것을 표현할 수 없다. 나는 삶과 죽음을 이해했고, 즉각 모든 두려움이 사라졌다···.

끝이 없게 느껴지는 시간 동안, 나는 이 존재를 체험했다. 그 빛나고 순수하고 강렬하고 광대한 존재는 형체가 없었다. 그저 엄청난 깨달음의 파도가 내게로, 내 마음속으로 쏟아져 들어왔다.

그 계시들 속에서 나는 있는 그대로의 진실을 알게 되었다. 누가 죽었고 누가 살았든 간에, 진실은 너무나 명백한 것이었다. 나는 삶과 죽음을 의미를 더 깊게 이해하고 완전히 신뢰하게 되었다.

마치 진실이 스스로 온몸을 내게 드러내는 듯했다. 내가 한 번도 상상해본 적 없는, 순수하고 위대한 생각들이 파도처럼 몰려왔다. 이성적 사고와 무관한, 그럼에도 명쾌하기 그지없는 생각들이 완전하게 자각되었다. 나는 그 거대한 존재 속에서 그 전부를 이해했다. 바로 이 '의식(consciousness)'이 곧 삶이다. 우리는 많은 생을 통과해 가겠지만, 우리의 개별적 정체성 너머에 있는 이 의식만은 영속할 것이다. 나는 삶의 목적이 내게 속한 것이 아님을 알았다. 삶에는 스스로의 목적이 있다. 나는 내 존재가 지속되는 동안 그 흐름도 계속 이어질 것임을 깨달았다. 새로운 평화가 내 안에 가득 찼다.

또한 동시에, 마치 그 존재의 빛이 나를 정화하고 충전해주는 듯한 강렬한 느낌이 나를 휘감았다. 그 에너지를 흡수하는 동안 나는 지복(bliss)이라고 표현할 수밖에 없는 경험을 했다. 말로는 한 단어지만, 그것은 역동적으로 회전하며 확장해가는 거대하고 희열에 찬 느낌이었다. 그것이 나를 감싸고 돌며 내 가슴으로 쏟아져 들어왔고, 나는 형언할 수 없는 시간 동안 사랑과 깨달음 속에 푹 잠겨 있었다.

이 여성의 경험은 직접 대규모의 비극에 관해 언급하고 있진 않지만, 인류의 모든 시련이 "우리의 상상 이상으로 복잡하고 경탄스러운 '무한한 계획'(eternal plan)의 일부"라는 다른 내담자의 말에 그녀가 동의하리라는 사실은 충분히 미루어 짐작할 수 있습니다. 만약 그녀에게 "지상의 사람들에게 일어난 끔찍한 일들을 보고도 우리가 이 삶을 신뢰해야 합니까?"라고 묻는다면, 그녀는 분명 "그렇다"고 대답할 것입니다. 그리고 그것은 그녀가 인류의 시련에 관한 수수께끼를 낱낱이 풀었기 때문이 아니라, 삶의 과정을 떠받치는 본질 중 일부와 직접 접촉하여 그 사랑과 평화와 지혜를 느껴봤기 때문입니다.*

이런 유의 깊은 경험을 했을 때, 또는 자신의 기억이 수백 년 이상 조화롭고 의미 깊게 확장되는 경험을 했을 때, 그것은 지적으로도 수많은

---

* 강렬한 체험이 수반되는 정신요법에 참여하는 사람들도 상급 단계에서 종종 이런 초월적 경험을 하곤 한다. 흥미가 있다면 스타니슬라브 그로프의 저술에 실린 수많은 사례들을 읽어보라.

논증보다 결코 적지 않은 무게감을 가집니다. 철학자들은 경험을 이성적으로 소화해내는 것은 쉽지 않은 일이라고 말합니다. 그것은 사실입니다. 그럼에도 더 넓은 관점에서 현재 삶의 의미를 발견하는 경험은 당사자로 하여금 이 우주 전체를 그러한 곳으로 — 우리의 눈길이 닿지 않는 구석구석까지도 — 확신하게 만듭니다. 그런 의미가 어떻게 우주 한쪽에선 그토록 충만하면서 다른 한쪽에선 메마를 수 있겠습니까? 이 우주가 그렇게 일관성 없이 구성되어 있다고 상상하긴 어렵지요.

물론 자신의 삶이 의미로 가득 차는 이런 경험들이 그저 환각에 지나지 않는다고 주장할 사람들도 있을 것입니다. 그러나 한결같이, 이런 경험을 한 번도 해본 적 없는 사람들만이 그렇게 의심합니다. 수천 혹은 수백만의* 경험자들은 당시 자신의 의식 상태는 평소보다도 훨씬 맑고 선명했다고 말합니다. 환각이라는 주장과는 정반대로, 그들은 평소 감각보다 훨씬 또렷하고 깊게 "보았고 깨달았다"고 말합니다. 회의론자들은 우리가 깨달음을 통해 획득한 세계관과 그들 자신의 현실이 어울리지 않아 보이기 때문에 그것을 거부합니다. '억눌린 욕망의 무의식적 발현'(Wish-fulfilling projection)이라면서요. 즉 사실이라고 보기엔 지나치게 이상적이니 거짓이라는 논리입니다.

나 자신도 이런 유의 경험을 해보았고, 결코 그것이 환각이 아님을 잘 압니다. 그래서 나는 다른 사람의 경험담에도 귀를 기울입니다. 나는 나와 비슷한 경험을 한 사람, 언어로 옮길 수 없는 그것을 표현하느라 애

---

* 1981년의 갤럽 조사에 따르면 임사체험을 해본 미국인들은 거의 8백만 명에 달한다. 그러므로 이런 체험은 결코 희귀한 것이 아니다.

를 먹는 사람을 즉각 알아봅니다. 그리고 그런 증언들이 그에 견줄 만한 경험조차 없는 사람들에게 제대로 전달될 리 없으리란 사실도 잘 압니다. 우리가 할 수 있는 것은 다만 그런 경험이 일어난 전후사정을 설명해주는 것, 그 경험이 우리 자신에게 미친 영향력을 알려주는 것뿐입니다. 단적으로 말해서, 경험자들은 그걸 믿지만 그렇지 않은 사람들은 쉽게 믿지 않습니다. 이런 경험들은 당사자에게만 확신을 줄 뿐 그걸 경험하지 못한 사람들까지 믿게 만들진 못합니다. 따라서, 특히 대규모의 비극을 바라보는 관점에서, 카르마 개념에 대한 그들의 불신은 논의의 방향을 내가 정말 원하지 않는 방향으로 몰아가곤 합니다.

4

대령 大靈

우리의 삶이 반복되는 과정이고, 전생에 의한 원인과 결과가 현생으로 이어지고 있다는 것은 그다지 상상하기 어려운 관념이 아니다. 우리 자아의 범위를 조금만 확장하면 되므로 딱히 지적인 장애물이라고 할 것까지는 없다. 그러나 우리 자신을 더 큰 존재의 일부로서 이해하는 것은 그보다 훨씬 더 어려운 일이다. 윤회론에 따르면, 우리는 좀더 집단적인 정체성에 귀속되어 있으며, 그것은 우리의 자아처럼 개성을 갖추고 있고 그 깊이와 능력이 무궁무진하다. 마음을 열고 그 존재와 우리 자신과의 관계를 받아들이는 것이야말로 윤회론적 세계관으로 전환하는 데에 가장 큰 난관일 것이다.

'윤회'라는 그림을 바라볼 때 — 우리는 이 그림을 계속 색칠해가고 있다 — 자연스럽게 떠오르는 몇 가지 질문들로부터 시작해보자. 내가 이번 생 이전에도 많은 생을 살아왔다면, 그 생들에서 겪었던 모든 경험은 지금 어디에 있는가? 그것들은 지금의 나에게로 — 내 소질과 관심사 등에 반영되어 — 전부 인계되었는가? 일부가 그렇다는 점은 확실하지만, 정말 전부가 내 안에 간직되어 있을까? 예컨대 많은 생을 반복해왔다면 나는 늙는 경험을 수없이 해봤으리라. 편의를 위해서, 성별이 여자였든 남자였든, 노인으로 사는 경험을 열 번쯤 해봤다고 치자. 그 경험들은 지금 어디에 있는가? 내 자식들이 어른이 되어 직업을 갖고, 그들의 자식들이 또다시 어른이 되는 과정을 이미 여러 번이나 지켜봤다면, 그 경험들은 지금 어디로 가버렸는가? 하루하루 무섭게 다가오는 죽음의 그림자를 여러 번이나 마주해봤다면, 그로써 내가 획득했을 용기와 지혜와 통찰들은 지금 대체 어디로 사라진 것일까? 나는 지금 젊지만, 전생에는 노인이었다. 그 경험들은 지금 어디에 있는가? 나는 그것들을 찾아낼 수 있을까? 그래서 이번 생에서 나이가 들어갈 때도 그로부터 도움받을 수 있을까?

이 질문들이 본질적으로 묻는 바는 이렇다. '내가 새롭게 지상에 태어날 때, 나의 전생들은 어떻게 되는가?' 그것들은 우주 어딘가에 따로 보존되는가, 아니면 어떤 식으로든 내 내면으로 '접혀' 들어와서 오직 내 안의 기억으로만, 정신적 잔향(echo)으로만 존재하게 되는가? 이것은 우리의 숙명을 판가름할 수 있는 무척 중요한 질문이다. 나의 현생은 나의 전생들과 똑같은 길을 가게 될 것이다. 그것들은 근본적으로 서로 차이가 없다. 현생의 내가 죽고 후생의 내가 태어났을 때, 현생의 나에게는 무슨 일이 벌어지는가? 현생의 자아는 카르마를 다음 단계로 인계한 후에 그저 소멸해버리는 것일까? 아니면 어떤 식으로든 다음 생에서도 존재하게 될까? 몸이 없다면 우리는 순수한 의식, 즉 지상을 여행하는 동안 겪은 모든 경험이 수집되고 통합된 의식 그 자체가 될 것이다. 육화肉化를 통한 배움이 끝나고 (무형의) 순수한 의식이 되었을 때, 그때도

'지금의 나'는 존재할까?

　이에 대한 답을 찾기 위해서, 우리의 전생들이 아주 풍성한 내용으로 빼곡히 채워진 채 길게 늘어서 있다고 상상해보자. 각각의 생들이 기쁨과 실망, 사랑과 실연, 배신과 화해 등의 희비극으로 가득하다. 그렇다면 단 몇 번의 생만 거쳤더라도, 그 모든 경험을 있는 그대로 다음 생에 인계하는 일은 불가능해진다. 어떤 윤회론자들은 이렇게 말한다. "현재의 당신은 지나가버린 과거의 총합이다." 물론 나는 전생들의 연장선상에 있다. 그러나 아무리 생각해봐도, 내가 내 과거 경험들의 '총합'일 수는 없다. 켜켜이 쌓인 그 지혜들을 담아내기에 현재의 내 지혜는 턱없이 부족하다. 현재 내 능력은 과거 내 능력들의 총합일 리가 없다. 전생보다 현생이 더 나은 측면도 있긴 하겠지만, 인류의 보편적인 경험들에 관해서는 새로 태어날 때마다 초기화되는 듯 보인다. 애초의 질문으로 돌아가보자. 만약 우리가 모든 전생의 모든 경험을 다 간직하고 있는 게 아니라면, 그 경험들은 어디로 가버렸을까? 간단히 말해, '누가' 그걸 가지고 있을까?

대령

　이와 같은 숙고는 많은 윤회론자들을 '대령大靈(Oversoul)'이라는 개념으로 이끌었다.* 영혼(soul)이 한 번의 생을 통해 삶의 경험을 수집하는 '의식'을 뜻한다면, 대령은 나의 현생은 물론 전후의 모든 생을 통해 삶의 경험을 수집하고 통합하는 '더 큰 의식'을 뜻한다. 대령 속에는 모든 생의 모든 경험이 축적되어 있으며, 그러면서도 어제의 기억과 그제의 기억이 다르듯이 각각의 개성도 잃지 않고 있는 듯하다. 나의 현생은 대령의 일부이다. 그것은 훨씬 더 큰 생명주기 속의 한 주기이다. 따라서 대령은 현생에서 갖게 된 내 정체성보다 더 깊은 나의 본질이다. 대령을 통해 '나'라는 존재의 뿌리는 더욱 깊숙이 뻗어간다.

현재의 나를 실제로 창조한 것은 바로 대령이다. 나는 현생의 조건들을 선택하지 않았다. '지금의 나'는 그 선택이 내려진 시점엔 존재하지 않았기 때문이다. 그렇다고 바로 '직전 생의 나'가 그런 선택을 한 것도 아니다. 시공을 초월하는 나의 '진짜 본질', 내 모든 생들의 총합인 대령이 선택한 것이다. 대령은 그 스스로 성장하고 풍요로워지기 위해 현재 내 삶의 특정 요소들을 선택했다. 엄밀히 말해서, 수없이 윤회하는 주체는 '나'가 아니고 '대령'이다.

대령이라는 개념을 이해하기 시작했을 때, 나는 흥미롭기도 했지만 불안하고 심지어 화까지 났다. 왜냐면 지금껏 '나'를 근본적 실재로서 경험해왔기에 그 자리를 내려놓기가 싫었기 때문이다. 나는 '나'에게 우선권을 주는 데 익숙해 있었다. 나는 이 몸과 이 성격을 '나'라는 존재로 인식하도록 길러졌다. 전생이 어쨌고 다음 생이 어떻는지 간에, 아무튼 현재의 나는 바로 그것이었다. 하지만 그 배후에 더 큰 정체성이 숨어 있다니… 그것도 보편적인 '신성' 따위의 추상적 존재가 아니라 구체적인 경험들과 연계된 구체적인 존재라니, 마치 지금의 내 (일시적)

---

* 예컨대 Jane Roberts의 소설 *The Education of Oversoul-7, The Further Education of Oversoul-7, Oversoul-7 and the Museum of Time*을 참고하라. / 해석에 따라 본령本靈으로 번역할 수도 있겠으나 이어지는 설명들과의 연계를 위해 대령大靈으로 번역하였다. 역주.

자아가 내쫓기는 기분이 들었다. 마치 나 자신이, 수많은 팔로 무수한 생을 동시에 주무르는 존재의 고작 '한 짝의 팔'이 된 느낌이었다. 대령은 그 존재 자체가 광대하기에 나보다 훨씬 더 우월해 보였다. 대령의 지혜와 힘과 통찰은 나와는 비교가 되지 않았다. 그럼 대체 나는 뭐란 말인가? 나는 내 삶의 우선권을 뺏기고 싶지 않았다. 그래서 화가 났다.

그러나 한편으로는 호기심이 일었고, 그래서 이 개념을 이성과 경험의 양면으로 더욱 파고들었다. 나는 대령에 관한 묘사들을 계속 읽어나갔고, 대령과 소통할 수 있게 해준다는 일련의 의식훈련들을 하기 시작했다. 그러면서 분노와 억울함은 잦아들었고, 내가 더 큰 존재의 일부라는 개념이 점차 편하게 느껴졌다. 대령은 내 삶의 가치를 축소시키는 것이 아니라 증가시키고 있었다. 무한한 시간, 무한한 흐름이라는 전제를 받아들이자 나의 개성은 더욱 빛이 나기 시작했다. 기꺼이 거대한 존재의 일부가 되라는 요청에 나는 더 이상 저항할 수 없었다.

그러나 그런 결말에 이르기까지, 나는 내 삶과 대령의 관계를 이해하기 위해 오랫동안 고심해야 했다. 지금 내 삶의 가치도 드높이면서 대령이란 존재도 받아들일 방법은 없을까? 그러던 어느 날, 나는 꿈속에서 기다란 뱀 하나가 제 몸을 돌돌 휘감는 광경을 보게 되었다. 거기에서 하나의 원은 하나의 생이었고, 그 뱀은 각각의 원들을 연속된 일체로서 잇는 거대존재(mega-being)였다. 각각의 원들, 예컨대 원자, 분자, 세포 등은 그 자신인 동시에 더 큰 전체의 일부이기도 하다. 이 간단한 이미지는 대령에 관한 내 관점을 크게 바꿔주었다. 하지만 모든 문제를 해결해주진 않았다. 한편에서 보면 나는 수많은 원들 중 하나, 즉 대령의 일부일 뿐이다. 하지만 다른 편에서 보면 나는 대령 그 자체이다. 이 두 관점을 어떻게 조화시켜야 하는가?

이 문제와 씨름하는 와중에, 뭔가가 내 안에서 두 번째 "아하!"의 순간을 촉발시켰다. 대령에 관해 새로운 정보를 얻은 것은 아니었지만, 자연이 개체성과 일체성을 두루 포괄하는 방식을 직접 목격할 기회를 얻은 것이다.

나는 해변의 한 상점을 둘러보고 있었다. 거기서 속이 비어 있는 커다란 앵무조개가 눈에 띄었다. 그것은 섬세하게 반으로 잘려서 그 단면과 겉면이 함께 전시되어 있었다. 단면을 보니, 조개의 우아한 나선 구조를 따라서 내실內室들이 아주 작은 것부터 점점 더 큰 것까지 줄지어 이어져 있었다. 내 눈에는, 그 각각의 내실이 마치 하나의 생을 상징하는 듯 보였다. 전체를 조망하면, 하나의 내실은 항상 그보다 좀더 큰 내실로 이어진다. 생들은 이처럼 나선형의 순환 구조를 따라서 빙빙 돌면서 무한히 펼쳐진다. 이 앵무조개 안에는 29개의 내실이 있었는데, 각각의 내실은 벽면에 난 작은 구멍을 통해 정교하게 전부 하나로 통해 있었다.

앵무조개의 단면 옆에는 겉면도 전시되어 있었다. 그것은 일체성을 상징했다. 조개 안의 29개 내실이 하나로 통합되어 있음을 나타내는 짙은 갈색 무늬가 화려하게 그려져 있었다. 그 모양은 장인의 솜씨 같았다. 마치 화가가 다 자란 조개 위에 능숙한 붓질로 색칠해놓은 듯했다. 갈색 무늬는 내실의 구조에 맞춰 기막히게 수놓아져 있었다.

앵무조개의 단면과 겉면은 내 마음속에서 충돌해왔던 두 가지 측면을 직관적으로 통합해주었다. 우리는 한쪽 측면에서는 낱낱이 단절된 듯 보이지만, 다른 측면에서 보면 여전히 하나의 목적을 따르는 하나의 생명이다. 내게 이 앵무조개의 구조는 개별적 생들이 어떻게 더 큰 전체로서 통합될 수 있는지를 암시하는 상징이었다. 나는 개별 자아와 대령이 제각기, 그러나 또한 한데 뒤엉켜서 존재해야 할 이유를 알게 되었다.

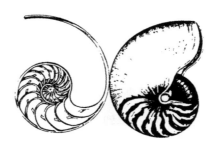

대령은 영적 세계에 속해 있으므로 물질세계의 법칙 — 시공간 속의 인과관계 — 에 제약받지 않는다. 따라서 지금 지상에 있는 내가 대령을 제대로 이해하려면, 최소한 물리적 법칙에 길든 사고방식을 내려놓는 방법이라도 배워야 한다. 이후로 나는 무無시간적으로, 다차원적으로, 홀로그램적으로 사고하는 훈련을 해왔고, 그 훈련은 지금도 계속되고 있다.*

물질계에서 에고ego가 우리의 정체성이라면, 영적 세계에서는 대령이 우리의 정체성이다. 휘튼 박사의 내담자들이 증언하듯이, 우리는 '죽음'을 통해 물질 몸을 버리고 영적 차원으로 돌아갈 때 정체성을 에고로

---

* 이 책에서의 윤회란 개념 또한 한쪽 측면만을 반영하고 있다. 대령의 관점에서는, 윤회가 많은 생들이 순차적으로 이어지는 것이 아니라 동시에 수많은 생이 펼쳐지는 것으로 인식될 것이다. 실제로 여러 전문가들은 윤회의 실재를 이해하는 더 나은 방법으로서, 모든 생이 다 함께 펼쳐지고 있다고 — 현생이 이곳에서 펼쳐지는 동안 전생들도 그곳의 시공간 안에서 '지금' 펼쳐지고 있다고 — 상상하도록 권하기도 한다. 그렇다면 카르마 또한 기존의 직선적인 인과관계가 아니라 동시다발적 생들을 아우르는 '홀로그램적 상호작용'으로서 이해되어야 한다. 나 역시 이런 방향으로 세계관을 바꿔가고 있지만, 일단 이 책에서는 생들이 순차적으로 윤회한다는 개념을 그대로 썼다. 왜냐면 지금의 내 수준으로는 '홀로그램적 윤회론'을 제대로 설명해낼 수 없을뿐더러 논의의 범위가 기하급수적으로 커질 수밖에 없기 때문이다. 그렇다고 지금 우리의 논의가 쓸모없다는 뜻은 아니다. 나중에 좀더 입체적인 관점으로 옮겨가더라도 지금의 기본 개념들은 보존될 것이다.

부터 대령으로 전환한다고 (물론 정상적인 경우에) 한다.*

이런 측면에 관한 가장 훌륭한 묘사는 로버트 먼로가 쓴《먼 곳으로의 여행》(Far Journeys)에 실려 있다.** 그는 임사체험을 한 적은 없지만, 체외이탈(out-of-body) 상태에서 실제로 경험한 일들을 공개했다. 먼로는 오랫동안 의식확장 훈련을 해온 덕분에 이처럼 특별한 경험을 할 수 있었다. 그 내용은 이렇다.

나는 희고 밝은 터널을 빠르게 통과해갔다. 아니, 그것은 터널이 아니라 투명한 빛으로 된 관管이었다.

나는 온통 그 빛 속에 푹 젖어들었고, 그것은 강렬하게 날 휘감았다. 나는 크나큰 기쁨에 웃음을 터트렸다. … 관 속에는 두 방향의 흐름이 있었다. 나를 지나쳐서 내가 있던 곳(지상)으로 향하는 흐름은 잔잔하고 단순한 파형이었다. 반면, 나와 같은 방향으로 가는 흐름은 무척 달라 보였다. 그것은 좀더 복잡한 파형이었다. 그것은 반대 방향의 흐름과 본질적으론 같지만 그 위에 무수한 작은 파동들이 덧보태져 있었다. 따라서 근원으로 돌아가고 있던 나는 큰 파동인 동시에 작은 파동이기도 했다. 나는 어떤 갈망에 의해서 — 나는 그게 뭔지 알지만 표현할 길이 없다 — 느긋하지만 꾸준하게 움직여갔다. 그 앎 속에서 나는 희열에 차서 진동했다.

---

* 표현에 주의하기 바란다. 대령은 현재의 자아보다 더 크고 본질적인 자아지만, 신비가들이 '참나'(true Self)를 찾았다고 말할 때의 그것은 아니다. 소위 참나, 아트만Atman, 신성한 나(Divine Self)는 우리의 가장 내밀한 본성이다. 이 부분은 나중에 다시 논의할 것이다.

** 먼로의 다른 책으로는 Journeys Out of the Body가 있다. 그는 버지니아주에 있는 먼로 응용과학 연구소의 설립자이다.

어느 순간 한쪽에서 또 다른 관이 합류하면서 관이 더 넓어졌고, 또 다른 파동이 내게 침투하며 우리는 하나가 되었다. 우리 둘은 서로를 즉각 알아보았고, 이 '다른 나'와 나는 엄청난 기쁨 속에서 재결합했다. 도저히 잊지 못할 경험이다! 우리는 하나가 된 채로 서로의 모험, 경험, 지혜를 즐겁게 살펴보았다.

또 다른 나가 합류하면서 관은 또 넓어졌고 같은 과정이 반복됐다. 우리의 파동은 놀랍도록 똑같아서 서로 겹쳐질 때마다 크게 증폭되었다. 그리고 변칙적인 파형이 섞여들 때마다, 총체로서의 우리는 매번 새롭게 창조되며 더욱 다채로워졌다.

관은 계속 확장되었고, 나는 새로운 파동들과 거듭 통합해가면서 더 이상 그 경계조차 의식하지 않게 되었다. 이것이 내가 이 탈脫인간적(nonhuman) 여정으로부터 돌아왔을 때 가장 내 흥미를 끈 부분이었다. 우리는 서로에게 거의 완벽히 들어맞았고 더욱더 큰 무엇이 되어갔다. 예컨대 원숭이처럼 의식적으로 꼬리를 움직이는 동물은 그것을 몸의 균형을 잡고 물건을 집는 것보다 훨씬 더 유용한 도구로 쓸 수 있다. 즉 그것은 복잡한 수신호 이상의, 거의 언어와 같은 정도의 수준 높은 의사소통 수단으로도 쓰일 수 있다.

그렇게 쉼 없이 나는, 그리고 우리는 통합을 계속해갔다. 우리는 더욱 많은 걸 알아갔고, 더욱 온전한 기억을 되찾아갔다. 몇 개의 생이 합쳐졌는지는 중요치 않았다. 굳이 따져보지 않아도 이미 우리의 능력과 정보는 엄청났다. 우리는 하나였다.

먼로의 말에 따르면, 계속 그 관을 통과해가려면 — '내 경험'으로 인식되는 모든 생을 창조한 에너지 원천에 도달하려면 — 그는 먼저 '완전해질(complete)' 필요가 있었다. 하지만 먼로는 그러지 못한 상태였기에 어떤 특정 단계에서 멈춰서야 했다.

만약 대령이 수천 년간 펼쳐진 무수한 생의 정보와 능력을 간직하고 있는 존재라면, 우리는 그 의식 상태를 상상하기 위해 마음을 미리 단련시켜야 할 것이다. 먼로는 이 거대한 상위 정체성과 하나가 되었던 상태를 이렇게 묘사한다.

우리 모두를 관통하던 그 정묘한 에너지는 바로 우리의 창조물이었다. 그것은 부분들의 합을 뛰어넘는 일체로서의 현실을 활짝 펼쳐 보였다. 물론 에너지 차원에서의 경험일 뿐이었지만, 우리의 능력과 앎은 무한한 듯 느껴졌다. 원한다면, 혹은 필요하다면 우리는 시간을 창조할 수 있다 … 우리는 에너지 패턴을 통해 물질을 창조할 수도, 그 구조를 바꿀 수도, 그리고 당연히 원 상태로 되돌릴 수도 있다. 우리는 우리 경험의 에너지장 안에서 어떤 표상表象(통찰 또는 앎)이든 창조하고, 키우고, 바꾸고, 조율하고, 흩어버릴 수 있다. 우리는 에너지장을 이리저리 마음먹은 대로 바꿀 수 있다. 다만 우리의 근원 에너지만큼은 창조하거나 이해하기가 불가능하다. 우리가 완전해지기 전까지는.

우리는 태양이나 태양계 같은 물리적 패턴도 창조할 수 있다. 하지만 그러지 않는다. 그건 벌써 이뤄진 일이다. 우리는 지구라는 행성의 환경을 바꿀 수 있다. 하지만 그렇지 않는다. 바꾸면 계획이 어긋나니까. 우리는 인간이 경험을 통해 배워가는 과정을 관찰하고, 보완하고, 도울 수 있으며 실제로 그렇게 한다. 또한 시공간 속 유사한 내용의 다른 배움의 과정도 마찬가지로 지원한다. 우리는 근원 에너지에 합류하는 단위들(entraining units) — 즉 인간들 — 이 우리가 되어가고 있는 그 총체 속으로 잘 섞여들 수 있도록, 인류의 모든 의식 수준에서 이런 일들을 쉬지 않고 수행하고 있다.

이것이 우리의 성장의 본질이다. 우리는 그들이 확실하게 요청해 왔을 때만 그런 도움과 지원을 해준다. 그때 그들과 우리 사이에는 어떤 유대가 생겨나고, 궁극의 변성이 일어날 때까지 많은 의사소통이 오가게 된다.*

당연히, 이 상위 정체성과의 합일은 먼로에게 대단히 강렬하고 감격스러운 체험이었다. 이 체험 속에서 잠깐 '그의 것'이 되었던 놀라운 지혜는 임사체험자들의 증언과도 무척 닮아 보인다. 임사체험자들도 종종, 짧은 순간 동안 비범한 지혜를 얻게 되었던 경험을 보고하곤 한다. 그런 지혜를 접하고 나면 오랫동안 그 영향력을 받게 된다. 찰스 플린 Charles Flynn의 《저세상 너머에》(After the Beyond)에 소개된 두 가지 경험담을 살펴보자.

(1) 나는 그 사랑 속에 잠겼고, 그 사랑의 지혜로 둘러싸였다. 나는 태초부터 영원까지의 모든 비밀을 알았고, 여기에 끝이란 없음을 깨달았다. 우리는 거대한 무엇의 아주 작은 일부이다. 우리의 삶은 퍼즐조각처럼 서로서로 꼭 맞물린다. 우리는 이 우주의 한없이 작은 일부이다. 그러나 또한 매우 특별한 존재이다.

---

* 먼로는 대령을 '인스펙트Inspect'라고 불렀다. 원래는 '관찰하다, 감시하다'라는 뜻이지만 여기서는 '지적인 존재들'(Intelligent Species)의 약어로 쓰인 것이다.

(2) 그 경험을 하면서, 나는 내가 곧 이 절대적이고 본질적인 지혜를 거의 대부분 잃게 되리란 사실을 알고 있었다. 그러나 중요한 점은 우리는 깨침에 필요한 것들을 이미 갖고 있다는 사실이다. 당신 안에서 찾으라. 그게 유일한 길이다. 우리는 우리 내면에 헤아릴 수 없는 양의 정보를 갖고 있다.

나는 이들이 죽음의 문턱에서 접했던 이 지혜가, 그들 자신이 수많은 전생 동안 축적해놓은 것이 아니었을까 추측한다. 만약 그렇다면 그 지혜의 주인은 그들이 '잠깐 맛봤던' 더 본질적인 정체성인 대령일 것이다.*

무궁무진해 보이는 대령의 지혜와 능력은 '뭔가'를 배우기 위해 지상에 온 우리를 돕는 데 초점이 맞춰진 듯하다. 우리로 인해서 대령은 알아야 할 것을 알아 더욱 완전해진다. 대령은 우리가 완전해지게끔 도움으로써 스스로도 완전해진다. 우리는 이 지상에 학생 역할로 파견된, 대령의 일부이다. 그리고 그 배움의 조건으로서 대령과의 유대를 잠깐 잊게 되었다.

그런데 우리는 지상에 있는 동안에도 이 망각의 벽을 어느 정도 뚫을 수 있다. 그렇게 대령과의 상호연결성을 깨닫고 나면 우리는 한결 열린 존재가 된다. 우리는 대령과의 무의식적 유대를 어느 정도는 의식적인 것으로 바꿀 수 있다.

먼로가 언급했듯이, 대령은 우리가 먼저 도움을 요청했을 때만 도움

---

* 케니스 링 박사는 임사체험 중에 비범한 지혜를 얻었던, 그리고 그 원천을 '빛 그 자체'(Being of Light)로 인식했던 사람들의 사례를 소개했다. *Heading Toward Omega* 참고.

을 준다. 이것이 영적 세계의 일반 원칙인 듯하다. 도움 요청이 없는 한, 상위 차원의 의식은 하위 차원의 의식을 돕지 못한다. 즉, 기본적으로 우리는 홀로 최선을 다해서 과제를 해나가게끔 되어 있다. 그래야 우리의 한계치를 벗어난 시련들을 마주하게 되고, 그럼으로써 이번 생에서든 다음 생에서든 우리 자신의 더 큰 정체성과 그것과의 유대를 재발견하게 될 것이다. 그러나 꼭 사다리의 끝에 올라가야만 대령의 비범한 지혜를 활용할 수 있는 것은 아니다. 우리는 부정적인 상황뿐 아니라 긍정적인 상황 속에서도 성장할 수 있다. 우리는 대령의 도움 속에서, 삶을 위기의 연속이 아니라 편안하고 균형 잡힌 상태로도 완벽히 영위할 수 있다.

가능성 열기

생이 한 번뿐이라는 관점에서 바라보면, 우리는 우리 자신의 존재 가치와 역할을 그 짧은 기간의 범위 내에서 인식할 수밖에 없다. 우주에 무슨 일이 일어나든 우리의 역할은 우리에게 할당된 시간보다 커질 순 없다. 생이 한 번뿐이라면 우리 모두는 나약한 존재로 전락하고 만다. 150억 년이라는 물질우주의 나이를 감안하면 우리는 아무 의미 없는 그저 카메오 역할에 불과하다. 제아무리 사후에 영원한 상벌이 내려진댔자, 우리가 '살면서 배우는' 기간이 고작 수십 년에 불과하다는 데서 오는 본질적 속박감은 떨쳐지지 않는다.

반면 윤회라는 진실에 눈을 뜰 때, '시간'에 대한 우리의 인위적 제약은 싹 걷혀버린다. 우리는 과학적, 이성적 문화가 틀 지어놓은 그런 물질적 존재가 아니다. 우리는 물질계 안팎을 넘나드는 존재다. 윤회는 우리 자신에 대한 모든 의문에 답을 주진 않지만, 우리 자아상의 큰 굴레 하나를 벗겨버린다. 모든 것은 시간에 달려 있다. 우리는 시간이 허락하는 만큼만 뭔가를 할 수 있다. 우리는 주어진 수업시간을 초월해서 성장할 수 없다. 윤회는 우리의 본질에 대해서, 우리의 현재 상황에 대해서 더 폭넓은 질문들을 던지게 해준다. 또한 그에 대한 더 폭넓은 답들을 기대하게 해준다. 우리 자신의 영속성을 깨닫고 삶이 주는 기회에 감사하게 될 때, 우리는 더 이상 자신을 한 나라의 국민 또는 한 세기의 일원으로만 바라보지 않을 것이다. 대신 무제한 여권을 가진 '시간여행자'로서 자신을 인식할 것이다.

이때 시간을 초월하는 것은 현재 우리의 에고가 아니라 대령이다. 대령은 우리와 우주 사이의 중간자다. 우리는 대령의 생명과 역할을 통해 그 신성한 질서 속에 존재한다. 대령에 속함으로써 우리는 영겁을 아우르는 과정의 일부가 되고, 그 과정은 한계를 짐작하기조차 어려울 만큼 장대하다.

그러나 우리의 성장이 우리에게 주어진 시간에 의해 한정되듯, 결국은 대령도 같은 처지일 것이다. 대령의 역할은 대령에게 할당된 시간보다 커질 수 없다. 따라서 우리는 대령의 수명에 대해서도 의문을 품어봐야 한다. 궁극적으로는 대령의 수명이 곧 우리의 수명이다. 그렇다면 대령에게는 얼마만큼의 시간이 주어진 것일까?

나는 종종 '수만 년'이라고 표현하곤 한다. 하지만 그 정도에서 그쳐야 할 필요가 있을까? 윤회론에 따르면 우리는 영적 존재, 즉 대령으로서 물질계 밖에 존재할 수 있다. 영적 존재는 물질계로 들어오기도 하지만 그것에 종속되진 않는다. 영적 존재는 물질우주의 수명과 무관하므로, 우리가 우리의 진짜 나이를 수십 억 년 된 은하들과 견준다 해도 무리는 아닐 것이다. 그러나 이런 상상조차도 비유에 불과하다. 우리가 아는 시간관념은 물질계의 조건일 뿐 영적 세계에서는 그 의미를 잃는다. 직선적인 시간은 시공연속체의 한 요소 — 아인슈타인이 정의한 4차원 우주에서 네 번째 차원 — 일 뿐이다. 시간은 물질계 밖에서 기능을 멈추거나, 적어도 전혀 다른 방식으로 작동할 것이다.

로버트 먼로는 비물질계에도 움직임과 성장이 있다고, 즉 나름의 어떤 순서가 있다고 말한다. 하지만 그것은 우리가 지상에서 경험하는 연속적 시간관념과는 다르다. 시간이란 개념도 없이 어떻게 '순서'가 존재할 수 있는지 정확히 이해할 순 없지만, 나는 그 가능성만큼은 받아들이려 한다. 우리의 언어는 시간이 직선적으로 흐르는 세상을 위해 창조되었기 때문에 '시간 밖의'(atemporal) 우주를 묘사하거나 상상하려는 우리의 노력을 훼방한다. 하지만 상대성이론은 분명히 우리로 하여금 시간으로부터 기대하지 않았던 것들을 기대하게끔 만들어놓았다.

요지는, 물질세계의 시간이란 관념을 그대로 영적 세계로 옮겨 적용할 수는 없다는 것이다. 따라서 대령의 '수명'을 묻는 것은 아마도 철학자들이 '범주오류'(category mistake)라고 부르는 사항에 해당할 것이다. 범주오류란 논리적으로 다른 범주에 속하는 것을 같은 범주에 속하는 것으로 생각하는 오류를 뜻한다. 수명이라는 개념은 직선적인 시간 내에서 정의된 것이므로 대령에게는 전혀 적용될 수 없다. 대령의 수명을 '수억 년' 따위로 표현하는 것은 우리 시야 밖의 실재에 대한 최선의 상징값일 것이다.

대령에게 우리의 시간관념을 강요하는 대신, 우리는 대령을 '시간 밖에' 있으면서 시공연속체 안에 살짝 손을 담갔다 빼곤 하는 존재로 바라봐야 한다. 대령의 일부는 시간에 젖어 있지만 더 큰 몸체는 시간 밖에 떠 있다. 서양신학에서는 이미 이와 비슷한 논의가 있어왔다. 서양신학에서 영(spirit)은 영원한(eternal) 존재로 인식된다. 엄밀히 말해서, '영원'은 직선적 시간이 무한히 확장된 것이 아니라 그것과는 전적으로 다른 질서를 뜻한다. 영원은 '앞으로도 계속'(forever and ever)인 것이 아니라 과거, 현재, 미래가 경계 없이 동시에 펼쳐지는 무엇이다. 즉 영원은 무시간無時間(timelessness)이다.

아마도 이쯤에서 논의를 그치고 만족하는 편이 안전할 것이다. 왜냐면 아무리 진지하게 대령의 장구한 수명을 살펴보아도, 어쨌든 그것은 지상의 시간관념을 벗어날 것이기 때문이다. 그렇지만 나는 이 논의의 또 다른 측면을 조심스럽고 신중하게 언급하고자 한다.

윤회를 가르치는 종교 전통들은 ― 서양 종교들도 포함해서 ― 우리는 영이며, 영으로서의 우리는 죽지 않는다고 말한다. 그리고 이런 영의 불멸성(immortality)은 영의 형태가 고정된 것이 아니라 역동적이기 때문에 가능한 것이다. 우리의 삶은 절대 끝나지 않는다. 그러나 우리의 본성 중 일부는 변화하고 확장해가며, 중요한 성장 단계에서는 좀더 높은 존재 상태로 변성하기도 한다. 이런 확장과 변성이 성공적으로 이뤄지기 위해서는 죽음과 환생의 순환이 필요하다. 이 순환을 통해 우리는 생과 생, 심지어 종種과 종을 가로지르며 나선형으로 성장해간다.

비록 대령은 '시간 밖에' 존재하긴 하지만, 그것 또한 스스로 진보해가기 위해 우리의 윤회와 비슷한 순환 과정을 거치고 있는지 모른다. 즉, 대령도 자신의 구조적 한계를 뛰어넘기 위해 그간의 형태를 버리고 뭔가 더 크고 새로운 것으로 거듭나길 반복하고 있을 수 있다. 우리가 추측해볼 수 있는 것은 여기까지다. 인간이 죽음과 환생을 반복하듯이 대령도 어떤 순환 주기를 따른다면, 대령이 상위의 존재 형태로 변성해 가더라도 이전까지의 모든 정보는 빠짐없이 안전하게 인계될 것이다. 대령이 우리의 수많은 생을 통해 경험을 모으고 보존하듯이, 그보다 상위의 존재도 대령이 가진 모든 경험을 그대로 보존해줄 것이다. 그러므로 물질 우주와 영적 우주는 끝없이 변화하지만, 우리의 삶은 영원하다. 대령을 통해서, 우리는 영원하다.

대령과 신

신과 우리 사이엔 아무것도 없다고 믿어온 사람들에게 대령이란 존재는 무척 충격적인 개념일 것이다. 어쩌면 대령이 신과 우리의 사이를 한 발짝 벌려놓는 듯 여겨질지도 모른다. 하지만 사실은 그렇지 않다. 윤회를 가르치는 비교 전통들에서 신(God)이란 '온 존재' — 물질 우주와 비물질 우주를 포괄하는 — 에 붙여진 이름이다. 신은 지고한 지성으로서 모든 하위 지성들을 창조하고 품는다. 밤하늘에 빛나는 수조 개의 별들도 신 안에서는 낱낱의 세포에 지나지 않는다. 존재하는 모든 것은, 무수한 형태로서 펼쳐 나온 신의 현현顯現이다.

신은 만물의 거대한 총체임과 동시에 만물의 내적 본질이기도 하다. 모든 개체의 심층에는 신성의 생명(Divine Life), 신성의 불꽃(Divine Spark)이 있다. 이 우주는 낱낱이 분리된 개체들로서 살아감과 동시에, 다른 차원에서는 신성의 불꽃을 매개로 한 하나의 존재로서 살아간다.

만물의 심층에 신성의 불꽃이 있기 때문에 우리 또한 항상 일체와 직접 연결되어 있다. "신은 네 목의 맥박보다도 네게 가까우시다"라는 이슬람교도의 말은 진실이다. 실은, 우리는 신성과 가까운 정도가 아니라 우리가 바로 신성이다. 우리의 본질이 신의 본질이며, 우리 심층의 정체성이 바로 신의 정체성이다. '분리를 조장하는' 물질세계로 내려올 때 우리는 이런 정체성을 망각하게 마련이긴 하지만, 표면 아래에는 언제나 그것이 있다.

이것은 모순 그 자체이다. 우리는 전체인 동시에 개체이다. 우리의 진짜 정체성은 우리의 에고도, 대령도 아닌 신성 그것이다. 그러나 우리는 또한 거대한 드라마 속의 일부로서 존재한다. 우리는 한 세기 정도의 경험을 감당하는 개별의식인 동시에, 헤아릴 수 없는 세월의 경험을 감당하는 집단의식(대령)의 일부이기도 하다. 한 발 더 나아가자면, 대령 또한 그보다 더 큰 의식인 태령太靈(Over-Oversoul)의 일부이다. 마침내 일체로서의 신 그 자체 이를 때까지, 우리는 의식의 사다리를 올라가며 점점 더 큰 정체성 속으로 옮겨가기를 반복할 것이다.

수행 전통들은 우리 모두가 내적으로 가장 온전한, 즉 분리되기 이전의 신성을 경험할 수 있다고 말한다. 전일한 의식(Undifferentiated Consciousness), 일체(The One), 하느님(The Godhead), 형상 너머의 그것(That Which Is Beyond Form), 텅 빔(Emptiness), 공空(The Void), 무(Non-Being), 존재의 바탕(The Ground of Being) 등으로 불리는 그것은 분리되지 않는 온전한 하나이다. 따라서 그것은 말로 설명될 수 없다. 언어는 필연적으로 이 세상에 가상의 분리를 일으키기 때문이다.* 하지만 우리는 그 실체를 경험할 수 있다. 그리고 그 순간, 우리는 그것이 언제나 우리의 깊숙한 곳에 있었음을 깨닫게 된다. 그것은 결코 사라진 적이 없다. 다만 우리가 몰랐을 뿐.

한편 수행 전통들은, 일체가 그 스스로를 분화시키기 시작하면서 각각의 차원마다 중간계와 중간지성체들이 무수히 생겨났다고 가르치기도 한다. 동양에서는 이 지성체들을 다양한 신들(deities) 또는 보살들로 부르며 예배했다. 이것들은 유일신(God)은 아니지만, 우주의 상위 차원을 관장하고 지휘하는 영적 존재들이다. 겉보기에는 온갖 다양한 신들이 난립하고 있는 듯하지만, 그럼에도 우리는 '본질은 언제나 하나'라는 사실을 기억해야 한다. 일체가 스스로를 다양한 영적 세계들로, 심지어 물질세계로까지 펼쳐내는 동안 그 구조는 복잡해질 수밖에 없었다. 영적 세계들은 단일하지만 단순하진 않다. 거기에는 우리의 상상을 뛰어넘는 능력과 역할을 가진 존재들이 가득하다.**

대령은 상위의 지성체들과 우리를 연결해준다. 감히 상상컨대, 우리의 삶이 대령을 바탕으로 펼쳐지듯이, 대령의 삶도 더 큰 의식을 바탕으로 펼쳐질 것이고, 이런 과정은 거듭될 것이다. 이런 구조 속에서 에너지와 정보는 양방향으로 — 위에서 아래로, 아래에서 위로 — 흐를 것이다. 이 표현이 맘에 안 든다면 안에서 밖으로 또한 밖에서 안으로 흐른다고 해도 좋다.***

---

* 서양철학자들은 신을 언어로 설명해낼 수 없는 이유가 그 자체가 허상이기 때문이라고 설명하지만, 수행 전통들은 그 이유가 언어뿐 아니라 우리의 지성조차도 감히 그것을 담아낼 그릇이 못 되기 때문이라고 설명한다. 언어를 진리의 안내자로서 믿고 사랑하는 사람들은 언젠가 언어와 경험의 갈림길에 서게 될 것이다.

** 체계적인 정신수행을 강조하는 동양 종교들이 서양 종교들에 비해서 훨씬 더 복잡한 우주관 — 많은 영적 세계들과 존재들 — 을 구축해온 것은 당연한 결과다. 이것은 동양이 옳고 서양이 틀렸다는 뜻이 아니라 지역마다 서로 다른 분야를 발전시켜왔음을 보여준다. 반대의 예로서, 현대 사회를 이뤄낸 사회개혁 운동들은 거의 서양에서 시작되었다. 왜냐면 서양의 종교들은 세속적 인간들에게 영적 가치를 강조하는 방편으로 '인간으로서의 의무'라는 문제를 깊이 파고들었기 때문이다.

*** 서양철학에서는 우리가 더 큰 지성체 안에 둥지를 틀고 있고, 그것 또한 더 큰 지성체 안에 속한다는 생각을 오래전부터 간직해왔다. 플라톤은 이 우주를 다층적 구조로 보았다. 각각의 층은 그보다 상위 층의 '분출(outpouring)'에 의해 형성되며, 궁극적으로 그 모든 것의 근원에는 신의 마음이 있다는 것이다. 이런 고대의 철학이 20세기에 시스템 이론이라는 새로운 흐름을 만나 부활하고 있다.

잠깐 우리의 몸을 살펴보면, 지성체들이 계층을 이뤄 겹겹이 품고 있다는 설명이 좀더 쉽게 와닿을 것이다. 우리 몸의 구조가 꼭 그렇기 때문이다. 유기체로서의 우리 몸은 많은 장기로 이뤄져 있고, 각각의 장기는 무수한 세포조직들로 이뤄져 있다. 세포조직들은 세포들로, 세포들은 분자들로, 분자들은 원자들로 이뤄져 있다. 원자는 원자핵과 전자로 구성되고, 원자핵은 아원자 입자들로 구성된다. 여기서부터는 문제가 복잡해지는데, 왜냐면 이 단계의 입자들은 실체가 모호해서 — 물리학자들은 이 입자들이 '물질'보다는 '의식'에 가까운 상태라고 말하곤 한다 — '에너지장'이라는 개념으로 설명할 수밖에 없기 때문이다. 어쨌든 우리의 몸은 상호의존적인 요소들이 서로를 겹겹이 품고 있는, 믿을 수 없이 복잡한 계층구조이다. 즉 무수한 유기체들이 모여 한 인간의 몸을 이루고 있다. 루이스 토마스는 《세포의 삶》(The Lives of the Cells)에서, 인간의 몸을 수많은 시민이 협동과 조화를 통해 운영하고 있는 '대도시'로 바라보도록 권한다.*

같은 맥락에서, 비교 전통들은 우리의 의식을 복잡한 의식망(web of consciousness)의 일원으로 — 그런 의식망들이 모여 신성을 이룬다 — 보게끔 이끈다. 궁극적으로, 우리는 신이다. 신성이 우리의 본성이다. 그

---

* 전통적으로 과학자들은 상위 구조를 하위 구조들로 쪼개서 이해하려고 시도해왔지만(환원주의), 오늘날의 과학자들은 상위 구조와 하위 구조들의 관계와 기능 속에 많은 비밀이 숨어 있다고 말한다. 그 둘 사이에서 에너지와 정보는 양방향으로 흐르는 듯 보인다. 예컨대 우리 몸의 세포들은 상위 구조로부터 오는 신호가 없으면 제 기능을 못한다. 반대로, 세포들로부터 오는 신호가 없어도 우리 몸은 어떤 일도 수행할 수 없다. 우리 몸은 상호의존적인 체계들로 이뤄진 하나의 거대한 통합체계이며, 우리는 의식하지 못하지만 각각의 체계들은 저마다 제 할 일을 하고 있다.
이런 관점의 변화 덕분에, 인간의 몸을 복잡한 기계로 바라봤던 2백 년간의 사고방식은 종말을 고하고 있다. 기계의 작동 원리는 구성요소들을 이해함으로써 파악되지만, 인간의 몸은 이런 설명을 거부한다. 다양한 분야에서 나온 논의들을 살펴보고 싶다면 Fritjof Capra의 *The Turning Point*를 참고하라.

렇지만 기능적으로, 우리와 신성한 일체 사이엔 수많은 중개자들이 있다. 우리를 포함한 그것들 모두는 일체의 서로 다른 현현顯現이다.

개별 정체성과 대령

이 장의 서두에서 우리는 이런 의문을 품었다. '다음 생이 시작된 이후에도 현재의 우리가 경험의 주체로서 지속되는가?' 이제 대령이란 존재를 감안하여 그 질문을 이렇게 바꿔보자. '포괄적인 의식 속으로 내 경험들이 통합될 때, 대령은 현재의 내 정체성도 함께 보전해주는가?' 즉 우리의 현생은 이 통합과정 속에서 그저 정보의 조각들로 흩어지는가, 아니면 계속 한 덩어리로서 존재하는가? 이 질문을 잘 살펴보면, 우리는 우리의 생이 '새로운 정보를 모으는 수단' 이상의 가치를 갖고 있는지를 알고 싶어하는 것 같다. 왜냐면 계속 지속된다는 것은 그만큼 가치가 있다는 뜻으로 여겨지기 때문이다. 게다가, 아무리 상위 의식을 위해서라고 하더라도, 현재의 내 정체성을 순순히 내려놓는 것은 결코 쉽지 않은 일이다. 우리는 오래된 차를 바꾸길 좋아한다. 하지만 오래된 정체성을 바꾸는 것은 전혀 다른 문제이다.

이런 문제들은 머리로 이해하기 어렵다. 나는 이런 문제들을 숙고할 때마다 나 자신이 '언어'에 갇혀 있다고, 그래서 내가 진정 알고자 하는 '그것'을 얄팍하게 전해줄 뿐인 단어들로부터 벗어나야 한다고 느낀다. 앞선 질문도 둘 중 하나의 답 — '그렇다' 또는 '아니다' — 를 요구한다. 굳이 답하자면, 그렇다. 우리의 개별 정체성은 계속 보전되는 듯하다. 하지만 이 정체성에 대해 우리가 지금 집착하고 있는 것처럼, 그때도 여전히 관심을 가지고 있을지는 확실치 않다. 정체성이 그대로 보존된다고 하더라도 우리가 더 이상 자신을 그것과 동일시하지 않는다면, 그걸 계속 '정체성'이라고 부를 수 있을까? 이런 혼란은 우리의 언어가 대령이 하는 일들을 설명하기에 적합하지 않기 때문에 생겨난다. 대령은 우리가 별개로 다루기에 익숙해 있는 사안들을 한데 뭉뚱그려 섞어 버린다.

이제 전생퇴행 요법들을 통해 수집된 임상사례들을 살펴봄으로써 우리의 현재 정체성이 어떤 운명을 맞게 될지 예측해보도록 하자. 과거를 알면 미래도 알 수 있다. 우리의 현생도 언젠가는 우리의 전생이 될 것이다. 그러니 전생퇴행 요법들을 통해 전생들의 운명을 발견한다면, 그것이 앞으로 현생의 운명을 알려줄 것이다.

다만 우리는 이런 증거들을 살필 때 신중해야 한다. 심층의식에서 길어올린 정보들에는 고려해야 할 점들이 많다. 오늘날은 전생의 기억을 촉발하는 요법들이 매우 다양하고, 그중 어떤 요법을 썼느냐에 따라서 경험의 내용과 묘사가 크게 달라질 수 있다. 그러니 증거를 논하기에 앞서 그 방법론부터 잠시 살펴봐야 한다.

전생 기억이 저장된 심층의식을 조사하고 탐구하는 주체는 바로 우리의 '현재의식(에고)'이다. 심층의식을 탐구할 때도 우리는 현재의식을 활용할 수밖에 없다. 문제는, 현재의식이 초점을 어디에 두고 있느냐에 따라 심층의식이 사뭇 다른 양상으로 드러난다는 점이다.

만약 확실하게 정리된 의문을 갖고 심층의식에 접근한다면, 당신은 확실하게 정리된 답을 얻게 될 것이다. 반대로 현재의 삶 속에 두루 배어 있는 문제를 갖고 접근한다면, 당신은 그것에 대한 좀더 복합적인 분석을 돌려받을 것이다. 심층의식은 당신이 지금껏 간과해온 측면 또는 그 문제에 대한 새로운 사고방식을 제시해줄 수도 있다. 한 발 더 나아가서, 당신이 특정한 문젯거리에 매이지 않고 그저 온전한 한 인간으로서 심층의식에 접근한다면, 현생의 제반조건들을 만들어낸 전생의 기억들을 온전히 다 떠올리게 될 수도 있다. 어떤 태도를 갖고 있느냐에 따라 우리가 마주할 결과도 달라진다. 즉 의식을 탐구하는 것은 씨앗을 싹틔우는 것과 같다. 씨앗의 종류에 따라 결과가 달라진다. 그렇다고 그 내적 경험이 우리의 풍부한 상상력에 의한 투사물이란 뜻은 아니다. 그보다는 우리의 태도에 따라 소통창구가 결정되는 것에 가깝다. 산꼭대기에서 현자賢者를 만났어도, 바보 같은 질문을 던지면 바보 같은 답밖에 얻지 못한다.*

전생 연구에는 늘 이런 접근법상의 문제가 따라다닌다. 우리는 완전히 독립된, 중립적인 연구자로서 내담자를 대할 수가 없다. 연구를 하려면 어떤 식으로든지 내담자에게 영향을 미칠 수밖에 없다. 전생 현상에 대한 우리의 선입견 자체가 변수로 작용하고, 전생 기억에 접근하려는 시도 자체가 많든 적든 왜곡을 일으킨다. 심층의식을 연구하려면 어쩔 수 없는 일이다. 이런 상호작용에 가담하지 않고는 그것을 연구할 방법이 없다. 그리고 우리가 그 상호작용에 참여할 때의 의식 상태가 우리가 경험할 바를 결정한다. 여기에 다른 우회로는 없다.

---

* 이것과 양자역학 연구와의 유사점은 무척 인상적이다. 양자역학에서는, 우리의 의도가 양자를 그저 다른 모습으로 나타나게 만드는 정도가 아니라 아예 그 시점에서의 양자 상태를 결정해버린다고 말한다. 즉, 우리의 의도 자체가 양자로 하여금 여러 가능태들 중에서 하나의 모습으로 존재하도록 조건 짓는다는 것이다. 우리의 심층의식도 이처럼 불가해한 방식으로 작동하는 듯 보인다. 실제로 Fred Alan Wolf는 그의 저서 *Star Wave*를 통해 의식은 일종의 양자적 현실임을 설득력 있게 주장하고 있다.

최면을 통해 심층의식을 탐구할 때, 우리의 전생은 우리의 의식 상태에 따라 사뭇 다른 양태로 나타날 것이다. 우리가 그저 전생의 정보만을 얻고자 한다면 그런 정보만을 — 전생에 내가 누구였고, 언제 어디쯤 살았었는지 — 얻게 될 것이다. 만약 전생에 겪었던 일들을 알고자 한다면, 그와 같은 결과를 얻을 것이다. 우리는 전생에 겪었던 일들을 관찰자의 입장에서 생생히 재경험하게 될 것이다. 우리는 마치 연극을 보는 관객처럼 — 물론 우리 자신이 그 연극의 배우이지만 — 그 사건들을 바라본다. 우리는 언제든 극장 밖으로 나갈 수도 있고 아니면 끝까지 관람할 수도 있다. 하지만 그 대본을 바꾸진 못한다. 이때 우리는 이 연극이 그저 한때 있었던 사건들의 기록에 불과하다고 느낀다. 이상의 접근법들은 우리로 하여금, 전생은 지금 우리의 마음속 어딘가에 '기억'으로서만 존재한다고 여기게 한다.

그러나 그 기억이 전생의 진짜 모습일까? 어쩌면 우리의 의도에 맞게 왜곡된 부산물은 아닐까? 그렇다면 아무런 의도 없이, 어떤 결과가 나와도 받아들이겠다는 태도로 — 물론 가능한 한도 내에서 — 심층의식에 접근해보면 어떨까? 최면 상태에 들어가서 우리의 심층의식에다 아예 주도권을 줘버린다면, 그때 우리의 전생은 어떻게 경험될까?

전생퇴행 사례들 가운데 이처럼 '제약 없는' 최면이 실행된 경우는 극히 적다. 대개 전생 기억을 촉발시키는 최면요법은 특정 문제의 해답을 찾기 위해 행해지기 때문에 구체적인 의도가 개입되기 마련이다. 사람들은 호기심 때문이 아니라 괴로움 때문에 최면요법을 받는다. 그들은 지적 탐구가 아니라 고통의 감소를 원한다. 적잖은 상담비용과 전문가의 바쁜 일정 등도 이런 경향을 부채질한다. 물론 그게 잘못됐다는 말은 아니지만, 우리는 그런 조건들 때문에 경험의 내용과 양상이 제약되고 있진 않은지 따져봐야 한다. 만약 단순히 전생을 기억해내는 수준을 넘어서 그 정보가 현재 어떤 '상태'로 존재하는지를 알고자 한다면, 우리는 훨씬 더 열린 태도로 심층의식에 접근해야 한다.

영스타운 주립대학에서 상담심리를 가르치는 데이비드 클리니스David Clines 박사는 이처럼 '제약 없는' 최면요법을 오랫동안 발전시켜왔다. 환생에 대한 나의 심리학적 이해는 그의 연구들, 그리고 그가 수년간 내게 사적으로 시행해준 최면요법을 통해서 정립된 것이다. 그는 15년 넘게 쌓아온 엄청난 양의 연구결과 중 일부만 발표했음에도 학계에서 이미 널리 인정받고 있다. 나는 그의 허락과 도움을 받아 그 연구결과를 소개하고자 한다. 아마도 이 장의 서두에서 던졌던 질문의 실마리가 되어줄 것이다.

클리니스에 따르면, 열린 태도로 심층의식에 접근할 때는 전생의 기억들이 과거 시점에 고정된 상태가 아니라 지금 이 순간의 생생한 현실로서 등장하는 경향이 있다. 심지어 '전생의 나'와 '현생의 나'가 서로 대화하면서 뭔가를 알려주거나 알아가기도 한다. 종종 전생의 나는 풀지 못한 죄책감, 분노, 고통 등을 잔뜩 짊어지고 있다. 그들의 고통을 들여다보면서, 우리는 그 생에서 못 푼 문제들이 현생에서 새로운 시련으로 재등장한다는 사실을 깨닫는다. 우리는 그들의 갈등을, 그들의 대처 방식을 이어받았다. 그리고 우리가 그들과 만나서 그들이 겪고 있는 각종 트라우마를 함께 재경험할 때, 그 결과는 우리는 물론 그들에게도 영향을 미치곤 한다. 이때 우리와 그들은 공통의 목적을 갖게 된다. 우리가 그들과 함께 문제를 재경험함으로써, 우리는 물론이고 그들도 그 문제로부터 해방된다. 이것은 그들이 스스로 해낼 수 있는 일이 아니다. 그들은 우리의 도움을 필요로 한다.

또한 그들도 현재 우리의 문제를 푸는 데 도움을 줄 의무가 있는 듯하다. 그들이 바로 그 문제의 발단이기 때문이다. 그들 자신이 해결하지 못한 그들 생의 어떤 측면을 우리에게 내보여 문제해결을 도움으로써, 그들은 지금껏 얻지 못했던 평화를 비로소 획득하는 듯 보인다. 간혹 그들이 이런 해결 과정에 참여하기를 꺼리는 듯한 모습일 때도 있다. 당시에 그들이 갖고 있던 어떤 한계가, 지금도 그들로 하여금 우리와의 협동 작업에 저항하게끔 만들기 때문이다. 그들은 그들 자신에 대한 혹독한 진실과 마주해야만 치유될 수 있다. 그들이 그 생에서 회피해온 고통은 여전히 받아들이기 어려운 상태로 그대로 남아 있다. 그러나 우리가 인내와 연민을 갖고 대한다면, 결국 그들은 마음을 열고 어깨 위의 짐을 내려놓을 것이다. 그들은 우리의 손길에 끝까지 저항하지 못한다. 왜냐면 영적 성장의 중심축은 바로 현재의 우리이고, 그들과 우리 자신이 함께 치유되기를 온 우주가 바라고 있기 때문이다.

그들은 그들 자신의 사후에 일어난 일들에 대해서 전혀 알지 못하는 듯하다. 나름 자신의 생에 대해 추가적인 통찰을 갖고 있을 때도 있지만, 어디까지나 그들의 시야는 그들이 지상에서 살던 그때의 세상에만 한정되어 있다. 그들은 딱 그 시대에 머물러 있다. 그래서 때로는 그들 사후에 변화된 관습과 정보 등을 그들에게 알려주면 난관을 극복하기가 수월해지기도 한다.

이런 '공동(Collective)' 작업을 통해서, 내담자는 살아 있는 존재들(전생들)와 관계를 맺게 된다. 어떤 전생은 풀지 못한 문제가 적고, 있더라도 간단히 해결된다. 어떤 전생은 문제가 많을뿐더러 훨씬 까다롭기까지 하다. 그러나 계속 '함께' 소통해가면 그들이 우리에게 떠맡긴 짐들은 결국 명쾌하게 극복된다. 그리고 문제가 해결된 전생은 치유 과정에서 더 이상 나타나지 않는다. 그들은 밝은 빛 속으로, 또는 빛의 존재 속으로 옮겨간다. 그들은 그리로 건너가서 그것과 하나가 된다. 영원한 고향으로 돌아가는 것이다. 혹시 이후의 세션에서 다시 나타나더라도, 그들은 이전과는 전혀 다르게 환히 빛나는 모습으로 등장한다. (자기 생의 과제를 완수해낸 전생들은 — 그들 자신이 생전에 직접 완수했든 그들의 후생이 나중에 해결해줬든 간에 — 빛나는 존재로서 나타나며, '미완성' 상태의 전생들과 달리 풍요로움이 느껴진다.)

빛으로 되돌아간 전생들은 이후로 우리에게 큰 도움을 줄 수 있다. 그들은 세션 중에 다시 등장하여 우리에게 현생의 과제에 관한 새로운 정보를 주거나, 우리의 고정된 초점을 변화시켜준다. 우리가 시련에 봉착했을 때 써먹을 수 있는 지혜 또는 통찰을 제공해주기도 한다.

클리니스의 견해에 따르면, 우리의 현생은 수많은 전생들의 사건, 능력, 단점, 과제들이 어우러져 이뤄낸 복합체이다. 하지만 지금 우리는 그중에서 일부만을 감당하고 있다. 클리니스는 이것을 카드놀이에 비유하곤 한다. 카드 한 벌은 총 쉰두 장의 카드로 구성된다. 이 카드 한 벌은 대령이 펼쳐내고 있는 모든 생에 해당한다. 그리고 그중에서 따로 선별된 카드 일부가 우리의 손에 쥐어진다. 그렇게 우리는, 어떤 의미에서는 잘 알지 못하는 전생들을 바탕으로 삼아 이 세상에 태어난다. 클리니스는 대부분의 사람들이 보통 세 개에서 열다섯 개 정도의 전생들로부터 영향받고 있으며, 간혹 그 개수가 더 많은 경우도 있다고 말한다. 우리가 일단 이 패를 갖고 노는 동안, 다른 카드들은 제 차례가 오기 전까지 휴면 상태로 들어간다. 이처럼 우리는 이론적으론 과거의 모든 일에 접근할 수 있지만, 실질적으론 그중 일부에만 — 우리의 손이 카드 한 벌을 다 감당할 수 없기 때문에 — 접근할 수 있다.

나는 전생들과의 상호작용을 이해하기 위해 클리니스의 자료와 나 자신이 직접 경험해온 바를 오랫동안 숙고해왔다. 앞서 언급한 것처럼, '살아 있는' 전생들과의 소통은 우리가 알 수 없는 어떤 이유로 우리의 심층의식이 교묘하게 꾸며낸 허상일지도 모른다. 혹은 정말로 그들이 — 현시점에서 — 우리의 진짜 전생일 수도 있다. 나는 숙고 끝에 후자의 관점에 좀더 무게를 싣게 되었다. 하지만 우리는 전체를 볼 수 없기 때문에 진실은 여전히 베일 속에 있다. 예컨대 나는 그것들이 '온전한 전생'인지, 아니면 '전생의 파편들'에 불과한지를 아직 확신할 수 없다. 왜냐하면 우리가 만나게 되는 소위 '살아 있는' 전생들은 어쩌면 그 생 전체를 아우르는 주체가 아니라 그중에서도 특정한 고통 또는 상황에만 붙들려 있는 단편적 주체일 수 있기 때문이다.

증거가 부족하기 때문에, 우리는 영적 세계의 구조를 추론하는 데 상당히 신중해야 할 필요가 있다. 이런 만남은 우리에게 통제권이나 조망권이 별로 없는, 우리 의식의 변방에서 일어난다. 이런 만남은 놀라운 치유 효과를 불러오지만 우리의 이해가 얼마나 불완전한 것인지를 새삼 절감하게도 한다. 속속 등장하고 있는 새로운 자료들을 통해서 우리는 이해의 폭을 더욱 넓혀가야 한다. 클리니스가 수집한 사례들만 해도 완전히 통제된 결과물이라고 볼 수 없다. 그 또한 일종의 역사적, 문화적 맥락 속에서 내담자들을 만났고, 그런 요소들이 우리가 알지 못하는 방식으로 심층의식의 작용에 영향을 주었을 수 있다.

우리의 전생들이 아직 어딘가 잔존한다면, 그들은 정확히 어떤 상태에 있을까? 그들은 지금 어떤 경험을 하고 있을까? 앞서 언급한 대로, 이 의문에 대한 내 대답은 앞으로도 계속 쇄신되어야 할 잠정적인 것에 불과하다. 하지만 지금 시점에서 답해 보자면, 나는 그들이 이 우주 어딘가에 여전히 잔존한다고 생각한다. 그들의 위치는 상황에 따라 크게 다를 수 있지만, 뭉뚱그려서 말하자면, 그들 중 상당수는 그들이 지상에서 경험했던 곳과 유사한 어떤 조건 속에 있는 듯 보인다. 특히 미해결 과제를 짊어지고 있는 전생들일수록 더욱 그러하다. 그들은 살아 있는 존재지만, 빛으로 되돌아가기 전까지는 거기에 속박되어 있다. 최면을 통한 치료 작업 중에 등장하는 전생들은 대부분 당시에 풀지 못한 숙제를 지금도 짊어지고 있는 듯 보인다. 그 문제가 지속되는 한, 그들은 그 시간에 매여 있다. 그들은 '유예' 상태로서 아직 빛으로 돌아가지 못하고 있다.

그들은 대령과 아직 온전히 재통합하지 못한 것일까? 나도 모른다. 내가 말할 수 있는 것은, 과제를 완수하지 못한 전생들은 현생의 우리가 그것을 완성하여 구원해주기 전까지는 본래의 근원으로 돌아가지 못하는 듯 보인다는 점이다. 이런 '유예' 상태가 진짜 현실인지, 우리의 현재의식이 내놓은 해석인지, 요법의 치유 효과를 촉진하기 위해 대령이 지어낸 허상인지는 누구도 알 수 없다. 지금 이 시점에서는 어떤 가능성도 섣불리 배제해선 안 된다.

만약 이런 '유예' 상태가 실재라면, 내 생각에, 이것은 그들의 생이 끝난 후에 제대로 결실을 맺지 못했기 때문이 아니라 그들 스스로 나아갈 방법을 모르거나 두려워하기 때문일 것이다. 그들은 스스로 제 발목을 잡고 있거나 미지로 나아가길 겁낸다. 그들의 상처, 경직성, 기대, 신념체계 등등이 그들로 하여금 계속 그 자리에 머물게 한다.

그들이 우리와 함께 자신을 완성시킬 때 ─ 우리가 의도적으로 전생 퇴행 요법을 시도했든 아니면 일상 속에서 무의식적으로 어떤 선택을 했든 간에 ─ 그들은 우리가 볼 수 없는 존재 차원으로 옮겨가게 된다. 우리는 우리 자신이 그 빛 속으로 들어갈 차례가 오기 전까지는 그곳을 알 수 없다. 과제가 끝이 나면, 그들은 아마도 일체성과 기꺼이 합일하여 그 온전함을 즐길 것이다. 하지만 그들이 제 몫을 다하고 사라져도, 우리는 지상에 있는 한 계속 나아가야만 한다. 지금 우리는 미지의 가능성을 탐험 중인 대령의 눈이자 팔이 되어 이 물질세계 속에 있다. 우리는 변수들 속에서 미래를 써나가고 있는 '새로운 현재'이다. 적어도 수십 년 동안 우리는 이 성장 과정의 첨단에 서게 된다.

마땅히 우리도 언젠가는 사명을 마치고 일체성으로 되돌아가게 될 것이다. 모든 생명은 저마다 자연스러운 주기를 따르고 있다. 태어나고, 일정 기간 성장하며, 결국 죽는다. 몸이 죽는다고 해서 우리의 개별적 정체성도 소멸되는 것은 아니다. 그 존재 자체는 결코 사라지지 않는다. 하지만 제 역할을 다한 후에는 무대의 중심 자리를 다른 정체성에게 양보해야 한다. 그것은 실패가 아니라 성공이다. 우리가 중심을 옮겨가는 이유는 이전의 것이 더 이상 우리가 애써 일궈낸 새로운 모습을 담아내지 못하기 때문이다. 이런 전환은 우리에게서 뭔가를 뺏어가는 게 아니라 우리를 더 좋은 곳으로 데려간다. 이것은 상실이 아니라 획득이다. 이것은 죽음이 아니라 삶의 영원한 리듬이다.

결론적으로, 죽음에 대한 모든 언급은 잘못된 것이다. 우리의 개별적 정체성은 죽지 않는다. 그저 주인공 자리를 양보할 뿐이다. 필요에 따라 그것은 일체를 위해 계속 기능할 수 있고, 우리의 의식은 더 이상 그것에 얽매이지 않는다. 대령은 그 자신의 풍요로움을 통해, 우리가 잠시 뒤집어썼던 그 정체성으로부터 우리를 쑥 끄집어낼 것이다. 더 큰 삶과 재합일함으로써 우리는 기쁘게, 또한 후회 없이 그 정체성 너머로 확장해간다. 우리는 집으로 돌아가고, 수십 년간 짊어졌던 무거운 가방을 마침내 내려놓는다. 오래전에 이별한 가족들과 포옹하는 순간, 그간의 고통은 싹 잊힐 것이다. 우리는 다시 집으로 돌아왔다. 온 가족이 다시 한데 모였다.

아직 할 일이 남았다면, 아마도 가족 중 누군가가 내일 지상으로 떠날 것이다. 하지만 오늘은 온 가족의 재회를 벅찬 사랑으로 축하한다. 우리의 아들이 길고 고된 여행으로부터 돌아왔다. 우리의 딸이, 자신이 얼마나 이타적인 일을 하고 있는지도 모르는 채, 우리를 위해 희생하고 분투하고 시련을 견뎌주었다. 이제 우리는 그들에게 진실을 알려주고, 그들로 하여금 자신의 위대함을 기억하게 해준다. 오늘 우리는 사랑으로써 그들을 에워싸고, 그들의 성취에 우리가 얼마나 감사하고 있는지를 표현한다.

우리의 삶이 끝없이 이어진다고 해서 현생의 가치가 줄어드는 것은 아니다. 마찬가지로, 현생이 수많은 순환과정 속의 한 주기에 불과하다고 해서 지금 우리의 정체성이 무의미해지는 것은 아니다. 내실內室들로 이뤄진 앵무조개처럼, 하나는 다른 하나 없이 존재할 수 없다.

우리는 상위 존재의 쓸모없는 일부가 아니라 필수요소이다. 과거와 미래를 더 길게 늘임으로써, 우리는 현재를 회피하는 것이 아니라 오히려 현재 속으로 더 깊이 몰입한다. 우리는 모든 전생을 지금의 '현실 속에서' 대변해내고 있다. 이전의 것들이 지금의 우리를 만들었듯이, 지금 우리는 미래를 창조해가고 있다. 삶의 폭을 더 넓게 인식할수록, 우리는 지금 여기서 펼쳐지고 있는 현생에 더욱 확실하게 초점을 맞추게 된다.

한 가지만 덧붙이자면, 특히 서양신학에 익숙한 사람들에게 윤회론을 이해시키기 위해서, 나는 서양인들이 '영혼(soul)'이라고 말하는 것과 '대령(Oversoul)'과의 차이점을 분명히 해둘 필요가 있다고 생각한다. 서양신학에서 영혼이 단순히 사후에도 존속하는 개별 정체성만을 의미한다면, 대령은 그보다 상위의 개념을 담고 있다. 따라서 대령이라는 단어는, 좀 어색한 감도 있지만, 내가 기존의 사고방식 — 나 자신을 '내 몸' 또는 '내 마음'과 동일시하는 — 을 뛰어넘어 내 본질을 이해하려 노력할 때 꽤 유용한 개념이었다.

마침내 나는 그 과도기를 넘어섰다. 그리고 이 상위의 거대한 정체성(mega-identity)을 완전히 받아들이고 보니, 어쩌면 대령이라는 개념이 다소 인위적이고 번거로운 것일 수도 있겠다는 생각이 들었다. 윤회론과 서양신학 사이에 불필요한 장벽을 만드는 것 같기도 했다. 그래서 이후의 내용에서는, 대령을 그냥 '영(Soul)' — 첫 글자를 대문자로 써서 보통의 영혼(soul) 개념과 구분한다 — 으로 대체함으로써 윤회론과 서양신학의 논의를 자유롭게 넘나들고자 한다. 단어마다 장단점이 있으므로, 독자들도 각자 이 개념을 이해하고 받아들이는 데 더 편리한 표기법을 골라 사용하길 바란다.

5
순환 주기

    윤회론의 관점으로 보면 생명의 근원적 주기가 다르게 인식되기 시작한다. 발달심리학자들은 유아기, 청소년기, 성인 초기를 거쳐 중장년기까지 우리의 복잡한 성장 과정을 지도화하는 데 엄청난 노력을 들인다. 만약 윤회가 삶의 진실이라면 우리는 그보다 훨씬 더 나아가야 한다. 우리는 한 인간의 성장 과정을 훨씬 더 확장하고, 지금의 삶을 더 기나긴 생명 과정의 일부로서 이해해야 한다. 요람에서 무덤까지의 단계들은 한 생명 주기의 반쪽에 지나지 않는다. 지금은 중요치 않아 보이지만, 상위의 생명 주기를 감안한다면 반드시 포함시켜야 할 다른 반쪽이 존재한다.

    내 제자들이 종종 던지는 다음의 질문이 우리를 이 주제로 이끌어줄 것이다. "우리가 기억하지 못하는데, 전생이 있다 한들 무슨 소용이겠어요?" 좋은 지적이다. 실제로 우리가 전생을 전혀 기억할 수 없다면 그것은 쓸모가 없을 것이다. 기억나지도 않는 경험으로부터 무얼 얻을 수 있겠는가? 다음의 질문도 같은 맥락에서 종종 등장한다. "왜 우리는 전생의 기억을 잊는 거죠? 무엇 때문에 이런 '기억상실'이 필요한 거죠?" 우리들 대부분이 최소한 한두 번 이상의 전생 경험을 갖고 있다면, 왜 그 일들을 현생의 일들처럼 자연스럽게 기억해낼 수 없는 걸까? 우리는 '기억상실'을 정상적이고 건강한 기억 능력이 손상된, 일종의 병리적 현상으로 바라본다. 만물의 자연스러운 작용 속에 이런 현상이 끼어 있는 이유는 뭘까?

이런 질문들은 역으로, 우리가 물질계의 시각으로 바라보면 윤회를 제대로 이해할 수 없음을 알려준다. 윤회는 우리로 하여금, 물질적 차원을 넘어 생명 주기를 더 완전하게 그려내도록 이끈다. 우리는 우리의 성장 과정을 탄생부터 죽음까지로 한정시키는 데 익숙해져 있다. 사후에는 영원한 상 또는 벌이 있거나, 완전히 소멸할 뿐이라고 여기면서 말이다. 그러나 이번 생이 끝나더라도 얼마 뒤에 지상에서 다음 생이 시작된다면, 이번 생의 끝과 다음 생의 시작을 이어주는 일종의 또 다른 '삶의 단계'가 있어야 한다. 만약 이 숨은 과정을 파악하지 못한다면, 우리는 전체 생명 주기의 절반만을 보고 있는 것이다. 만약 우리가 윤회를 어떤 궁극적인 자유를 향해 지상의 생들이 이어져가는 과정으로만 이해한다면, 우리는 퍼즐의 큰 조각을 놓치고 있는 셈이다.

따라서 나는 이번 장에서, 고대부터 현대까지의 수많은 자료들을 통해* 물질적 삶의 단계와 영적 삶의 단계를 하나의 그림으로 끼워 맞출

---

* Stanislav Grof, *Beyond Death*, Robert Monroe, *Far Journeys*, Kenneth Ring, *Heading Toward Omega*, Joel Whitton & Joe Fisher, *Life Between Life*, 그리고 *The Tibetan Book of the Dead* 등이 대표적이다.

것이다. 이 내용은 우리가 3장에서 논의했던 생각들을 바탕으로 하고 있다.

삶의 양면

인간이라는 존재의 전체 삶은 탄생부터 죽음까지가 아니라 탄생부터 탄생까지이며, 그 중간의 '죽음'은 단지 전환점에 불과하다. 도가道家의 회전하는 음양陰陽 문양처럼, 우리의 삶은 두 단계로 이뤄져 있고 그중 하나는 지상에, 다른 하나는 천상에 있다. 지상에서의 삶은 천상에서의 삶과 똑같이 우리의 성장에 중요하다. 이곳에서의 우리의 활동은 저곳에서의 우리의 활동과 균형을 이루고 서로 보완한다. 따라서 생명작용을 제대로 조망하길 원한다면, 우리는 이 감춰진 단계까지 포함하여 윤회를 이해하는 게 중요하다.

물론 사후에 일어나는 일들을 정확히 알아낼 수 있다는 생각 자체가 어리석은 것일 수 있다. 하지만 최소한 '어느 정도'는 알아낼 수 있다는 생각은, 지금으로서는 결코 무리가 아니다. 다양한 의식변환 기법들을 통해 전생에 대한 '기억상실'을 해제시킬 수 있다면, 죽는 순간부터 다음 환생까지의 경험을 기억해내는 것도 이론적으로 충분히 가능할 것이다. 우리의 의식이 모든 경험을 저장하고 있다면, 우리는 그로부터 저편의 삶에 대한 정보 일부를 꺼낼 수 있을 것이다.

앞서 몇 번이나 강조했던 것처럼, 한 사람의 삶의 심층적 의미를 그 선행 과정과 별개로 이해해낼 방법은 없다. 그것은 마치 탐정소설의 전체 내용을 중간의 한 장章만 읽고 판단하려는 시도와 같다. 불가능한 일이다. 이제 우리는 이렇게 물을 수 있다. 소설은 각각의 장들로 분리될 수 없는데, 왜 우리는 분리된 채로 살도록 강요받을까? 왜 우리는 '육체에 근거한 에고'라는 하나의 파편에 얽매인 채 그것이 전부인 양 알고 살게 되는가? 이런 기억상실의 목적은 뭘까?

간단히 답해서, 그것은 배움을 가속화하기 위해서인 듯 보인다. 기억상실이 만드는 '단절'은 우리의 급속한 성장에 꼭 필요한 것이다. 우리의 성장은 범위가 너무나 넓어서 그 전체가 한눈에 들어오지 않는다. 따라서 우리를 어떤 한정된 시간 내의 서로 다른 경험들에 완전히 몰입시킴으로써 배움을 가속화하기 위해, 이처럼 상대적으로 짧고 의식적으로 분리된 삶의 구조가 고안된 듯하다. 특정한 몸, 특정한 사회관계, 특정한 문화, 특정한 이력, 특정한 역사 속에서 할 일을 마치고 나면 우리는 그와 전혀 다른 조건들 속으로 투입된다. 현생에 맞춰진 초점을 넓혀보라. 이런 생이 수백 번이나 반복되고 있다고 상상해보라. 우리는 부와 가난, 두려움과 용기, 갈등과 평온 등등 인간의 모든 경험을 아는 존재이다. 우리는 예술가이고, 전사이고, 성직자이고, 정치인이고, 개혁가이며, 또한 소작농이다. 우리는 남성이자 여성으로서 양성兩性의 모든 비밀을 함께 아우르고 있다. 우리는 하나의 지역, 하나의 문화가 아니라 모든 지역과 문화를 잘 알고, 하나의 시대가 아니라 우리가 발 담갔던 모든 시대를 잘 안다.

상위의 정체성과 단절시킴으로써, 기억상실은 우리로 하여금 현재 맡고 있는 경험에만 집중하게 함으로써 배움의 과정을 촉진시킨다. 만약 우리가 어떤 일을 할 때 산란한 정신으로 절반의 주의만을 기울인다면, 그것은 대개 결과에 그대로 반영된다. 수업 내용 또는 축구 시합에 온전히 집중하지 않을 때, 우리는 뭔가를 놓치게 된다. 우리는 기억상실로

탄생

통합
계획
기억

확장
실행
망각

죽음

인해 '당분간' 우리 자신을 그저 현재의 육체와 성격으로만 인식한다. 이런 책략을 통해 우리의 에너지는 지금 이 순간으로만 투입된다. 연극을 볼 때, 우리는 무대 장치를 실제 현실로서 경험하기 위해 일부러 분별심을 내려놓는다. 그와 비슷하게 이 지상에서의 경험에 최대한 몰입하기 위해 우리는 우리 '연극'의 설정들을 온전히 신뢰해야 한다. 기억상실이 바로 그런 역할을 해준다. 그것은 현재 우리에게 주어진 배움의 조건들을 훼방할 수도 있는 기억들로부터 우리를 떼어내 보호해준다.

그러나 배움을 완성하기 위해서는, 새로운 경험에 몰입하는 것만으로는 충분치 않다. 우리는 그 경험들을 기억하고, 소화하고, 이전의 정보들과 통합해야 한다. 만약 경험하는 족족 잊어버린다면 우리는 그 어떤 통찰도 획득할 수 없을 것이다. 기억 또한 성장 과정에 필수적이다. 이런 이유로, 만약 우리가 영영 전생을 기억해낼 수 없다면 윤회 자체가 무의미해진다. 따라서 배움이 완성되려면, 새로운 경험을 위해 필요한 '단절된' 의식이 적절한 시점엔 영속적이고 온전한 상태를 회복하며 균형을 맞춰야 한다. 그리고 그 적절한 시점은 지상에서 사는 동안이 아니라 천상에서 사는 동안에 해당한다.

우리 삶의 기본 주기는 '확장'과 '통합'이다. 새로운 경험을 수집하는 작업은 지상에서 이뤄지고, 그 경험들을 선행 경험들과 통합하는 작업은 천상에서 이뤄진다. 이 두 단계는 상호보완적이다. 새로운 몸으로 태어날 때는 '의식의 단절'이 일어나고, 물질적 몸을 떠날 때는 '의식의 재통합'이 일어난다.

죽음의 문턱까지 갔다가 현대의학에 의해 되살아난 사람들은 한결같이 이런 경험을 보고한다. 그들은 임사체험 중에 자신의 의식이 엄청나게 확장되면서 매우 높은 수준의 정보와 통찰에 접근할 수 있었다고 말한다. 그리고 흥미롭게도, 이처럼 의식이 확장된 상태는 친숙한 느낌을 준다. 지상에서 한 번도 경험해본 적 없는 상태지만 그럼에도 마치 '고향'에 온 듯하다.* 탄생의 순간부터 작동해온 '기억상실'이 일시적으로 해제된 것이다.

우리 삶의 또 다른 양극은 '계획'과 '실행'이다. 앞장에서 우리는 바르도Bardo에서 세워진 계획이 지상에서 실행되는 과정을 살펴보았다. 이곳의 일들이 천상으로 돌아간 후에 평가되고 그로써 한 주기가 완성된다. 환생을 거듭하는 동안, 우리는 엄정한 원칙에 따라 이런 과정들을 통과해가고, 시간의 안팎을 오가면서 나선형 성장궤도의 위쪽으로 점차 상승해간다.

이처럼 지상에서의 기억상실과 죽음 이후의 기억회복이 균형을 이룬다고 해도, 우리의 모든 기억이 사후에 항상 회복된다고 단정할 순 없다. 때로는 여러 번의 삶과 죽음이 하나의 더 큰 과정을 이루는, 그래서 한 번의 삶이 끝나도 우리의 모든 기억을 회복하진 못하게 되어 있는,

* Kenneth Ring, *Heading Toward Omega* 참고.

좀더 장기적인 성장주기 속으로 우리 스스로 뛰어들거나 투입되는 경우도 있을 수 있다. 이때는 각각의 삶이 끝나 정체성이 다소 확장되더라도, 하나의 더 큰 과정이 마무리되기 전까지는 완전한 통합이 보류될 수 있다. 그러나 우리는 본래 완전하고 우리의 경험 또한 헛되지 않기 때문에, 결국 우리의 온전한 정체성과 기억은 완전히 회복되고야 말 것이다.

마루와 골

말로 하는 설명보다는 그림이 개념을 이해하는 데 효과적일 수 있다. 내가 제자들에게 인간 삶의 두 단계를 가르칠 때 유용하게 쓰는 그림이 바로 '마루와 골'이다. 나는 칠판에 사인파와 같은 곡선을 그려놓고 — 뒤로 갈수록 마루는 더 높아지고 골은 더 깊어진다 — 우리의 삶이 이 일련의 마루와 골들을 통과해가는 여정이라고 상상하게끔 한다. 여기서 마루는 비물질계 또는 영적 세계의 삶을 뜻하고, 골은 물질세계의 삶을 가리킨다. 나는 그림을 동원하며 다음과 같은 설명을 이어간다.

이 순환 주기 위의 어떤 지점부터 설명을 시작해도 무방하겠지만, 일단 지금 우리가 있는 곳, 즉 골 중간의 어느 한 지점에서 시작해보자. 우리는 시공의 제약이 있는 골의 세상 속에, 그 어떤 기억도 없이 깨어난다. 그리고 주변 사람들, 제도들, 사회적 관습들, 역사적 사건들의 복합적 작용에 의해 우리의 삶이 빚어진다. 우리의 통제력 밖에 있는 듯한 기회와 한계들에 대처하는 동안 우리는 인간관계, 직업, 가족, 대출금, 정치적 입장 등에 종속되어간다. 그리고 세월의 흐름에 따라 저점을 찍고 나면, 이제는 방향을 바꿔 상승하기 시작한다. 나이가 들어갈수록 우리는 골짜기를 떠나 점차 야산을 오르게 된다. 그렇게 높이 올라가면서 우리는 지난날을 돌아보며 반복됐던 패턴들을 찾아본다. 높이 올라왔기 때문에 우리는 유년기부터 성인기까지의 경험들을 새로운 관점에서 조망해볼 수 있다. 뒤늦은 통찰과 함께, 우리는 삶의 중요한 시기에 내렸던 결정들의 의미를 이해하게 되고, 또한 날 때부터 한결같이 함께해주었던 우리의 개성에도 고마움을 표하게 된다.

우리는 계속 상승해가다가 어느 순간 분기점(중간선)을 넘으면서 우리의 몸과 이별하게 된다. 그러나 몸을 떠난다고 해도 여러 물리적 제약으로부터 벗어난다는 점만 바뀔 뿐, 우리 자신은 여전히 그대로이다. 임사체험자들의 증언에 의하면, 이 분기점에서 우리는 보통 흰빛과 만나게된다. 계속 위로 올라가면서 우리는 우리 삶의 진실을 직면하며 더 많은 것들을 배운다. 이때 우리의 앎은 더욱 깊어지고 넓어진다. 임사체험자들은 말하기를, 직전 생을 재경험하는 것은 사후에 전개되는 강력한 '자기발견/자기탐구' 과정의 첫 단계에 불과할 뿐이라고 한다.*

높이 오를수록 우리는 더 많은 것들을 보게 된다. 우리는 우리와 함께

---

* 마루에서의 시간은 골에서의 시간과 전혀 다르게 작동하는 듯하지만, 여기서는 설명의 편의를 위해 따로 구분하지 않을 것이다.

살고 함께 일했던 사람들과 우리와의 연결성에 대해 더 깊이 깨닫는다. 골에 있을 때 보이지 않던 인과관계가 보이기 시작한다. 복잡하게 수놓인 천을 뒤집어보면 앞면에서는 떨어져 보였던 두 점이 뒷면에서는 하나의 실로 이어져 있는 것과 같다. 영적 세계에서 바라볼 때, 우리가 지나온 여러 생들은 하나의 온전한 그림으로서 그 모양과 의도를 드러내기 시작한다.

이런 되돌아봄과 깨달음의 과정은 '기억'의 회복과 함께 진행된다. 마루의 정점으로 다가가면서, 우리는 직전 생을 시작하기 전에 우리 자신이 내렸던 선택과 결정들을 기억해내기 시작한다. 점차 우리는 우리 자신에게 부여했던 그 생의 과제들을 떠올리고, 그 목표를 얼마나 달성했는지를 판단하기 시작한다. 그러는 한편으로, 우리의 능력을 키우고 존재를 풍요롭게 해준 지상에서의 새로운 경험들에 감사하기 시작한다.

마치 하나의 꿈에서 깨어나듯, 우리는 상위의 정체성 속으로 깨어난다. 우리는 우리가 경험했던 많은 생들을 통합하고 품어내는 큰 존재이다. 시야가 넓어지고, 기억이 선명해진다. 우리는 지나온 여러 골들을 다 내려다볼 수 있을 만큼 높이 올라서서, 직전 생이 그보다 앞선 생들의 연장선상에 있었음을 이해한다. 우리는 직전 생의 중요한 인간관계들을 더 깊고 넓은 맥락 속에서 이해한다. 우리는 이 영속적인 삶의 완벽한 흐름에 감사한다. 한 생에서 소홀했던 탓에 다른 생에서는 고달파야 했고, 한 생의 성취 덕분에 다른 생은 수월했던 것이다.

우리가 접하는 모든 것은 섬세한 균형을 이루고 있다. 그것은 양팔저울 같은 기계적인 균형이 아니다. 신은 판사가 아니고 카르마는 회계사가 아니다. 우리에게 주어진 '삶이라는 교향곡'은 배움을 위해 고안된 것이다. 그것은 우리로 하여금 모험에 뛰어들게 하고, 더 많은 경험을 쌓게 하고, 경험을 통해서만 배울 수 있는 것들을 배우게 한다. 때로는 상이나 벌이 주어지기도 하지만 그것들은 어디까지나 배움을 확실하게 촉진하기 위한 장치이다. 이처럼 집중적인 교육 과정은 결코 흔하지 않다. 우리 자신의 본질과 경험들을 더 많이 기억해낼수록 진실도 더욱 명쾌해진다.

여기서 '기억해낸다'라고 표현하긴 했지만, 그것은 단순한 기억을 넘어 본래 정체성을 회복하고 재통합하는 것과 같다. 기억이라고 하면 현재 정체성이 그대로 유지되고 거기에 이전 경험들이 살을 덧붙인다는 뜻으로 전달될 수 있다. 하지만 이 과정은 극단적인 기억상실증에 걸렸던 사람이 회복되면서 정체성의 완전한 변화를 겪게 되는 것과 비슷하다. 아까의 그림으로 돌아가 보면, 마루의 꼭대기에서 이런 정체성의 확장이 일어난다.*

이처럼 우리가 대령으로서 완성을 이뤘다면, 우리는 우리의 근원으로 돌아갈 수 있다. 하지만 그렇지 못했다면, 우리는 완성을 위해 또 다른 골로 하강해가기 시작한다. 지상의 교육 과정을 통해서만 성취할 수 있는 것들이 있다. 지상의 시간 개념으로 수십 년 정도를 자신의 관심사와 성장 단계를 따져보는 데 쓰고 나서, 우리는 물질세계로의 재진입을 준비한다. 새로운 삶의 계획은 이 일을 안내해주는 임무를 띤 여러 영적 존재들의 도움과, 우리와 함께 환생할 영혼들과의 협조하에 세워진다. 성급하게 이 과정을 건너뛰려는 영혼들도 있지만 안내자들은 꼼꼼하게 계획을 세워놓도록 권고한다. 일단 환생하고 나면 우리의 선택권은 크

---

* 앞장에서 소개했던 로버트 먼로의 경험담을 다시 읽어보길 바란다.

게 줄고 계획이 수정될 수 있는 여지도 좁아지기 때문이다.

계획이 다 세워지면, 우리는 지금껏 경험했던 생들과 이제부터 경험할 생의 밑그림을 함께 살펴볼 수 있다. 우리는 마루에 서서, 저 아래 골에서 겪게 될 일들이 과연 적절한 것인지 확인할 수 있다. 또한 집단적인 조율작업을 통해서 이번 생에서 다시 한 번 관계 맺을 영혼들과 새로 조우할 영혼들을 정한다. 부모를 정하고, 사회경제적 환경을 정하고, 성별을 정한다. 부족했던 능력을 시험하거나 불균형을 바로잡기 위해, 우리는 중요한 시련들과 새로운 자극들을 시나리오 속에 준비해둔다. 또한 수명을 어느 정도로 할 것인지도 정해둔다. 물질세계라는 보호막이 우리의 이런 의도를 숨겨버리지만, 이것은 일시적인 위장에 불과하다. 왜냐면 다시 골을 떠나 마루로 상승해갈 때 우리는 환생 전의 계획과 의도를 기억해낼 것이기 때문이다. (때로는 일종의 의식확장 수행법 같은 것을 접하게 함으로써, 비록 물질세계 속에 있지만 자신의 운명을 약간 엿볼 수 있는 기회를 준비해놓는 경우도 있다.)

우리 스스로 더 완벽해지기 위해 장애물 코스를 설계하는 동안, 지상으로 돌아갈 시간이 가까워진다. 우리는 최종 확인 도장을 찍고, 본격적으로 골을 향하기 시작한다. 우리는 우리 자신이 걸림 없는 영적 존재에서 엄마 뱃속에 들러붙은 배아세포로 전환될 때까지 하강을 계속한다. 그리고 거침없이 분화를 거듭하여 더 이상 엄마와 신체적으로 연결되어 있기 어려울 정도로 성장한다. 강력한 에너지가 우리를 감쌌다가, 산도産道를 통해 바깥세상으로 밀어낸다. 그렇게 우리는 우리의 본질이 뭔지, 무엇이 우리를 기다리고 있는지를 까맣게 잊은 채로 태어난다. 충분한 시간이 지나 이 골을 벗어나게 될 때까지, 지상의 교육 과정은 쉼 없이 지속될 것이다.

물론 내가 사용한 그림이 실재를 지나치게 단순화시킨 비유임은 분명하다. 이 비유는 그저 순환 주기의 큰 흐름만을 개괄적으로 알려줄 뿐이다. 물질세계를 오가는 과정은 이처럼 기계적이지도, 표준화되어 있지도 않다. 여행자들은 저마다의 방식으로 골짜기를 오르내린다. 다음 생을 꼼꼼하게 계획하는 영혼이 있는가 하면, 다음 생의 소용돌이 속으로 무모하게 뛰어들어 실제로 좌충우돌하며 살아가는 영혼도 있다. 어떤 영혼은 비교적 평탄한 인생을 선호할 것이고, 어떤 영혼은 대담하게 많은 시련을 감당해보길 원할 것이다. 윤회의 목적과 방식에 따라 그 결과는 크게 달라진다. 윤회란 현상은 다양성을 낳기 위해 설계된 것이다. 따라서 편의를 위해 그 다양성을 뭉뚱그리려 할 때, 우리는 실재를 왜곡할 수밖에 없다.

천국과 지옥

이쯤에서 살펴볼 문제가 있다. 만약 삶이 확장과 통합의 과정을 거쳐 간다면, 죽음이 결국 환생으로 이어진다면, 천국과 지옥이라는 개념은 어떻게 되는 것인가? 최후의 심판, 낙원, 지옥살이 등의 개념은 어찌 되는가? 그것들은 이 순환 과정의 맨 끝에 있는 것인가, 아니면 전혀 실체가 없는 것인가?

《바르도 퇴돌Bardo Thodol》*에는 이 문제에 대한 흥미로운 글이 있다. 《바르도 퇴돌》은 죽은 자를 위해, 즉 이번 생의 몸을 떠나서 다음 생의 몸을 받기 전까지 다양한 과정을 거치고 있는 영혼을 위해 쓰여진 티베트의 경전이다. 티베트 불교의 스승 파드마삼바바가 8세기경에 저술한

214

것으로 그 전통의 역사는 훨씬 오래전으로 거슬러 올라간다.

이 책에 따르면, 우리들 대부분은 순환 주기의 정점에서 천국과 지옥을 둘 다 경험하게 된다. 그것은 우리가 지상에서 이룬 성공과 실패를 반영하고, 따라서 영혼마다 경험의 내용과 지속기간이 다르다. 그것은 직전 생의 생각과 행위가 만든 파문을 온전히 직면하기 위한 것이고 따라서 교육 과정의 일부이다. 즉 지옥의 경험은 단순히 벌을 받는 것이 아니라, 불순물을 태워 우리 자신을 정화하고 영적 본질을 회복하기 위한 방편이다.

좀더 자세히 들여다보자. 《바르도 퇴돌》은 우리가 몸을 떠나고 흰빛을 만난 후에 '초에니 바르도Choynid Bardo'(실재를 경험하는 바르도)라는 차원으로 들어간다고 말한다. 여기서 우리의 의식은 완전히 뒤집어진다. 무의식이 주인 자리를 차지하고, 에고는 힘을 잃고 뒤로 물러난다. 여기서의 주요 법칙 중 하나는 '생각이 현실을 창조한다', '생각한 대로 경험한다'이다. 무얼 생각하든, 우리는 바로 그것을 정확히 경험하게 된다. 생각과 기억뿐 아니라 무의식 속에 짓눌려 있던 상상들도 모두 여기에 포함된다. 그것들이 이 바르도의 에너지장과 상호작용함으로써 우리는 우리 내면을 완벽하게 반영하고 있는 존재들, 상황들, 조건들을 마주하게 된다. 바로 이런 방식으로, 우리는 우리만의 고유한 천국과 지옥을 창조한다. 우리의 의식 속에는 부정적 생각과 긍정적 생각이 함께 들어 있으므로, 우리는 그 두 가지를 여러 강도로 번갈아 경험하게 된다. 《바

---

* 《티베트 사자의 서》를 뜻한다. '바르도 퇴돌'은 죽어서 중음계中陰界를 여행하는 영혼에게 들려줌으로써 그를 영원한 자유에 이르게 하는 가르침이라는 뜻이다.

르도 퇴돌》에서는 이 경험을 "분노한 신들과의 만남", "평온한 신들과의 만남"이라고 표현한다.

이 차원의 또 다른 원칙은 '유유상종類類相從'이다. 축복을 경험하든 고통을 경험하든, 우리는 그와 같은 경험을 하는 다른 영혼들을 만나게 될 것이다. 이 차원은 단테가 《신곡》에서 묘사한 〈지옥편〉 또는 〈천국편〉을 떠올리게 한다. 단 하나의 예외, 이것이 일시적 경험이라는 사실만 빼고 말이다. 초에니 바르도에서 깨달음을 얻지 못한 영혼들은 '시드파 바르도Sidpa Bardo'(환생의 길을 찾는 바르도)로 옮겨가서 새로운 순환을 시작하게 된다.

사후세계에 대한 이 고대의 통찰은 로버트 먼로가 《먼 곳으로의 여행》(Far Journeys)에서 밝힌 내용과 놀랍도록 비슷하다. 먼로는 25년 이상의 체외이탈 경험을 바탕으로, 지상에서의 생들 사이의 '중간 차원'은 각각의 영혼마다 성장 단계에 맞는 경험을 하게끔 무척 복잡하고 다층적으로 이뤄져 있다고 말한다. 그에 따르면, 생과 생 사이에 있는 영혼들을 위해 수천 개의 '고리(rings)'가 시공(물질세계)를 둘러싸고 있다. 고리들은 저마다 대단히 다른 조건을 제공한다. 지상의 삶에 대한 집착에 빠진, 사후에도 지상의 감정들에 얽매여 있는 영혼들은 지상에 가까운 안쪽 고리 속에서 머문다. 지고한 가치들을 이해하고 상위의 정체성을 획득한 영혼들은 훨씬 바깥쪽 고리 속에서 머문다. 환생을 거듭하며 성장해갈수록, 우리는 새로운 능력을 품어줄 바깥쪽 고리들로 점점 더 이동하여 사후세계를 경험하게 된다.*

천국의 축복을 경험하든 지옥의 고통을 경험하든, 이 차원에서 우리의 일정은 정해져 있다. 윤회론자들은 '영원한 지옥살이' 따위는 없다고 잘라 말한다. 지상의 생 동안 무슨 짓을 저지르더라도, 그게 신과 영원히 별거해야 할 만큼의 잘못은 될 수 없다는 것이다. 사랑을 배우는 일을 제외하고는 지상에서의 어떤 행위도 그 자체로 영속적인 가치를 지니지 못한다. 게다가 비교 전통들에 따르면 바로 우리 자신이 신의 일부이다. 우리는 일체성보다 개별성에 초점을 맞추고 있을 뿐인 신의 의식이다. 지옥살이가 영원하려면, 신은 자기 안에서 영원한 분리가 일어나게끔 허용해야 한다. 상상할 수 없는 일이다. 근원, 즉 나의 본질과의 격리는 결코 영원할 수 없다. 그저 우리가 신의 일부로서 참여하고 있는 더 큰 모험을 위한 밀물과 썰물이 있을 뿐이다.

윤회 과정에는 '영원한 지옥살이'라는 끔찍한 망령이 없는 대신 우리의 책무가 더욱 강조된다. 윤회론에는 우리가 저질러온 실수의 결과들로부터 우리를 구해줄 대속代贖의 구원자가 존재하지 않는다. 지상의 생은 오로지 배움을 위해 존재하는 것인데, 구원자가 있다면 배움을 위한 상호작용이 방해받을 것이다. 윤회론자들은 '구원'이 지상의 교육과정을 졸업하고 신의 영원한 지복 — 진짜 천국 — 으로 옮겨가는 과정을 상징한다고, 따라서 구원자들은 우리로 하여금 신성한 본성 — 그 안에서 모두가 하나인 — 을 회복하게끔 안내해주는 스승들에 해당한다고 말한다. 누구도 그 과정을 대신 해줄 순 없지만, 스승들은 우리에게 궁극적으로 가야 할 방향과 최단 경로를 알려줄 수 있다.

* 먼로는 이런 고리들이 영적 세계에서 꼭 필요한 요소라고 보지 않았다. 오히려 이런 고리들은 현재 지상의 '비극적인' 상태를 반영하는 것으로, 그래서 언젠가는 극복되어야 할 요소로 보인다.

영혼의 나이

영적 세계의 여러 단계까지 아우르는 제대로 된 윤회론은 많은 생을 거쳐 가는 영혼의 여정을 더 넓은 시야에서 바라보게 해준다. 지상의 생을 처음 경험하는 신입생이 선배들과 똑같은 통찰과 능력을 가졌을 리 없고, 선배들이 신입생처럼 허둥댈 리도 없다. 경험에 의한 성숙함은 티가 나게 마련이다. 그렇다면 윤회 과정에서 '성숙함'이란 대체 무엇일까? 우리의 영혼이 스스로 완전해지기 위해 환생한다면, 완전한 상태란 대체 무엇일까? 심리학자들이 인간의 발달 단계를 규정하듯이 우리도 그런 단계들을 규정할 수 있을까?

이것은 충분히 숙고해볼 만한 의문이고, 이로 인해 많은 윤회론자들은 '영혼의 나이'라는 개념을 논하게 되었다. 누군가의 신체적 나이를 알면 그의 이성적, 감성적 성숙도를 대략 짐작할 수 있듯이, 영혼의 나이에도 같은 의미가 있지 않을까? 여기서 영혼의 나이란, 쉽게 말해 그 영혼이 지상의 교육 과정을 밟아온 기간을 뜻한다. 어떤 영혼들은 젊고, 어떤 영혼들은 나이가 많다. 고급 단계를 끝내고 곧 졸업할 영혼이 있는가 하면, 아직 초급 단계에 머무는 영혼도 있다. 이처럼 지상의 경험을 공교육 과정에 빗대는 것이 결코 무리한 추론이 아니라면, 우리는 거기에 정해진 순서가 있다고 생각해볼 수 있다. 어려운 수업보다는 쉬운 수업이 선행되는 것이 자연스럽다. 어떤 문제를 풀려면, 그 풀이 과정에 필요한 기본 셈법부터 먼저 익혀둬야 옳지 않겠는가? 그렇다면 지상의 과제들 중에 어떤 것은 초급 단계에 해당할 테고 어떤 것은 고급 단계에 해당할 것이다. 우리는 과연 무엇을 통해 젊은 영혼과 나이 든 영혼, 그리고 중년의 영혼을 구분해볼 수 있을까?

이런 질문에 답해보는 것은 분명히 의미 있는 일이지만, 나는 시간이 갈수록 좀더 신중하고 조심해야 할 필요가 있다고 느낀다. 계속 새로운 변수들이 발견되고 있기 때문에 우리가 지금 얼마나 많은 부분을 놓치고 있는지는 아무도 모른다. 그래서 영혼의 나이에 관한 힌두교의 설명을 소개하기 전에 두 가지를 당부해두고자 한다.

첫째로, 영혼의 성장 단계를 꽉 짜인 과정으로 보는 것은 적절한 태도가 아니다. 흔히 윤회론자들은 전생이 끝난 지점에서 후생이 다시 시작된다고 보지만 그것은 지나치게 단순한 생각이다. 우리는 영혼들이 일련의 과제를 — 시간이 얼마나 걸리든 — 전부 끝낸 후에야 다른 과제로 넘어간다고 믿기 쉽지만, 삶은 그렇게 딱 떨어지지 않는다. 어떤 생에서, 우리가 주어진 과제들 가운데 일부는 성공적으로 해냈고 일부는 그렇지 못했다고 치자. 그렇다면 다음 생에서는 일종의 분류 작업을 거쳐서 어떤 부분들은 더욱 난이도를 높여가지만 어떤 부분들은 더 나중의 생을 위해 잠시 보류해둘 수도 있다. 예컨대 여러 생에 걸쳐 훌륭한 작곡가가 되기 위한 길을 걷다가도, 중간에 잠깐 멈춰 다른 과제부터 해결하고 나서 기존의 음악적 역량을 다시 집어들 수 있는 것이다.

이런 생과 생의 불연속성은 우리가 맡고 있는 과제들의 상당수가 다른 영혼들과도 연결된 것들이며 그들 또한 저마다 서로 다른 과제들을 맡고 있다는 데서 기인한다. 누군가와 함께 해결해야만 하는 과제들을, 우리의 생이 저마다 다양한 양상을 따름에도 불구하고 무조건 한데 모아놓는다면 상황이 얼마나 복잡해질지 상상해보라. 조금만 따져보면, 전생의 '모든' 요소를 다음 생에서 그대로 이어간다는 것이 얼마나 현실성 없는 생각인지 바로 알 수 있다. 그러기에는 모든 사람이 너무나 많은 변수를 갖고 있다. 생마다 서로 다른 카드가 주어지고, 그것들이 바로 그 시대와 조건에 맞는 '수면 위의' 과제들이다. 따라서 우리의 성장 단계를 나타내는 지표는 한 생에서의 몇몇 측면이 아니라 영혼의 긴 여정 속에서 발견되어야 한다.

'영혼의 나이'라는 개념을 대략적인 참고로만 삼아야 할 두 번째 이유가 있다. 소위 '나이'라고 하면 우리는 꼭 영혼들이 모두 똑같은 시작점에서 시작해서 공동의 발달단계를 겪어간다고 — 갓난아기 시절부터 쪼글쪼글한 노인에 이르기까지 — 여기기 쉽다. 또한 '학교'라는 비유도 모두가 똑같이 유아반에서 시작해서 공동의 기술을 익힌 후에 졸업하는 듯한 느낌을 준다. 그러나 우리의 삶은 전혀 다른 방식을 따른다. 이 지상이라는 학교는 각 영혼마다 맞춤형 과정을 제공하는 것 같다. 예컨대 어떤 영혼은 이 지상에서만 얻을 수 있는 약간의 경험들을 제외하고는 이미 다른 차원에서 충분한 경험을 축적했을 수 있다. 이런 영혼들은 많은 과정이 남아 있는 다른 영혼들에 비해 지상에 머물러야 할 시간이 짧을 것이다.

물론 교육 과정이 항상 계획된 대로만 흘러가는 것은 아니다. 그저 물질적 경험을 한 번 해보기 위해 지상의 교육 과정을 시작했다가 발이 묶여 오랫동안 머물게 되는 영혼들도 있다. 로버트 먼로에 따르면, 먼로 자신 이외에도 많은 사람들이 그런 경우에 해당한다고 한다. 그는 우리들 중 대부분이 이곳 '출신'이 아니며, 각자 다양한 비물질적 차원 속에 있다가 지상에서만 경험 가능한 기회를 얻기 위해 이곳으로 왔다고 말한다. 하지만 지상의 교육과정은 그리 만만하지 않다. 왜냐면 물질적 현현顯現에는 중독성이 있기 때문이다. 우리는 윤회를 반복하면서 점점 더 진짜 정체성을 — 심지어 사후세계에 있을 때조차도 — 망각하게 된다. 먼로는 우리의 나선형 순환 주기가 생을 반복할수록 안쪽 — 거친 물질계 수준 — 으로 깊숙이 빠져드는 경우가 무척 잦다고 말한다. 물론 결국엔 바깥쪽으로 돌아오지만 말이다. 우리의 영적 정체성은 안쪽으로 빠져들수록 가려지고 잊혀지며, 바깥으로 돌아 나올수록 드러나고 재발견된다. 이 과정을 끝내는 데 필요한 순환 횟수와 배움의 양은 해당 영혼이 얼마나 유능한지, 그리고 물질계에 얼마나 깊이 빠져 있는지에 달렸다. 먼로의 설명은 우리로 하여금 '영혼의 나이'라는 개념을 일차원적으로 적용해서는 안 되며 반드시 숨겨진 요소들까지 감안해야 함을 인식하게 해준다.

이상의 내 당부를 요약하자면, 영혼의 나이는 말뜻처럼 영혼의 '출생'부터 지금까지의 기간을 뜻하는 개념이 아니다. 그저 지상의 교육 과정을 어디쯤 통과하고 있는지를 나타내는 상징일 뿐이며, 그마저도 꼭 맞다고는 볼 수 없다. 이 상징은 유용하지만, 그만큼 삶의 순환 주기를 지나치게 표준화시키는 작용도 한다. 영혼의 발달 단계에 대한 설명이 아무리 그럴듯해 보여도 실제 우리의 삶은 의심할 여지없이 훨씬 복잡하고 개성적이다. 이런 위험에 주의하면서, 윤회를 믿는 가장 유서 깊은 문화 중 하나인 인도에서 전해온 '영혼 나이의 개괄도'를 살펴보자.

영혼 나이에 따른 차크라 개괄도

차크라는 연속적으로 구성된 인간의 심리적-영적 중추들이다. '차크라'라는 단어는 산스크리트어로서 힌두교도와 불교도들의 것이지만, 다른 영적 전통들도 그와 비슷한 중심점들을 논해왔다. 차크라는 전통적으로 우리의 물질적 몸과 비물질적 몸(들)을 연결하고 통합하는 일곱 개의 심령心靈 센터들 또는 '수레바퀴'들을 뜻한다. 차크라는 주로 척수를 따라 자리하고 있으며, 주요 신경절 또는 내분비선과 연계하고 있지만 꼭 그것들과 일치하지는 않는다. 차크라는 우리의 육체적, 심리적, 영적 측면을 모두 포괄하는 다차원적 현상이다. 각각의 차크라는 물리적, 감정적, 심리적, 영적으로 특정한 작용을 하므로 인도의 전통의학에서는 그 작용들이 서로 연관된 것으로 보고 있다.

힌두교의 가르침에 따르면, 생명력은 정수리 위의 최상단 차크라로 쏟아져 들어와서 척수 꼬리의 최하단 차크라까지 하강해 내려간다. 그리고 이 천상의 에너지는 아래에서 지상의 에너지와 섞이면서 다시 위로 되돌아 올라간다. 일곱 차크라는 모두 이 신성한 힘에 의해 활성화되며, 저마다 일정한 양의 에너지를 관련 기관들로 전달한다. 즉 '닫힌' 차크라는 '열린' 차크라보다 좀더 적은 에너지, 얕은 정보를 전달한다.

이 일곱 차크라가 조화를 이루는 정도를 알면 우리가 영적 진화의 여정에서 어디쯤 있는지를 대략 추론해볼 수 있다. 성숙한 영혼은 모든 차크라가 완전히 열려 더없는 조화를 이루고, 덜 성숙한 영혼은 차크라마다 열린 정도가 사뭇 다르다. 차크라에 관한 책은 무수히 많으니 관심 있는 독자들은 찾아보길 바란다.*

차크라는 그 다차원적 특성으로 인해 다양한 방식으로 인식될 수 있다. 차크라의 기능은 프라나prana 또는 기氣와 같은 미세 에너지로서 설명될 수도 있고, 의식의 수준으로 설명될 수도 있다. '영혼의 나이'라는

*   Swami Rama의 저술들, Rudolph Ballentine의 저술들, Swami Ajaya의 *Yoga and Psychotherapy*, Ajit Mookerjee의 *Kundalini: The Arousal of the inner Energy* 등을 입문서로 추천한다.

측면에서 우리는 차크라 시스템을 의식 수준, 즉 영적 진화의 여정에서 현재 위치를 나타내는 — 그 시작점은 최하단 차크라이고 종결점은 최상단 차크라이다 — 일종의 상징으로서 살펴보고자 한다. 요컨대 우리는 지상에서 다양한 의식 수준을 취할 수 있으며, 각 차크라들이 바로 그런 특정한 존재 상태를 상징한다는 것이다. 우리는 각 차크라와 연관된 심리적 특질들을 정리해봄으로써 그것들을 좀더 분명히 구분할 수 있다. 물론 이처럼 차크라를 '의식 수준'의 원형적原型的이고 반복적인 상징으로서 활용할 수 있다 해도, 실제로 하나의 차크라에만 귀속되어 있는 인간은 존재할 수 없다. 그럼에도 개괄적으로만 보면, 각 차크라의 심리적 작용들은 영혼의 나이와 성숙도에 따른 양상의 차이를 잘 드러내준다. 차크라는 언제나 매우 복잡하고 미묘하게 상호작용하기 때문에, 지나치게 '단순화'하려는 태도야말로 우리가 가장 피해야 할 것이다. 다음은 인간의 삶을 다채롭게 펼쳐내고 있는 음계(scale)의 일곱 음(notes)들 — 일곱 차크라 — 에 대한 설명이다.*

첫 번째 차크라(뿌리 차크라)는 척수의 꼬리 부분에 위치하고 있으며 가장 원초적인 생존 본능과 관련되어 있다. 이것은 인간과 동물의 가교에

---

* 켄 윌버는 차크라를 (문헌들의 설명 그대로) 실제로 우리의 미묘한 신체 속의 심리적-영적 기관으로 오해하지 않도록 당부한다. 깨달음의 관점에서 보면, 차크라 또한 다른 모든 존재와 마찬가지로 그 실체가 없는 것이기 때문이다. 차크라는 궁극적인 실재가 아니다. 오직 지고한 브라흐만 Brahman, 참나(True Self)의 삿칫타난다(존재-의식-지복)만이 실재이다. 다른 모든 것들은 이 우주에 충만한 '그것'을 가리는 덧없는 환영에 불과하다. 그럼에도 켄 윌버 자신도 지적했듯이, 물질계 안에서는 '존재의 단계가 나뉘고, 그에 따라 인식(의식) 수준도 나뉜다'는 것이 피할 수 없는 진실이다. 물질계 속에서, 차크라는 인간 의식의 발전 — 가림막을 한 꺼풀씩 벗겨 결국 실재를 재발견하는 — 양상에 대한 실마리가 되어준다. John White의 선집 *Kundalini, Evolution and Enlightenment*에 실린 Ken Wilber의 "Are the Chakras Real"을 참고하라.

해당한다. 이것은 두렵거나 불안정한 상황에서의 자기보호 본능, '싸우거나 도망치기' 반응 등을 관장한다. 이 수준의 의식이 충분히 성숙된 사람은 자신의 삶이 이 세상에 안전하고 깊게 뿌리를 내렸다고 느끼고 생명을 위협하는 상황들도 자신 있게 잘 대처해 나간다. 첫 번째 차크라의 과제들을 아직 풀지 못한 사람들은 '죽지 않으려면 죽여야 하는' 정글의 법칙 속에서 살게 된다. 우리가 일단 '생존'해야만 다른 모든 것이 가능해지기 때문에 이것은 우리 삶의 기반이라고 할 수 있다.

두 번째 차크라(性의 차크라)는 種의 번식을 관장한다. 이것은 여전히 생물학적이고 본능적인 측면이 크지만, '쾌락'을 즐기는 능력이 새롭게 추가된다. 이 차크라에 좌우되는 사람은 감각적 쾌락, 특히 성적 쾌락에 얽매이게 — 그것을 탐닉하든 회피하든 — 된다. 감각적 경험을 충분히 만족스럽게 누릴 수 있게 되면 이 상태는 끝이 난다. 그때는 좀더 상위 차크라의 영역으로 즐거움의 요소가 옮겨가는데, 이것은 하위 차크라와 상위 차크라 사이에서 늘 벌어지는 일이다. 프로이트의 정신분석학은 쉽게 말해 두 번째 차크라에 해당하는 심리학이라고 볼 수 있다.

세 번째 차크라(태양신경총 차크라)의 주제는 '힘'이다. 우리는 이제 감각적 쾌락만으로는 만족하지 못한다. 우리는 좀더 어려운 뭔가를 원하게 되고, 그래서 (타인과의 경쟁을 통해) 더 큰 범위에서 우리의 능력을 시험하고자 한다. 이것은 단순히 생존 본능의 확장으로만 설명될 수 없다. 때로는 위험한 도전이나 취미 같은, 생존을 위협받는 상황으로 뛰어들게 하기 때문이다. 이때는 자기 능력의 한계를 시험하고 싶어진다. 이 의식 수준에 해당하는 사람들은 힘의 양면, 즉 '지배와 복종'을 두루 경험하게 된다. 우리는 가해자와 희생자 역할, 권위의식과 열등감을 번갈아 경험한다. 아들러의 심리학은 대체로 이 차크라에 관련된 주제들을 다루고 있다.

이 세 차크라에 얽매인 사람들만 있다면 이 세상은 끝없는 투쟁, 끝없는 힘겨루기만이 유일한 목적인 곳이 될 것이다. 권력은 그 당사자에게만 이득을 준다. 우리는 한 명이 이기고 다른 모두가 패할 때까지 서로 물어뜯기를 계속할 것이다. 그러나 결국에는, 가장 공격적인 사람들조차 이 게임이 얼마나 헛된 것인지를 깨닫고 다음의 진화 단계로 상승을 시작하게 된다.

네 번째 차크라(가슴 차크라)는 공감과 연민의 차크라다. 이 수준의 의식은 개별 자아를 넘어 서로 연계해가는 능력을 발휘한다. 이때 우리는 공동체 의식을 갖고, 참된 평등이 주는 자유를 깨닫는다. 우리는 그리스도교에서 아가페agape, 유대교에서 헤세드hesed, 도가道家에서 자비慈悲라고 불리는 지고한 사랑을 발견한다. 이 단계는 다른 사람들의 감정에 공감하고 모두가 만족할 수 있는 해결책을 찾는 능력을 갈고닦음으로써 완성된다. 이것은 단순한 자기희생이 아니다. 그보다는 에고보다 더 큰 정체성을 처음으로 인식하는 단계라고 할 수 있다. 이 차크라는 하위의 세 차크라와 상위의 세 차크라 사이에서 우리의 물질적 작용과 영적 작용을 통합하는 역할을 한다. 하위의 세 차크라는 우리의 개별 정체성을 견고하게 만들고, 상위의 세 차크라는 그것을 초월하도록 이끈다. 칼 로저스와 에리히 프롬의 저술들은 대개 이 네 번째 차크라의 작용을 설명하고 있다.

물론 평등이 중요하긴 하지만, 인간은 지상에서 '평등한 공동체'의 일원 이상의 존재다. 우리는 창조자로서 쉼 없이 기존의 것들을 넘어서서 완전히 새로운 것들을 발견해간다. 이런 창조력은 창조와 양육을 관장하는 다섯 번째 차크라(목 차크라)에 해당한다. 네 번째 차크라와 다섯 번째 차크라는 서로 관련이 깊다. 뭔가를 창조하려면 우리의 한정된 자아보다 더 큰 실재의 질서를 '수신하고' 그것에 동조해야 하기 때문이다. 완전히 새로운 뭔가를 창조하려면 이 '수신'의 비밀을 알아야 한다. 새로운 그림, 음악, 과학적 가설, 해묵은 사회문제에 대한 해결책 등을 창조해낼 때 우리는 상위의 본질, 현묘한 실재와 접촉하도록 이끌린다. 우리는 그리로 초대될 순 있지만 그것을 통제할 순 없다. 이 상위의 의식 수준에서 창조는 깊은 만족감을 준다. 우리가 어떤 유형의 결과물을 만들었든, 심지어 그것이 그저 순전히 필요에 의한 것이라 해도 말이다.

여섯 번째 차크라(이마 차크라)는 직관의 차크라로서 양 눈썹의 중간에서 약간 위쪽에 있는 '제3의 눈'을 뜻한다. 이 차크라 수준의 의식은 감각이 알려주는 것 이상의 정보를 파악하는 능력과 관련되어 있다. 창조력이 계발될수록 우리는 영적 차원과 깊이 접촉하게 되고, 마침내는 영적 차원에 해당하는 삶의 진실들을 정확하고 확고하게 인식하는 능력을 얻게 된다. 서양에서는 이런 불가사의한 직관력을 경시해왔지만, 동양에서는 — 필수적인 것은 아니라 해도 — 상당히 자연스러운 현상으로 받아들여왔다. 우리는 명상을 통해서, 비록 초기에는 심하게 불확실하고 제멋대로이겠지만, 이 능력을 정교하고 명징하게 갈고닦을 수 있다.

이런 비상한 통찰력은 우리 외부의 세계에 대해서도, 내면에 대해서도 작용할 수 있다. 전자의 경우에는 투시력이나 예지력과 같은 방식으로 외부 세계에 대한 정보를 제공해준다. 좀 단순화시킨 예를 찾자면, 과학적으로 중요한 도약들은 이처럼 수집된 자료를 넘어서는 직관을 통해 이뤄졌다고도 볼 수 있다. 후자의 경우에 이런 감각 외적外的 지각력은 우리의 심층적 본질에 대한 통찰을 제공해준다. 둘 중에는 후자의 직관이 좀더 상위의 앎으로 여겨지며 역사상 가장 위대한 영적 스승들이 바로 그런 경우로 일컬어진다. 이 단계는 우리가 '내면의 신성'(Divinity Within)을 깨달을 때 마무리된다. 마지막 차크라를 통해서, 우리는 신성과 우리의 참된 관계를 발견한다.

일곱 번째 차크라(왕관 차크라)는 전통적으로 정수리 바로 위쪽에 자리하고 있다고 묘사된다. 이 수준의 의식은 이전의 수준들과는 달리, 의식의 완전한 자각 상태를 반영한다. 여기서 일상적 의식은 완전히 붕괴되고 어떤 틀에도 얽매이지 않는 무한한 의식이 열린다. 이처럼 온 존재와 합일하여, 우리는 동양에서 '깨달음'이라고 말하고 서양에서 '신성의식'(Godhead consciousness)라고 말하는 그것을 경험한다. 여기서 우리는 성인들과 현자들이 거듭 말해왔던 바의 참뜻을 알게 된다. "우리는 신의 자녀이다." "아트만이 곧 브라흐만이다." "신의 왕국은 내면에 있다." "당신이 그것이다." "당신은 신성 그 자체이다." 미술품 속에서 왕관 차크라는 종종 전신을 둘러싼, 혹은 머리 중심 위쪽에 떠 있는 후광으로 표현된다. 전 세계의 신비전통들은 바로 이 마지막 두 차크라를 파고드는 데 집중한다.

진화의 잠재력

이 일곱 차크라를 통해 발산되는 에너지들은 상호 작용하고 힘의 균형을 이룸으로써 소위 우리의 '성격'이란 것을 형성한다. 그것의 범위는 짐승과 다름없는 수준으로부터 육화肉化한 신성의 수준에까지 이를 수 있다. 하지만 각각의 단계들은 칸마다 단절되어 있는 사다리의 계단이 아니라 여러 생 동안 꾸준히 지속되는 교향곡의 테마 같은 것이다.

우리가 성장할 때마다 새로운 테마가 등장하고, 동시에 해묵은 테마는 변주된다. 영적 성장은 일방적인 것이 아니라 상호작용하는 것이다. 하나의 테마가 펼쳐지는 동시에 다른 테마들도 즉각 영향을 받는다.

'영혼의 나이'라는 개념은 틀에 박힌 선악의 잣대를 해체하는 데 일조한다. 영혼의 여정이 한 생에서 끝나기에는 너무 광대하다는 사실을 이해할 때, 선과 악은 상대적인 것으로 변한다. 겉보기엔 똑같은 행위여도 사람에 따라 그의 성장을 나타내기도 하고 퇴보를 나타내기도 한다. '어린' 영혼들에게는 적합한 행위가 '늙은' 영혼들에게는 바람직하지 못한 — 그들의 단계는 난이도가 더 높으므로 — 행위일 수 있다.* 따라서 타인을 심판하는 것은 그저 우리 자신의 상황을 그들에게 투사할 뿐인, 헛된 시도일 수밖에 없다. 영혼의 나이를 이해함으로써 우리는 여기저기 눈치를 볼 필요도, 다른 사람들에게 우리 의견을 강요할 필요도 없어진다.**

'영혼의 나이'라는 개념을 접하면 우선 그에 비추어 우리 자신이 지금 어디에 서 있는지부터 확인하고 싶어지지만, 그런 시도는 그다지 좋은 결과를 얻지 못한다. 왜냐면 영혼의 나이를 정확히 측정하기에는 너무나 많은 변수가 숨어 있기 때문이다. 앞서 소개한 개괄도는 자신의 진

* 그렇다고 윤회가 '모든 도덕적 기준은 상대적인 것에 불과하다'는 생각을 조장하지는 않는다. 오히려 그 반대에 가깝다. 윤회론적 전통들은, 예컨대 '연민'과 같은 특정 덕목들을 우리의 내적 본질로서 여기며 방종을 엄격히 금한다.

** 비교 전통들은 사물의 선악을 절대적으로 구분할 수는 없지만 자신이 해야 할 일은 어떤 상황에서도 늘 알아차릴 수 있다고 가르친다. 주어진 상황을 초월하는 '내적인 앎'을 통해서, 이성적 판단 체계를 작동시키지 않고도 올바른 선택을 할 수 있다는 것이다. 이런 동양의 가르침은 많은 서양인들을 혼란스럽게 했다. 서양인들은 '의심할 여지가 없는' 도덕적 선택을 하게 해주는 보편적인 행동양식과 견고한 윤리체계를 크게 신뢰해왔기 때문이다. 그러나 그런 체계들은, 비록 겉보기엔 '똑같은' 상황일지라도 영혼의 나이에 따라 그 배움의 주제가 다를 수 있다는 점을 간과한다.

화 단계를 꼭 집어내는 용도보다 우리 자신과 삶의 과제들에 대한 시야를 넓히는 용도로 쓰이는 편이 훨씬 의미 있을 것이다. 우리의 영혼이 완벽해지기까지 '충분한' 시간이 주어져 있다는 것을 앎으로써, 우리는 조급함을 버리고 근심을 멈출 수 있다.

우리가 지상에서 단 한 번밖에 살지 않는다고 생각한다면, 우리는 가능한 한 많은 경험(또는 과정)들을 하나의 생 속에 쑤셔 넣게 될 것이다. 우리는 우리 자신이 죽기 전에 모든 면에서 끝을 보아야 한다고 느낀다. 그러나 시야를 열어 '환생'이라는 너른 지평선을 바라보면, 불안감을 자아낼 뿐인 이런 기대를 놓아버릴 수 있다.

또한 '영혼의 나이'라는 개념은 우리로 하여금 현생에서 주어진 주제들에만 너무 집착하는 태도에 빠지지 않도록 해준다. 현생은 지금 우리의 '작업장'일 뿐이지 최종 목적지가 아니다. 더 기나긴 여정을 인식함으로써, 우리는 현생과의 동일시를 멈추고 우리가 현생을 '도구로서' 사용하고 있음을 깨닫게 된다. 수십 년 전에 처음 이런 사고방식을 접했을 때는 나 또한 그것을 대단히 낯설게 느꼈다. 그러나 현생의 구조를 더욱 깊이 들여다볼수록, 그 뿌리가 전생에 박혀 있음을 깨닫기 시작할수록, 우리는 이런 사고방식에 점점 더 익숙해진다. 내가 맡아온 역할들은 나의 본질이 아니다. 나는 그보다 더 큰 존재다. 전생에 나는 어떤 사람이었고, 후생에는 또 다른 어떤 사람일 것이다. 받아들이기 어렵겠지만, 나는 이번 생을 '사용하고' 있다. 이런 통찰을 숙고함으로써 현생과 관련된 우리의 정체성은 조금씩 느슨해진다. 우리는 우리의 몸과 마음의 경계를 넘어서는 더 큰 정체성을 향해 확장해간다. 이렇게 잠깐 열린 문틈 사이로 우리는, 비록 찰나일지라도, 우리를 넉넉히 품어주는 좀더 큰 의식 속으로 빨려 들어갈 수 있다.

'본래의 나는 지금의 나보다 더 큰 존재'라는 순전히 지적인 자각만으로도 자기발견의 여정은 시작된다. 현생의 내가 진짜 내가 아니라면 우리는 이렇게 물을 수밖에 없다. '나는 누구인가? 지금 이것이 내가 아니라면 대령이 곧 나인가?' 그러나 대령大靈(Oversoul) 또한 더욱 포괄적인 태령太靈(Over-oversoul)의 일부이고, 이런 확장 과정은 수없이 반복될 것이므로 우리는 우리의 진짜 본질을 쉽게 단정 지을 수 없다. 하지만 그만큼 진실에 더 가까워지는 것만은 분명하다.

이런 자기탐구는 결국 의식의 성장 — 전통적으로 일곱 차크라와 연계되는 — 으로 우리를 이끌어간다. 우리는 현생에 속하지 않고, 전생과 후생에도 속하지 않는다. 따라서 대령도 우리의 본질은 아니다. 이 여정을 앞서 갔던 현자들은, 최종적으로 우리는 '존재(Being)' 그 자체라고 말한다. 우리는 곧 삿칫아난다Satchitananda — 존재(Being), 의식(Consciousness), 지복(Bliss)의 융합체 — 라는 것이다. 이 진실을 체험으로써 받아들일 때, 우리는 현재 우리의 몸과 마음은 물론이고 대령조차도 '의식'이 시공간 물질계로의 모험을 감행할 때 취하는 형상일 뿐임을 알게 된다. 모든 환영을 걷어내고 참된 나를 자각하는 것, 이것이 바로 깨달음이다.

일곱 차크라를 직선적인 단계로 관념화해서, 하위의 모든 자각을 성취한 후에야 깨달음이 얻어진다고 생각하는 것은 바람직하지 않다. 그런 식으로 깨달아지는 경우도 있고 그런 과정을 스스로 선택할 수도 있지만, 이것은 필수조건이 아니다. 왜냐면 깨달음을 통해 발견될 우리의 진짜 정체성은, 깨닫기 전에도 늘 그곳에 있기 때문이다. 내가 지금 그것을 자각하든 그렇지 않든 간에, 나는 이미 존재-의식-지복의 융합체 바로 그것이다.

인간의 윤회 과정에 어떤 목적이 있다면, 궁극적인 본성을 '경험적으로' 발견하는 일이 바로 그것일 것이다. 우리는 우리의 참된 본질을, 전일성을, 그리고 존재하는 모든 것이 하나임을 재발견한다. 지금까지의 여정에서 생긴 모든 두려움, 갈망, 상처가 이 경험 속에서 해소되고 치유된다. 이것을 경험해본 사람들은 이보다 중요한 것은 아무것도 없다고 말한다. 그리고 이것은 우리 여정의 끝이 아니라 오히려 일종의 전환점이라고 덧붙인다. 이때부터 우리는 성장하기 위해 더 이상 시공간 속에서 윤회를 반복할 필요가 없다. 원하는 대로 자유롭게 '오고 갈' 수 있게 된다는 것이다.

영적 차원에서 우리의 본성을 깨닫는 것이 훨씬 더 쉽지 않느냐는 의문이 들겠지만, 물질적 몸을 가진 채로 깨달음을 '경험'하는 것에는 특별한 의미가 있는 듯하다. 물질계 속에서 궁극적 본성을 자각하는 것은 우리의 의식을 성장시키는 일일 뿐 아니라 우리가 속한 어떤 집단적인 진화 과정에 모종의 방식으로 기여하는 일이기도 하다.* 마침내 모든 생명이 궁극적 본성을 자각하는 날이 온다면, 분명 이 우주의 역사는 급선회를 하여 아주 흥미로운 미래를 펼쳐내기 시작할 것이다.

---

* 같은 종의 생명체들끼리는 모종의 정보장을 공유하고 있다는 루퍼트 셸드레이크 박사의 이론 참고.

6
그리스도교와 윤회론

　순환 주기의 골짜기에서 사는 동안 물질계의 환경은 우리로 하여금 그것을 '진짜' 현실로 인식하게끔 몰고 간다. 그것은 사후의 영속적 실존을 불신하고 현생의 물질적 몸과 우리 자신을 동일시하게 만든다. 지난 2백 년간 이런 불신은 물질계만이 실재한다는, 또는 물질계가 만물을 주관한다는 세계관 — 처음엔 과학을 근거로 했지만 지금은 과학의 틀을 벗어나버린 — 이 만연하면서 더욱 강화되어왔다.

　서양에서 비물질적, 영적 우주관을 간직하면서도 여전히 사회의 주류로 남아 있는 세력으로 그리스도교, 유대교, 이슬람교의 세 종교가 있다. 형이상학적 자연주의가 서양 문화의 지적 체계 속으로 깊숙이 침투하는 동안 오직 이 종교들만이 사후의 일들을 기대하도록 계속 가르쳐왔다. 오직 이 종교들만이 인간은 물질적 차원을 넘어서는 존재이며, 이 우주에 생명이 출현한 것은 기막힌 우연의 일치가 아니라는 관점을 보존해왔다. 그러나 불행히도 그들의 시야는 윤회론을 받아들일 만큼 폭이 넓지 않다.

서양의 종교들은 윤회론 대신에, 우리는 불멸의 존재이고 지상에서의 시간은 그 불멸의 삶 중에서 극히 일부에 지나지 않는다고 설한다. 좋든 싫든, 현재 우리의 삶은 바로 그런 것이며 지금 여기서 어떻게 사느냐에 따라 이후의 영속적 삶이 판가름난다는 것이다. 서양의 모든 종교인이 이런 제약을 받아들인 것은 아니다. 유대교의 하시디즘, 이슬람교의 수피즘, 그리스도교의 영지주의처럼 윤회론을 좀더 합당한 생명관으로 인식한 저류低流들도 있었다. 하지만 대체로 보면, 서양의 종교들은 삶이 한 번뿐이라는 관념을 줄곧 지지해왔다.

따라서 이런 종교적 배경 속에서 자라난 사람들이 윤회론에 대해 적잖은 거부감과 불안감을 내비치는 것은 당연한 일이다. 그들은 새로운 연구결과들에 설득되더라도, 그로 인해 조만간 자신의 종교적 신념이 수정되어야만 한다는 사실에 큰 두려움을 느낀다. 나는 이런 시련에 처한 나의 학생들을 수백 명 관찰해왔다. 대부분은 윤회론을 서양의 신학과 당연히 불화할 수밖에 없는 동양의 관념 중 하나로 치부해버린다. 개중엔 환생의 증거들을 살펴보는 일조차, 마치 구원받을 자격을 잃게 하는 이단 행위인 양 여기기도 한다. 동시에 그들은 대학생으로서 증거를 토대로 한 모든 가설을 검토해야 한다는 지적인 호기심도 느낀다. 아이러니지만, 가장 두려워하는 학생들이야말로 신앙생활이라는 배경 덕분에 영적 문제들에 대해 빼어난 지적 능력을 갖춘 경우가 많다.

학기마다 똑같은 논지의 질문들이 계속 반복되어 나온다. "환생의 증거들은 곧 서양 종교들은 틀렸고 동양 종교들이 옳다는 점을 뒷받침하는 건가요?" "결국엔 서양의 인생관과 동양의 인생관 중에서 하나를 택해야 한단 뜻인가요?" "윤회론을 공부하는 것만으로도 제가 불경죄를 짓는 건 아닐까요?" "그리스도교와 윤회론이 양립할 수 있을까요?" "그리스도교가 윤회론을 받아들인다면 무엇이 어떻게 변할까요?"

내 수업에는 유대교와 이슬람교를 믿는 학생들도 있지만 대부분은 그리스도교를 배경으로 살아온 학생들이다. 그래서 그리스도교가 가장 많이 언급된다. 이 책의 독자들도 크게 다르지 않을 것이므로, 나는 이번 장을 그리스도교 교리에 윤회론을 접목하는 기회이자 도전으로 삼을 것이다. 나는 유대교를 공부했고 이슬람교에도 익숙하지만, 아무래도 그리스도교의 신학과 정서 속에서 교육받고 자랐으므로 이런 논의가 더 편한 것이 사실이다.

그 첫 단추로서, 나는 그리스도교와 윤회론이 양립 가능하며 그리스도교는 그 고유한 특성을 잃지 않은 채로 윤회론을 능히 품어낼 수 있다고 믿는다는 말로부터 시작하고자 한다. 그뿐 아니라 나는 이런 확장을 통해 그리스도교 교리가 더욱 풍성하고 견고해지리라고 믿는다.

내 생각에, 윤회론은 서양 신학이 '잃어버린' 중요한 연결고리와도 같다. 수백 년간의 신학적 논의에도 불구하고 인간의 고통은 서양에서 여전히 풀리지 않는 문제로 남아 있다. 신학자들은 선(善)한 신께서 창조했다는 이 우주에 왜 고통이 필요한 것인지, 또 고통은 왜 그리도 불공평하게 주어지는 것인지를 한 번도 만족스럽게 설명해낸 적이 없다. 이런 부당성은 지속적으로 우리의 내면을 갉아먹고, 그리스도교의 세계관을 자신 있게 드러낼 수 없도록 만들어왔다. 나는 이런 문제들이 바로 '일회적 삶'이라는 관념으로부터 나왔다고 생각한다. 그리스도교 신학자들은 우리의 현생보다 선행하는 것들의 존재를 부정함으로써 삶을 의미 있게 엮어줄 인과관계를 박탈해버렸다. 하나의 생 속에서 주어진 고통의 목적 또는 의미가 상실되었고, 그들은 하는 수 없이 그 감당키 어려운 짐을 신의 어깨 위에 지워버렸다. 지금도 그 짐은 거기에 있다.

참 아이러니다. 그리스도교는 삶의 궁극적 실재인 신(God)은 우리를 사랑하고, 자애로우며, 온전히 신뢰할 수 있는 대상이라고 가르친다. 그러면서도 정작 그 사랑을 인지하게끔 해줄 열쇠를 우리로부터 뺏어버렸다. 유대교와 그리스도교의 신을 믿고 싶어도 우리는 스멀스멀 올라오는 의심을 잠재울 길이 없다. 무한한 사랑과 권능의 존재가 어찌 우리들 중 일부에게 가혹한 삶을 강요함으로써 인류를 고통에 빠지게 한단 말인가? 단 한 사람이라도 보호받지 못한다면, 비록 내가 그 비극의 주인공이 아닐지라도 신은 온전히 신뢰할 만한 존재일 수가 없게 된다.

우리에게 단 한 번의 생만이 주어진다면, 즉 우리가 이처럼 철저히 제각각인 상황 속에서 양육된다면 어찌 그 존재가 신일 수 있겠는가? 우리의 운명이 각자 다른 것은 신이 우리가 무얼 선택할지 미리 알고 계시기 때문이라는 설명은 순환논리의 오류에 빠져 있기 때문에 설득력이 없다. 신에 의해 무無로부터 창조된 우리는 그저 주어진 단 한 번의 생에 맞는 선택을 내릴 뿐이며, 그러므로 그 책임은 신의 몫이어야 한다. 또한 우리 중 일부가 겪는 끔찍한 운명은 원죄原罪로 인한 것이며 우리 모두 그로부터 자유롭지 않다는 설명도 전혀 설득력이 없다. 우리 모두가 죄인인데 신이 개입하여 누구는 사해주고 누구는 그냥 둔다면, 자비는 둘째 치고 정의는 어디서 찾아야 하는가? 우리의 도덕적 잣대로만 봐도 그 부조리함에 분노하게 되는데, 신이 그런 우리보다도 더 무감각하단 말인가?

삶이 한 번뿐이라는 사고방식에 갇혀 있는 한, 유대교와 그리스도교의 신은 우리에게 계속 수수께끼로만 남게 될 것이다. '불가해한 신'의 무게에 눌려서 유대교, 그리스도교의 신학체계 전체가 쉼 없이 균열하고 있다. 1981년의 조사 결과로 미국 개신교도의 21퍼센트, 가톨릭교도의 25퍼센트가 교단의 입장과 무관하게 윤회론을 믿는다고 응답한 이유도 아마 이 때문일 것이다.*

내 수업에서 윤회론을 접하고 혼란에 빠진 교인들을 보면, 그리스도교가 역사적으로 윤회를 부정해왔다는 사실은 알지만 언제부터, 왜 그랬는지를 아는 학생은 드물다. 교단의 옛 칙령들은 새로운 의문 앞에 선 그들을 막아서지 못한다. 윤회를 뒷받침하는 무수한 증거들 속에서, 그들의 관심사는 과거의 선례가 아니라 과연 그리스도교 신앙의 핵심적 통찰과 윤회론이 양립할 수 있는가이다. 윤회론은 신앙의 중심 교리들을 공격하거나 부정하는가? 아니면 삶의 궁극적 진리와 가치에 대한 신자들의 믿음을 오히려 더 단단하게 해주는가?

물론 무엇을 그리스도교의 핵심적 통찰로서 이해하고 있는가에 따라 사람마다 그 대답이 크게 달라질 것이다. 알다시피, 모든 종교는 덜 중요하고 소소한 여러 원칙들의 이면에 아주 본질적인 중심 교리를 품고 있다. 원칙들은 시대에 따라 바뀔 수 있지만 중심 교리는 고스란히 보존된다. 과연 가톨릭 교회에서도 여성 사제가 임명될 것인가? 과연 개신교 분파들은 재통합될 것인가? 그 대답은 무엇을 그리스도교의 중심 교리로 생각하느냐에 따라 달라질 수밖에 없다. 교리들 가운데서 무엇이 불변하는 진실에 해당하고, 무엇이 시대와 문화에 따라 달라질 수 있는 가치인가? 역사가 오래되고 문화적으로 많이 갈래를 친 종교일수록, 무엇이 본질이고 무엇이 변동 가능한 것인지를 분별하는 작업이 더욱 자

* George Gallup, Jr., *Adventures in Immortality*, 192~193쪽.

주 필요해진다.

나는 그리스도교의 중심 교리와 윤회론이 양립 가능하다고 믿지만, 처음부터 그랬던 것은 아니었다. 처음으로 윤회를 삶의 진실로서 확신하게 되었을 때, 그리스도교가 윤회론을 인정하려면 그 중심 교리를 대대적으로 재정비해야 할 것처럼 보였다. 하지만 지금은 그리 대단할 것도 없는 일이라고 생각된다. 물론 이것은 무엇을 신앙의 본질로 볼 것인가에 대한 내 판단의 변화 때문이지만, 한편으로는 그리스도교 상징들 속의 깊은 의미를 더 잘 이해하게 되었기 때문이기도 하다. 윤회론은 삶의 작동방식과 가치에 대한 내 이해의 폭을 엄청나게 넓혀주었다. 그리고 이런 열린 시야를 통해, 나는 그리스도교 문헌들의 원형적 주제들이 '수많은 생을' 거치며 신을 향해가는 영혼의 여정을 뜻하고 있음을 인식하기 시작했다. 세세한 신학적 설명들의 이면에서 나는 더 큰 이야기의 울림을 듣기 시작했다. 신성한 의식(God-awareness)을 잃고 물질계 속에서 방황하게 된 영혼들, 그런 일이 발생한 이유, 그리고 이 상황을 반전시키기 위한 우주와 개별 영혼들의 계획들….

나는 아주 약간의 교리만 수정한다면 오늘날의 그리스도교가 충분히 윤회론을 받아들일 수 있다고 믿는다. 대령大靈이라는 개념을 품더라도 그리스도교의 중요한 가르침들은 전혀 다치지 않고 보존될 것이다. 일단 소소한 교리 수정을 통해 윤회론이 그리스도교에 포함되고 나면, 그것은 자연스럽게 신학적 재고再考로 이어질 것이다. 서양에서 윤회론을 받아들이고 있다는 사실 자체가 동서양의 거대한 만남을 대변한다. 이 만남은 동서양 모두에 사회적, 종교적으로 큰 의미가 있다. 삶의 범위를 훨씬 더 폭넓게 바라보게끔 해주기 때문에, 윤회론은 '구원의 역사'(salvation history)에 관한 그리스도교인들의 이해를 필연적으로 확장시킨다. 윤회론은 전 세계의 종교들을 하나의 공동작업을 해나가는 일원으로, 즉 경쟁자들이 아니라 협력자들로 보게 해준다. 따라서 이런 사고방식에 아직 익숙지 않은 교인들에게 윤회론은 중요한 전환점이 될 수 있다.

이번 장에서 나는 오늘날 그리스도교인들에게 주어진 최소와 최대의 선택지를 둘 다 알아보고자 한다. 나는 먼저 '윤회론을 받아들이려면 교리를 얼마만큼 수정해야 하는가'를 살펴보고, 다음으로 '윤회 개념을 받아들일 때 — 이것은 강요가 아니라 초대다 — 그리스도교의 입지는 전 세계 종교들 사이에서 어떻게 재평가될 것인가'를 살펴볼 것이다. 그에 앞서 우리의 논의를 엉뚱한 데로 끌고 갈 수 있는, 윤회와 종교에 관한 두 가지 접근법을 미리 살펴보는 편이 좋겠다.

두 가지 막다른 길 피하기

그리스도교 신학에서 윤회론에 관한 여러 관점들 가운데 우리를 막다른 길로 내모는 두 가지 주장이 있다. 첫째는 예수가 실제로 윤회를 설했다는 주장이다. 둘째는, 그와 반대로, 명확히 윤회를 언급한 구절이 신약엔 없으므로 윤회가 그리스도교 신학에 포함되어선 안 된다는 주장이다. 내 생각에는 둘 다 합당하지 않아 보인다.

먼저 예수의 제자 몇몇과, 심지어는 예수 자신까지도 윤회를 인정한 것으로 보이는 구절들이 신약에 여럿 존재한다는 주장이 있다. 그러나 나는 그런 해석들의 타당한 근거를 찾지 못했다. 다만 여기서 그들이 제시하는 세부적 근거들을 따져보기에는 내용이 좀 복잡하니 대신 부록에서 이 문제를 검증해볼 것이다.

역사 속 예수의 가르침 속에 윤회를 끼워 넣으려는 두 번째 시도는 일단 신약에 윤회에 관한 내용이 없다는 전통적 관점을 인정한다. 대신 그들은 예수의 모든 가르침이 신약에 다 기록되진 않았다고 주장한다. 예수는 청중의 수준에 따라 각기 다른 가르침을 주었는데, 신약은 그들 중 첫 번째 무리가 기록한 내용이고, 두 번째 무리에게 설해진 좀더 심오한 가르침에는 윤회론이 포함되어 있다는 것이다.

이처럼 두 종류의 가르침이 있었다는 추측은 1945년 이집트의 나그함마디에서 52종의 옛 문서가 발견되면서 재조명되기 시작했는데, 실제로 그것들 중 일부는 제작연도가 신약보다 훨씬 앞서 있다. 그 문서들은 아주 초창기의 그리스도교인들 가운데 자신들의 신앙이야말로 예수의 진짜 가르침을 따르고 있다고 생각했던 영지주의자들(Gnostic Christians)의 믿음을 담고 있다. 거기에는 그리스도교 역사의 초기 6백 년 동안 주류 교단에 의해 정의된 정통 교리엔 한 번도 포함된 적 없는, 윤회론을 비롯한 여러 사상들이 적혀 있다. (나그함마디 문서를 통해 제기된 문제들도 부록에서 좀더 자세히 살펴볼 것이다.)

결론적으로, 신약 또는 영지주의 문서들의 몇몇 구절을 근거로 윤회론을 역사 속 예수의 가르침에 포함시켜야 한다는 주장에 나는 동의할 수 없다. 언젠가 역사가들이 그 시대의 기록을 다시 고쳐 쓰게 될지도 모르지만, 일단 지금으로서는 윤회가 예수의 본래 가르침에 속하지 않는다는 판단이 옳아 보인다. 그렇다고 예수가 윤회를 부정했다는 뜻은 아니다. 단지 언급하지 않았을 뿐이다. 신약에는 예수가 윤회론을 비판하는 내용이 전혀 없다.

예컨대 요한복음에서 예수는 날 때부터 눈먼 사람을 만났을 때 이런 질문을 받게 된다. "랍비여, 이것은 누구의 죄입니까? 이 사람의 죄입니까, 부모의 죄입니까?" 제자들은 그 장님이 죄의 대가를 치르고 있는 거라면, 날 때부터 눈이 멀었으니 그 죄는 전생에 지어졌음이 분명하다고 생각했던 것일까? 아마도 그렇겠지만, 너무 오래전의 이야기라 정확한 상황을 알긴 어렵다. 어쨌든 이때 예수는 그 질문에 내재한 윤회론적 관점을 비판하는 대신 그가 장님으로 태어났기에 "그를 낫게 함으로써 하나님의 권능이 드러날 것"이라고만 말한다.(요한복음 9:1-2) 그리고 그 말은 사실이 된다. 예수는 즉시 그의 눈을 밝게 한다. 복음서 속의 예수도, 많은 서신들 속의 바울도 윤회를 부정하는 말은 남기지 않았다. 둘다 지상의 삶은 한 번뿐이라는 입장에 가까웠던 것으로 문맥상 추정해볼 수도 있겠지만, 엄밀히 말하자면 그들은 단지 삶이 한 번뿐인지 여러 번인지에 관해서 딱히 언급하지 않았다. 이것은 신학자들이 채워넣어야 할 그리스도교의 여러 공란 중 하나이다.*

　신약은 윤회론에 반대하지 않는다. 윤회론에 반대하는 사람들이 히브리서의 한 구절을 자주 인용한다 해도 말이다. "사람이 한 번 죽는 것은 정해진 일이요, 그 뒤로는 심판이 있습니다."(히브리서 9:27. 히브리서는 한때 사도 바울의 서신으로 알려지기도 했지만 지금은 더 후대에 쓰인 작자 불명의 글이라는 것이 정설이다.) 왜냐면 전체 문맥을 살펴보면, 이 문장은 사후세계에 관한 다른 관점들을 배척하기 위한 의도가 아님이 분명하기 때문이다. 본래 이 글은 히브리인들이 믿던 신전 중심의 옛 서약을 뒤로 하고 예수에 의한

---

*　나는 초기 교인들이 사후세계와 같은 형이상학적 의문에 대체로 관심을 두지 않았던 이유가 예수께서 가까운 미래에 재림하실 것으로 믿었기 때문이라는, 그래서 당시엔 그런 의문이 무의미하게 여겨졌다는 게디스 맥그레고르 교수의 의견에 동의한다. Geddes MacGrefor, *Reincarnation in Christianity*, 36~37쪽.

신과의 새로운 서약(new covenant)을 따르게끔 하려는 의도로 쓰인 것이다. 따라서 십자가 위 예수의 희생 — 진짜 피를 흘려 이룬 단 한 번의 희생 — 과 신전의 사제들에 의한 희생 — 진짜 피를 흘리지도 않았고 이미 수없이 반복되어온 희생 — 을 비교하고 있는 것이다. 자세한 내용은 다음과 같다.

이제 그는 자기를 희생제물로 드려서 죄를 없이하시기 위하여 시대의 종말에 단 한 번 나타나셨습니다. 사람이 한 번 죽는 것은 정해진 일이요, 그 뒤에는 심판이 있습니다. 이와 같이 그리스도께서는 많은 사람의 죄를 짊어지시려고 단 한 번 자기 몸을 제물로 바치셨고, 두 번째로는 죄와는 상관없이, 자기를 기다리고 있는 사람들에게 나타나셔서 구원하실 것입니다.(히브리서 9:26b-28)

히브리서의 저자는 윤회론이 아니라 신전 중심의 히브리 종교에 대해 반박하고 있다. 여기서 그는 한 번 죽으면 끝이라는 통상적 관념을 곁가지로 언급했을 뿐이다. 물론 그가 윤회론적 세계관을 옹호한 것은 아니지만, 그렇다고 그것을 부정한 것도 아니다. 이 글을 그리스도교의 가르침과 윤회론이 양립할 수 없는 근거로 봐서는 안 된다. 저자의 의도는 전혀 다른 곳에 있다.

이는 새로운 질문으로 우리를 이끈다. 교인들은 복음서의 핵심 가르침과는 별 관계가 없더라도 신약에 나온 내용이라면 무조건 믿어야 하는가? 의도된 내용과 의도되지 않은 내용을 분별하지 않고 무조건 받아들이는 태도는 우리를 뿌리와 가지가 한데 엉킨 고대의 미로 속에서 헤매게 한다. 성서 시대 이후로 지적 능력을 엄청나게 키워오는 동안, 우리는 이런 작업을 해야 할 때를 수없이 놓쳐왔다. 우리는 신약 속의 가르침들 중에서 본질적인 것들은 남겨두고, 당시의 문화적 배경 속에서만 유효했던 것들은 다시 역사 속으로 돌려보내야 한다.

그러므로 누군가가 이 성경 구절을 들이밀더라도 윤회론자들에게는 여전히 남은 패가 있다. 설령 문맥에서 이 구절만 떼어놓고 보더라도 윤회론은 철저히 부정되지 않는다. 지금의 '나'라는 사람이 언젠가는 죽고 그 후에 심판을 받을 것임은 자명한 사실이다. 그러므로 위 구절이 그 후에 또 다른 생이 이어지고, 그에 맞는 또 다른 심판이 뒤따를 가능성을 배제하고 있다고는 볼 수 없다. 윤회론적 관점을 갖고서도 위 구절의 의미는 얼마든지 이해될 수 있다.

요점은, 신약은 윤회론을 부정하지도 긍정하지도 않는다는 사실이다. 신약은 단지 이 주제에 관해 침묵할 뿐이다.

윤회론에 신약에 언급되지 않았다고 해서 그것이 그리스도교 교리에 포함될 수 없거나 포함되어선 안 된다는 말은 앞뒤가 맞지 않는다. 윤회론이 신약 속에 등장하지 않으니 그리스도교와는 대치된다는 주장이 있다. 하지만 역사 속 특정인의 가르침을 중심으로 탄생한 모든 종교는 창시자의 사후엔 스스로 생명을 지니고 계속 성숙해간다. 종교는 반드시 원래의 영감을 그대로 보존하면서도 거기서 한 걸음 더 나아갈 방도를 모색하게끔 되어 있다. 그리스도교도 그런 필요성을 스스로 인지했기에 '성령'(Holy Spirit)이라는 교리를 만들어냈다. 역사 속 예수는 더 이상 지상에 현존하지 않지만, 대신 성령을 통해서 교회와 신은 계속 연결되어 있다고 말이다. 그럼으로써 그리스도교는 성서 시대와 다른 환경을 마주하더라도 그 가르침을 더 확장하고 심화할 수 있었다. 원래의 복음서에서는 묻지도, 대답되지도 않았던 의문들을 다뤄야만 했을 때 그리스도교는 성령이라는 개념으로 난관을 극복했다.

성서의 내용은 그리스도교의 출발점이자 중심점이자 영원한 균형점이지만, 그것만이 그리스도교 사상의 전부가 아닌 것도 사실이고 또 그렇게 되어서도 안 된다. 세월이 흐르면서 그리스도교는 삼위일체, 성전聖戰, 예수의 신인설神人說* 등 예수의 본래 가르침이 아닌 수많은 개념들을 받아들였다. 무원죄 잉태설과 승천설 등 성모 마리아에 관한 가톨릭 교리들도 성서 내용과는 무관하다. 이런 예를 볼 때, 우리는 윤회가 신약의 가르침에 포함되어 있진 않지만 정당하게 그리스도교 신학에 받아들여질 가능성은 언제나 존재한다고 결론내릴 수 있다.

오늘날 그리스도교가 윤회론을 하나의 부차적 교리로 인정하게 되더라도 그 변화는 전통 교리들을 바탕으로 일어날 것이다. 녹슨 부분들엔 조금 기름칠을 해야겠지만, 여전히 중심축은 그대로 보존될 것이다. 그리스도교는 늘 자유롭게 과거의 결정들을 재평가하고 더 이상 진실에 부합하지 않는 것들을 개선해왔다. 그리스도교는 스스로 절실하게 느낀 사안들 앞에서 개방적인 태도를 보여왔고, 당연히 앞으로도 그럴 것이다. 예를 들어 19세기 후반에 가톨릭교는 창조론과 진화론은 양립할 수 없다는 단호한 입장이었다. 하지만 오늘날은 분위기가 바뀌어서, 진화론과 창조론을 둘 다 인정하는 여러 관점을 용인하고 있다.

많은 신자들은 교단이 윤회론을 인가할 때까지 기다리지 않을 것이다. 교단이 윤회를 인정하게 되기까지는 수백 년이 걸릴지도 모른다. 내

---

* 예수가 온전한 신인 동시에 온전한 인간이라는, 즉 신성과 인성을 따로 떼어놓고 생각해선 안 된다는 사상은 325년 니케아 공의회 이전까지 공식 교리가 아니었다. 성서만 놓고 보면, 예수의 존재성은 여러 가지 관점으로 해석해볼 수 있다.

학생들은 그때까지 기다릴 수 없다. 그들은 스스로 나서서 환생의 증거들을 판단하고, 공식적 지침 없이도 다양한 가능성을 검토하고 있다. 예수가 진짜 윤회를 설했는지 아닌지 또는 초기 교부들이 6세기에 윤회론을 부정한 것이 현명했는지 아닌지는 내 제자들의 관심사가 아니다. 아무리 흥미롭대도, 그것은 역사가들이 다룰 유물일 뿐이다. 이런 논쟁은 그들에게 무의미하다. 왜냐면, 어쨌든 그들이 '아는' 그리스도교는 늘 삶이 한 번뿐이라는 철학을 말해왔기 때문이다. 그들은 자신들이 그리스도교의 전체 그림을 해치지 않고 딱 이 조각 하나만 뒤집어놓을 수 있는지를 궁금해한다. 그러니 무엇이 그리스도교의 핵심 가르침인지에 관한 물음으로 되돌아가자.

윤회론적 그리스도교 신앙

그리스도교 신앙의 핵심 가르침들과 윤회론을 양립하게 하려면 우리는 딱 하나의 교리, 즉 영혼에게 지상의 삶이 한 번만 주어진다는 제한된 관념만을 수정하면 된다. 신에게서 나와 신에게로 되돌아가는 기나긴 여정 속에서 영혼이 지상을 여러 번 드나들 여지만 마련해주면, 그리스도교의 다른 모든 가르침은 지금 그대로 유지될 수 있다. 이 정도 뉘앙스와 맥락의 변화는 그리스도교 신앙의 핵심으로 여겨지는 근본 통찰들을 해치지 않을 것이다. 정통 교리 안에서도 늘 해석의 여지는 약간씩 존재해왔기 때문이다. 윤회론적 신학은 분명 기존의 것과는 다른 측면을 부각시키겠지만 여전히 큰 틀을 벗어나지는 않을 것이다.

윤회론을 받아들이더라도 교리가 어떻게 잘 유지될 수 있는지를 한

번 살펴보도록 하자. 다음의 핵심 가르침들은 확정된 것이 아니라, 내가 이 주제에 관심 있는 사람들과 더 깊은 논의를 나누고픈 마음으로 제시해보는 것이다.

신은 만물의 시작이며 끝이다. 신은 모든 생명의 원천이고, 질료이며, 최종 종착지이다. 신은 모든 부분을 품는 전체이다. 궁극적으로 신은 관념, 단어, 생각을 초월하지만, 그래도 우리는 신의 본성은 곧 '사랑'이라고 당당히 말한다.

이 세계는 피조물이다. 물질우주는 더 큰 영적 우주(들)에 의해 지어지고, 유지되고, 품어지고 있으며, 다시 영적 우주는 태초의 실재인 신으로부터 지어지고 있다. 신이 만물을 직접 창조한다는 설명이 더 흔하지만 실은 우주가 이런 다층적 구조를 가지고 있음을 의심할 여지가 없다. 성경에 묘사된 천지창조는 이 구조를 시적詩的으로 단순화시킨 내용으로 보인다.

신은 우리의 본질이다.(신자마다 견해가 다를 수 있음.) 우리는 시공간 속에 현현한 신이다. 해와 햇빛이 따로 떼어 생각할 수 없는 하나인 것처럼, 신과 우리의 관계도 그러하다. 우리는 존재론적으로 늘 신과 하나이지만, 심리적으로는 그런 관계를 무시하려는 경향이 있다. 이것은 물질우주가 곧 신이라는 범신론汎神論(pantheism)이 아니다. 물질우주는 신의 일부라는, 또는 신 안에 포함된다는 만유내재신론萬有內在神論(panentheism)이다. 신은 물질우주를 품지만 그보다 더 큰 실재이다.*

우리의 삶은 영원하다. 우리의 몸은 죽지만, 우리의 의식은 절대 죽지 않는다. 우리 안의 신성 덕분에 죽음은 애초부터 우리에게 가능한 일이 아니다.

지상은 우리의 집이 아니다. 궁극적으로 우리는 영적 우주에 속하는 영적 존재들이다. 지금 우리는 반은 영혼, 반은 물질인 혼합체로 살고 있지만 그 둘이 얼마나 뒤엉켜 있든 간에, 그리고 물질적 실체가 우리의 영적 성숙에 얼마나 도움이 되든 간에, 결국 우리는 우리의 본질인 영혼으로 되돌아갈 것이다.

우리의 현재 상태는 우리의 원래 상태가 아니다. 지금 우리는 일시적으로 본성을 상당 부분 망각하고 있다. 하지만 이전에 우리는 변치 않는 본성을 자각하고 있었다. 이런 변화, 즉 하강(fall)은 물질적 존재 상태로 인한 것이다. 물질적 환경은 우리로 하여금 영적 정체성을 잊게 한다. 이런

---

* 힌두교가 보여주듯이, 윤회는 일원론 그리고 일신론과 모두 양립할 수 있다. 일신론은 오직 하나의 신만 존재한다는 믿음이다. 일신론적 관점에서 대개 신은 피조물과는 분리된 존재로 여겨진다. 일원론은 오직 '신만이' 존재한다는 믿음이다. 일원론적 관점에서 만물은 신성의 현현으로서 존재한다. 따라서 피조물은 신과 따로 분리될 수 없으며, 신 안에 자리하고 있다.
이 책의 주장은 일원론의 입장에 가까우므로 그리스도교 신자들에게는 낯설게 여겨질 수 있다. 하지만 그 낯선 느낌은 윤회론 자체가 아니라 일원론 때문이다. 신자들은 일신론적 관점으로도 충분히 윤회론을 이해할 수 있다. 따라서 윤회론은 선택 가능한 원리이다. 일원론적 관점은 그리스도교 내에서도 신비주의적 입장에 가깝다.
궁극적으로, 우리는 일원론과 일신론을 서로 대립하는 것이 아니라, 관점에 따라 둘 다 참인 것으로 봐야 한다. 일원론은 일신론을 아우른다. 일신론은 나름의 의미가 있지만, 결국엔 좀더 포괄적인 일원론에 자리를 내주어야 한다. 물리학에 빗대자면, 고전적인 뉴턴 물리학보다는 상대성이론이 물질우주를 훨씬 더 정확하고 폭넓게 설명해준다. 하지만 이 우주의 일부만을 다루고 이해할 때 뉴턴 물리학은 여전히 유효하게 쓰인다.

하강은 우리 자신의 선택에 의한 것이며, 그 방식 또한 우리가 선택한 결과이다. 물론 윤회도 여기에 포함된다.

지상의 삶에는 목적이 있다. 그 목적은 개별 영혼에도, 전체 우주에도 함께 해당한다. 우리 삶의 조건들은 우연이 아니라 의도된 것이며 '하늘이 돕고 땅이 돕는' 것이다. 우리가 견뎌야 할 그 어떤 시련 뒤에도 목적이 있고, 그 목적 뒤에는 우리를 완성으로 이끄는 궁극의 자비가 있다. 크게 보면, 우리의 삶은 신이 우주 속에서 펼치는 뜻깊은 활동의 일부이다. 신은 역사를 쓰고, 우리는 그 역사의 일부이다. 우리는 신이 가담한 모험의 일부이고, 눈에 보이지 않는 큰 그림 속의 변수이다.

종교적 활동이란 궁극적으로 '귀환(return)'에 관한 것이다. 신에게서 나왔다면 신에게로 돌아가는 수밖에 없다. 역사의 단계로 볼 때, 인간은 지금 돌아가는 길 위에 서 있다. 종교는 이런 귀환을 돕기 위해, 다른 말로는 진짜 본성을 회복하도록 돕기 위해 존재한다.

신은 오직 사랑과 은총으로써 우리를 대한다. 어떤 식으로든 신이 우리를 내치는 일은 불가능하다. 신의 사랑과 손길은 닿지 않는 곳이 없고, 분별이 없고, 멈춤이 없다.

우리가 겪는 상황들은 온전히 우리 책임이다. 신은 우리를 내치지 않는다. 우리가 신으로부터 멀어져 있다면 그 원인은 우리에게 있다. 아담과 이브의 이야기는 현재 우리의 상황을 만들어낸, 우리가 과거에 내린 선택을 상징하는 것이기도 하다. 신의 은총은 무한하기에 우리는 언제든 이런 일탈을 되돌릴 수 있으며 또 그러도록 초대받고 있다. 궁극적으로, 우리의 귀환은 신성의 자가치유로 이해될 수도 있다. 우리가 곧 신이고, 신이 곧 우리이기 때문이다.

예수는 메시아(Christ)**였다.** 그의 설교는 진실이었고, 그의 소명은 인류를 신께로 돌아가게 하는 구원자였다. 윤회는 역사 속 예수의 중요하고 결정적인 역할과 전혀 대치되지 않는다. 단지 윤회론자들은 예수를 우리와 種종이 다른 존재가 아니라 質질이 다른 존재로 바라볼 뿐이다. 그는 우리와 마찬가지로 신성의 肉化육화였지만 우리보다 훨씬 순도가 높았기에 역사상 큰 역할을 할 수 있었다. 그는 우리에게 우리의 신성한 본성과 근본 진실을 일깨워준, 영적 성숙의 原型원형과도 같다. 이런 그리스도論론은, 비록 주류는 아니지만 엄연히 전통신학의 틀 안에 있는 것이다. 이처럼 윤회론은 역사 속 예수의 유일무이한 모습과 역할을 그대로 인정한다. 차이라고는 그를 신성 그 자체의 현현이라고 말할 법한, 손에 꼽을 만한 존재들 중 한 명으로 바라본다는 것뿐이다. 저마다의 시대와 문화 속에서 내면의 신을 재발견하는 방향으로 인류를 함께 이끌어온 고차원적 존재들 말이다.*

---

* 예수를 바라보는 시각 차이에 관한 짧고도 흥미로운 논의를 살펴보고 싶다면 John White의 *What is Enlightenment?*에 수록된 〈Enlightenment and the Christian Tradition〉을 읽어보라.

타인을 사랑하라. 사랑이 우리를 집으로 데려다준다. 우리는 모두 신이라는 같은 원천으로부터 나왔다. 우리를 떠받치고 엮어주는 이 '하나됨(oneness)'의 자각이 커질수록 사랑은 가장 당연하고도 자연스러운 행동양식이 된다. 사랑은 삶에 대한 영적 시각을 나타내는 것이므로 상대방이 나를 대하는 방식과는 무관해야 한다. 만약 무엇이 사랑의 실천인지가 확실치 않다면 내가 상대방이 입장이라면 바랐을 것들을 해주라. 우리는 신성한 본성을 공유하고 있기 때문에, 그들에게 하는 것은 곧 우리자신에게 하는 것이다. 지금은 아닌 것 같아도 그것은 언젠가는 그대로돌아온다.

판단하지 말라. 그러면 판단받지 않으리라. 우리는 다른 사람의 행위를 심판할 입장이 아니다. 남을 심판할 때, 우리 또한 심판받고 제약당한다. 시와 때를 막론하고 우리는 호혜互惠의 법칙을 따라야 하며 우리 자신에게 품는 자연스런 존중과 연민을 타인에게도 확장해야 한다.

죄란 의도적으로 신과 거리를 두는 것이다. 죄란 우리를 삶의 원천, 즉 신으로부터 이리저리 떨어져 나오게 하는 '의도적인' 생각, 말, 행동들이다. 우리가 짓는 죄의 무게는 우리의 의식 수준에 따라 달라진다. 진짜 죄를짓는다는 것은, 본인의 의식 수준보다 훨씬 더 본질과 본성으로부터 동떨어져서 사는 것이다. 그것은 곧 자신의 본성 이하로 살겠다는 선택이기 때문이다. 죄는 철저히 개인적인 것이다. 비록 우리 모두가 어떤 공통의 차원에 속해 있긴 하지만, 우리는 그 누구의 죄도 물려받지 않는다. 궁극적으로, 죄는 단지 자기 자신에 대한 무지와 거짓 정체성을 향한 집착에서 비롯된다.

우리는 서로를 필요로 한다. 윤회는 각자의 운명은 각자가 책임지도록 만들지만, 한편으로는 삶 자체가 하나의 촘촘한 관계망임을 가르쳐준다. 궁극적으로, 아무도 혼자 집으로 돌아가지 않는다.

종교 단체. 윤회는 개인에게 초점을 맞추게 하지만, 종교 단체들을 폄하하거나 무시하지 않는다. 오히려 영적 본성을 되찾는 일은 도반道件들끼리 서로 힘을 모으고 도우며 격려해야 하는 만만찮은 과제다. 마찬가지로 종교적 의례와 예배들도 의식 확장을 일깨우는 도구로서 존중받는다. 물론 결국 모든 단체와 의례는 수단일 뿐이며, '귀환'의 비밀은 각자의 내면 깊은 곳에 있지만 말이다.

우리가 하는 모든 일에 대한 책임은 우리에게 있다. 이것은 누군가가 밖에서 우리의 일거수일투족을 감시하고 있기 때문이 아니다. 우리가 생각하고, 말하고, 행동하는 모든 것이 우리의 내면에 새겨지고 간직되기 때문이다. 그것들은 우리의 에너지를 조금씩 변화시키고, 그 변화는 갈수록 축적되면서 결국엔 우리가 살게 될 에너지장이 바뀌고, 우리가 접하게 될 세상의 조건도 바뀐다.

일종의 지옥이라고 할 만한 것이 존재한다. 하지만 그것은 대개 생과 생 사이에서 경험된다. 따라서 영원한 형벌이라는 관념은 철저한 오해이다.

우리가 지상을 영원히 떠나서 도달하게 될 곳은 표현이 불가능할 만큼 아름답다. 신비체험이나 임사체험에서 경험되는 것들은 소위 '천국'으로 불리는 그 극치의 평화와 희열의 맛보기에 불과하다. 우리가 거기서 느낄 기쁨은 궁극적으로 신성에 대한 불변의 자각으로부터 나온다. 그렇긴 하지만, 윤회는 천국을 정적인 휴식의 장소가 아니라 진보와 성장의 공간으로 이해하게끔 해준다. 신성으로 흠뻑 젖는 그곳의 희열은 그 끝을 상상할 수 없이 이어지는 우리 존재의 진화과정의 배경을 이루고 있다.

윤회는 인류의 영적 드라마가 펼쳐지는 무대의 영역을 넓혀놓지만, 그리스도교가 그 대본의 핵심 요소라고 여기는 내용을 변화시키진 않는다. 삶은 계속 신 안에서 시작하고 끝난다. 신의 편재성(immanence)이 강조되지만 신은 여전히 그대로이다. 영적 성장은 끝이 없는 것으로 간주되지만, 삶의 목적도 여전히 그대로이다. 만물 이면의 전일성은 분명해지지만, 삶의 다양성은 존중된다. 예수의 역할도 그대로이다. 다른 문화권의 영적 지도자들 자리까지 독차지하는 대신 서로 돕는 관계로 탈바꿈될 뿐이다. 영적 생활의 도덕적 덕목들도 그대로이다. 결론적으로, 대본은 바뀌지 않는다. 바뀌는 것은 단지 배우의 '나이'뿐이다.

구원의 과정을 단 한 생 속에다 끼워 맞추느라 애쓰는 대신, 이제 우리는 그것을 많은 생에 걸쳐 이뤄지는 것으로 이해하게 된다. 창조주에게로 되돌아가고자 애쓰는 영혼의 나이는 열 살, 쉰 살, 백 살 아니라 수천 살 이상이다. 분리(separation)와 회귀(return)라는 영혼의 이야기는 그 범위가 인류사史 전체에 걸쳐 펼쳐지는 이야기다. 한 생에서 세워진 계획이 다음 생을 지날 때까지도 발현되지 않을 수 있지만, 그 과정에는 어떤 일관성이 존재한다. 이런 일관성은 더 큰 존재, 즉 '진짜' 우리 자신에 의한 것이다. 그리스도교에서 말하는 '영혼'을 대령으로 이해한다면 모든 것은 간단히 맞아떨어진다. 그리스도교가 내건 궁극적 약속들(promises)은 여전히 유효하다. 삶은 영원하다. 우리는 원하기만 하면 온전한 용서를 받을 수 있다. 우리는 관대하고 조화로운 우주 속에서 완벽히 안전하다. 신은 우리를 그에게로 되돌릴 계획을 언제나 실행하고 있다.

윤회가 사실이라면, 적어도 이 현상은 호모 사피엔스가 지상에 등장한 5만 년 이상의 세월 동안 변함없었을 것이다. 신의 의식으로부터 나와서 다시 그것으로 돌아가는 우리 각자의 여행은 지적 생명의 역사를 배경으로 줄곧 펼쳐져 왔다. 윤회를 통해, 모든 인간의 진화는 그리스도교가 '구원의 역사'라고 부르는 것과 통합된다. 모든 문화, 모든 사람, 모든 시대가 그 계획에 포함되어 있다. 여기서 '구원'은 모든 인종에게 해당하는 이야기다. 약간 표현을 달리하자면, 인간으로 거듭 태어나는 가운데 길을 잃어버린 영혼들의 '귀환'에 관한 이야기다.

전 세계의 다른 위대한 종교들과 마찬가지로, 그리스도교는 이런 귀환 과정의 일부분이다. 2천 년 전에 그리스도교는 영원한 영적 진리의 소리를 발하여 역사상 새로운 흐름을 만들어냈다. 그리스도교의 역사적 영향력을 제대로 이해하려면 우리는 반드시 그 진리가 말해진 더 큰 맥락을 떠올려야 한다. 그 문맥은 바로 카르마와 윤회를 통한 영혼의 부단한 연마鍊磨(polishing)이다. 예수가 말한 인간의 상황, 즉 신과 '별거 중인' 상태는 하룻밤에 생겨난 것도, 태초의 선조 몇몇에게서 물려받은 것도 아니다. 그것은 우리가 하나의 인식을 다른 인식으로 맞바꾸는 내적 선택들을 오랫동안, 연속적으로 내림으로써 쌓인 결과이다. 마찬가지로 예수의 가르침에 의한 정화와 회복도 하룻밤 또는 한 생 만에 실현되지 않고 또 그럴 수도 없다. 예수는 인간을 구원하러 오신 게 아니라, 인간이라는 가면놀음에 발목을 잡힌 대령을 구원하러 오셨다. 그는 우리에게 오랫동안 잊었던 진실을 다시 기억시키고 소유하게 하고자 오셨다. 그의 삶과 가르침은 우리 삶의 방향을 온전한 신성으로 되돌려주었다.

예수는 사역 당시, 영적 여정의 온갖 단계에 속해 있는 사람들을 만났다. 그중엔 그의 말을 듣거나 그와 함께 있는 것만으로도 상위 의식 상태로 훌쩍 뛰어오를 만큼 깨달음에 가까이 다다른 사람들도 있었다. 예수를 만나고 그들의 삶은 급격히 바뀌었다. '성령으로 채워진' 그들은 타인을 치유하고, 타인의 마음을 깊이 헤아리고, 무엇보다도 엄청난 사랑을 나눌 능력을 얻었다. 반면 이런 깨달음에 이르기엔 시간이, 아마도 수천 년의 시간이 필요한 사람들도 있었다. 그러나 영생과 구원, 신의 무한한 사랑과 양육이 주어지리라는 약속은 그들에게도 똑같이 진실이다. 여기서 단 하나의 차이점은 '영혼의 나이'일 뿐이다. 이것은 '시기'의 문제이지 '본성'의 문제가 아니다.

신에게서 멀어졌다가 다시 돌아가는 선회 과정에는 많은 생이 요구된다. 각각의 생은 긴 여정 속의 한 구간이다. 천국은 현생의 끝에서도, 오디세이(전체 여정)의 끝에서도 우리를 기다린다. 우리는 생과 생 사이에서 매번 천국의 새로운 일면을 맛볼 수 있지만, 끝내 집으로 돌아갔을 때야말로 비로소 그것을 온전히 경험하게 될 것이다. 예상했던 것보다 이 여정이 길어 보여 실망하게 될 때, 우리는 노력과 결과가 비례한다는 사실에서 용기를 얻어야 한다. 우리는 신성과 하나되는 능력을 갈고닦기 위해 지금 지상에 있다. 지상이라는 학교의 교과 과정이 길고 벅찰지라도, 그 결과는 모든 것을 보상하고도 남을 것이다.

그리스도교 신학에 대한 내 주장의 요지는 영혼(soul)을 대령(Oversoul)의 개념으로 재정의하자는 것이지만, 그 외의 주제들에 관해서도 최소한의 언급은 필요해 보인다. 어쩔 수 없이 다소 논점이 흐리게 됨을 이해해주기 바란다.

4장에서 언급했던 대로, 하나의 대령을 이루는 개별적 삶들은 어느 정도는 서로 독립적으로 존재하는 듯하다. 그것들은 더 큰 구조 안에서 선후관계 없이 배열되고, 각각 나름의 자치권을 행사하는 것처럼 보인다. 나는 이 복잡한 주제를 속속들이 이해하는 듯 가장하지 않으련다. 그러나 나는 카르마의 소명을 완수한 어떤 전생을 떠올리게 된 전생요법 내담자들이 흰빛 속에 잠기는 듯한 모습을 관찰해왔다. 요컨대 어떤한 생이 주어진 시간 내에 카르마의 요구사항들을 다 충족시키고 할당된 만큼의 진보를 이뤄냈다면, 그 삶은 그 자체로 마지막 순간에 스스로 영적 결실을 맺는다는 것이다. 같은 대령에 속하는 다른 생들은 미진한 상태로 남아서 그다음 생들이 카르마의 완수를 위해 전생으로부터 대물림을 받고 있다고 해도 말이다.

카르마의 관점에서 현재의 나보다 선행하는 생들을 마주할 때, 그 생들이 곧 '나 자신'은 아니라는 매우 중요한 인식이 생겨난다. 그것들은 대령의 집단적 공유성으로 인해 '나의 것'이지만, 그리고 나로부터 생겨난 유산(heritage)이지만, 그럼에도 '현재의 나'와는 확연히 구분된다. 전생의 나는 지금의 나라면 하지 않을 결정들을 했다. 어떤 생에서는 오늘날의 나라면 절대로 용인하지 않을 끔찍한 짓들이 행해졌고, 다른 생에서는 지금의 내 능력 범위를 벗어나는 훌륭한 일들이 성취되었다. 우리가 집단적으로 더 큰 전체(대령)를 형성한다고 해도, 우리 각자는 서로 구분되는 존재이다.

그런 관점에서, 우리는 서양의 종교들과 동양의 종교들이 더 큰 진리의 두 측면을 드러내고 있다고 생각해볼 수 있다. 하나는 낱낱의 생들에 대해 말하고, 다른 하나는 대령을 구성하는 여러 생의 연속성에 관해 말한다. 서양의 종교들은 전생과 후생과는 관계없이, 모든 생은 그 자체로 온전히 성취될 수 있다는 측면을 강조하는 듯 보인다. 우리 생에 자리한 시련들을 극복할 때, 우리는 이 지상 학교에서 우리 몫을 다했을 때 주어질 영적 보상을 기대할 수 있다. 동전의 양면처럼, 동양의 종교들은 현생보다 더 큰 맥락 속에서 삶의 과업들을 이해하도록 도와주고 있다. 우리는 지금 이 현생의 삶에 해당하는 동시에 다른 차원에서는 그 이상의 존재임을 잊지 않게끔 말이다. 결론적으로, 이 두 관점은 서로 모순되는 것이 아니라 보완한다.

대령의 각 생마다 상대적 자치권을 존중해줄수록 우리는 '그리스도의 희생'이라는 그리스도교 교리의 의미를 더 깊이 이해하게 될 것이다. 전통적으로 이 교리는, 그릇됨이 없는(無誤) 예수가 세상을 위해 죽으셨고, 이 은혜로써 인류의 죄를 대속代贖하셨다고 말한다. 그러나 선한 사람이 다른 사람들의 시련을 자발적으로 짊어지는 이런 원형적原型的 희생은 윤회론적 그리스도교 속에서 더 폭넓은 의미를 획득한다. 우리 모두는 완전히 순결한 상태로 태어난다. 내가 지금 경험하고 있는 '나 자신'은 나의 출생 이전에는 존재하지 않았던 것이다. 내가 씨름하고 있는 이 '카르마'는 내가 기억조차 못하는 누군가의 삶으로부터 전해진 것이다. 그러니 나는 지상에 태어나 그들의 카르마를 취함으로써, 근원을 회복하여 하나됨을 이뤘어야 했던 그들의 몫을 자발적으로 대신 짊어지고 있는 것이다. 이렇게 보면, 우리는 모두 이 불가사의한 희생의 과정에 동참하고 있다. 십자가 위의 예수는 우리에게, 진정으로 살기 위해서는 오히려 삶을 내려놓을 줄 알아야 한다는 위대한 신비를 가르쳐주고 있다. 우리는 희생의 선한 결과를 신뢰하면서, 주어진 삶의 시나리오에 ― 설령 그것이 부당해 보일지라도 ― 자기 자신을 완전히 내맡겨야 한다. 우리는 구원의 소명을 갖고 이 지상에 있는 것이다.

그리스도교는 왜 윤회를 부정했는가?

　　그렇다면 그리스도교는 왜 윤회를 부정했을까? 윤회가 신, 영생, 사랑, 선교(mission) 등등 예수의 여러 가르침을 전혀 침해하지 않는다면 왜 교회는 그것을 인정 못할 것으로 여겼을까? 나그함마디 문서들은 윤회론이 초기의 그리스도교인들에게는 엄연한 하나의 선택사항이었음을 말해준다. 그렇다면 서기 6세기의 제5차 공의회에서는 왜 그것을 이단으로 규정했을까? 그 결정은 신학적 근거를 따른 것이었을까, 아니면 뭔가 다른 요인이 개입했던 것일까?

　　게디스 맥그레고르 교수는 여러 저서를 통해 초기 교회가 윤회론을 부정한 이유는 예수의 가르침을 지키기 위해서가 아니라 아직 뿌리가 약한 교회의 제도적 기반을 다지기 위해서였다고 주장한다.

　　윤회론을 믿는 사람들은 그리스도교의 '제도적' 측면을 생략해도 무방하다고 여기는 경향이 있다. … 윤회론의 신념체계는 특히 개인의 '의지'에 초점을 맞추도록 이끌기 때문이다. 그들은 좋든 나쁘든 제 운명을 스스로 만들어가는 개개인의 능력과 선택의 자유를 강조한다. 내 운명은 내게 달린 것이다. 물론 교회가 내게 엄청나게 유용할 수 있다. 나는 교회의 가르침을 진심으로 숭배하고 성찬식을 학수고대할 수 있다. … 그렇지만 윤회론을 받아들인 사람은 비상시엔 교회 없이 스스로 헤쳐 나갈 수 있음을 안다. 엄마를 사랑하지만, 엄마 없이도 홀로 설 수 있는 아이처럼 말이다.*

* Geddes MacGregor, *Reincarnation in Christianity*, 61~62쪽.

초기 교회에서는 교회야말로 구원의 필수요소라는 인식이 강했다. 사제들은 성례聖禮를 관장함으로써 신의 은총을 신자들에게 전해주는 중개자가 되었다. 그러나 윤회론은 개인에게 너무 큰 자율성을 부여했다. 로마교회는 교회가 생존하려면 확고한 권위가 꼭 필요하다고 여겼고, 윤회론은 그것을 약화시킬 잠재력이 있었다.

그러나 그때는 교회를 성장시켰던 요소가 지금은 교회를 퇴보시키는 원인이 될 수도 있다. 확고한 권위를 바탕으로 발전된 강력한 위계적 체계가 초기 교회의 생존을 보장해주었지만 그것이 오늘날에도 여전히 이롭게 작동하는지는 의문이다. 하나의 제국, 하나의 종교만의 '낡은 꿈'은 점차 다차원적인 시각에 자리를 내어주고 있다. 따라서 많은 사람들이 이전에는 교회 입장에서 자산이었던 것이 이제는 빚이 되고 있으며, 교회의 정체성을 전 세계라는 공동체의 일원에 맞게 재정립해야 한다고 느끼고 있다. 결론적으로, 우리는 교회가 윤회론을 부정한 이유가 복음 그 자체와 양립시킬 수 없어서가 아니라 초기 교부학教父學과 모순되기 때문이었으며, 더 이상 오늘날의 윤회론의 재인식을 막을 신앙적 근거가 없다고 말할 수 있다.

환생의 광범위한 영향력

윤회론은 그리스도교인들에게 타 종교와의 거리감을 다시 생각해보도록 채근하게 될 것이다. 신에 대한 굶주림, 초월을 향한 갈증은 보편적인 것이다. 모든 문화권 속에는 진리를 찾는 움직임이 있었고, 신성의 자각은 전 세계에서 꽃을 피웠다. 장소와 무관하게 사람들은 영적 세계

258

를 보았고, 영적 귀환을 돕는 호혜의 법칙을 발견했다. 이것은 전 세계의 문헌들에 분명하게 기록되어 있는 바다.

윤회론은 인식의 틀을 넓혀주기 때문에 우리는 더 이상 하나의 종교만이 삶의 정답을 갖고 있고 타 종교들은 틀렸거나 부족하다는 식의 논쟁에 시간을 빼앗기지 않게 된다. 우리는 진화 과정에서 다양한 시간대를 경험함과 동시에 전 세계 곳곳을 돌아다닌다. 우리는 아마도 모든 대륙, 모든 문화, 모든 종교 안에서 환생을 거듭해왔을 것이다. 한 문화권에서 이 종교가 맡았던 역할을 다른 문화권에서는 저 종교가 맡았다. 그것들 모두는 우리로 하여금 지상의 삶은 중요하지만 어디까지나 일시적인 것임을 잊지 않도록 해준다. 그리고 일상 속에서 게임의 법칙을 다시 알려주고, 최종 목적지로 방향을 맞추어준다.

윤회론은 그리스도교의 근본 가르침과 전혀 모순되지 않는다. 하지만 최근까지도 교회 자체의 소명을 왜곡시키고 있는 맹목적 우월주의와는 충돌한다. 첫 번째 계명을 묻는 질문에 예수는 이렇게 대답했다. "네 마음을 다하고, 네 목숨을 다하고, 네 뜻을 다하여, 주 너의 하나님을 사랑하여라. 이것이 가장 중요한 계명이다. 두 번째 계명도 이와 다르지 않으니, '네 이웃을 네 몸과 같이 사랑하여라'가 그것이다."(마태복음 22:34-39)* 또한 천국에서 구원받을 자를 선별하는 기준을 "주릴 때에 먹을 것을 주고, 목마를 때에 마실 것을 주고, 나그네일 때 영접해주고, 헐벗을 때에 입을 것을 주고, 병들었을 때 돌보아주고, 감옥에 갇혔을 때 찾아와준 사람"으로 제시하기도 했다.(마태복음 25:31-46) 여기에는 특정 교파

---

* 누가복음 10장 25절에는 "어떻게 해야 제가 영생을 얻겠습니까?"라는 질문으로 기록되어 있다.

는커녕 특정 종교에 관한 언급조차 없다.

이처럼 명백한 보편성과 열린 마음가짐을 우리는 어쩌다 망각하게 되었을까? 신이 사랑받고 예배받는 곳은 어디든 그리스도가 거하신다는 진실에 우리는 어쩌다 눈이 멀고 말았을까? "나를 거치지 않고서는 아무도 아버지께로 갈 사람이 없다"는 구절을 우리는 어쩌다 가장 축소된 의미로만 받아들이게 되었을까? 우리는 이 말을 '보편적인' 그리스도의 말씀이 아니라, 신을 찾기 위해서는 예수라는 '역사적' 인물 아래서 세례를 받아야만 한다는 뜻으로 받아들였다. '신은 곧 온전한 사랑'이라고 가르친 예수께서 과연 태생적으로 복음을 들을 기회가 없었던 사람들이 전부 구원받을 기회를 박탈당하길 원하셨을까? 토착종교 안에서 태어나고 살아왔기 때문에 물려받은 전통을 버리고 선교사들이 갖고 온 새로운 종교로 개종하는 것이 그저 불명예라고 여겼을 뿐인 모든 사람을 제외시킬 만큼, 과연 신의 사랑이 그렇게 제한적일까? 오늘날의 시각에서 볼 때 이 얼마나 답답하고 유치한 생각인가? 다행히도 지금이 시대의 지적, 영적 견해는 이런 근시안적 상태를 훌쩍 벗어나 한층 통합적인 수준으로 향하고 있다.

과거에 가톨릭 교회에서는 "교회 밖에서는 구원이 불가능하다"고 가르쳤다. 오늘날 그런 방침은 공식적으로 폐기되었다. 그러나 신구교를 불문하고 지금도 널리 인용되는 교리 서술방식은 여전히 이런 낡고 독단적인 시각에서 비롯된 것들이다. 정통 신학에서는 '역사적' 예수를 신과 인류 사이의 유일무이한 중개자로 여긴다. 그들은 예수가 그 어떤 인간과도 아예 다른 종種의 존재라고 말한다. 태생이 달랐기 때문에 그처럼 역사상 위대한 일을 할 수 있었다는 것이다. 서력西曆은 그의 출생을 기준으로 나뉜다. 온 우주가 그의 사역과 사역 이후의 사건들을 중심으로 돌아간다. 정통 그리스도론의 논리는 보편적 신성이 타 문화권에서 무얼 했든, 타 지역에서 인간과 성령 간의 어떤 만남이 있었든 간에, 그 모두가 2천 년 전 갈릴리에서 있었던 일과는 비교불가라는 것이다. 따라서 세계교회 운동이 시작하고 있는 타 종교에 대한 존중과 이런 독단적인 교리 사이에는 메울 수 없는 틈새가 존재한다. 예수가 진리의 '확고한(decisive)' 현현인지 '유일무이한(exclusive)' 현현인지를 정리해내는 것이 오늘날 신학계의 숙제이다.

단일한 관점에서 통합적 관점으로의 이행이 현 시대의 흐름이라 할 수 있다. 단일한 관점에서 보면 종교는 '이것 아니면 저것'의 대상이 된다. 한 종교가 진리일 때, 다른 종교들은 그릇된 것이 된다. 이때는 하나 이외의 모든 것이 틀린 것이 되므로 우리는 "어떤 종교가 진리인가?"라고 묻게 된다. 그리고 일단 우리의 종교야말로 진짜고 나머지는 거짓이라는 태도를 취하기 십상이다. 그러나 사회적으로 확장된 우리의 지성은 점차 이런 양자택일적 사고를 약화시키고 있다. 각자 자신에게 친숙한 것, 즉 자신의 종교만이 옳다고 믿는 경향은 그저 문화적 세뇌의 결과일 뿐이다. 이런 종교의 문화화文化化(enculturation)를 벗어나기 위해서, 많은 사람들이 어떤 종교도 그 자체로 완전한 진리일 수는 없다는 가정 하에 다양한 종교를 비교연구하여 장점과 단점을 추려내는 시도를 하고 있다.

통합적 관점은 종교에 관해 '이것 아니면 저것'이 아니라 '이것 그리고 저것'의 태도를 취한다. 한 종교가 옳기 위해 다른 종교가 거짓일 필요가 없고, 특정 종교가 이 지상을 독점하는 일도 없다. 물론 일시적 유행의 수준을 넘어서 '세계 종교'로서 인정받을 만큼 역사상 충분한 가치와 역할을 스스로 증명해온 종교들만이 여기에 해당한다. 통합적 관점은, 단일한 관점이 부정한 '모든 종교가 동시에 옳은 것일 수 있다'는 전제를 받아들인다. 그로써 당장은 어떻게 그게 가능한지 이해가 되지 않더라도, 우리는 더 큰 그림 속에서 '종교들 간의 조화'를 보지 못하게 만드는 사고방식을 꾸준히 개선하고 각 종교의 가르침을 더욱 깊이 이해해가도록 이끌리게 된다.

초기의 통합적 관점은 전 세계 종교들의 차이점을 최소화하려는 경향이 강했다. 모든 종교는 본질적으로 같은 이야기를 하고 있으며 다만 문화적 맥락에 의해 달리 보일 뿐이라는 식이었다. "수많은 언어로 번역되었지만 진리는 오직 하나뿐이다. 수많은 문화적 변주가 있었지만 메시지는 오직 하나뿐이다." 이 전제는 단순하고 쉬워서, 지구가 하나의 공동체임을 자각하기 시작한 사람들의 구미에 잘 맞아 널리 퍼졌다. 하지만 많은 비교종교학자들은 현실은 그렇게 단순하지 않으며, 각 종교 간의 철학적 차이를 너무 안일하게 덮어버리는 셈이라고 지적한다. 그런다고 사라지는 것이 아닌데 말이다.

그래서 좀더 다듬어진 통합적 관점은 다음과 같다. "전 세계 종교들의 근본 진리는 (1) 하나이거나 또는 (2) 상호보완적이다." 각 종교의 잡다한 믿음과 관습을 체에 걸러 핵심만을 추려내면, 그 통찰은 상호 보완적이거나 호환이 가능할 것이다. 이 전제는 우선 전 세계 종교들의 다채로운 사상 이면에는 확실한 '공통분모'가 있음을 분명히 한다. 공통분모 덕분에 한 종교의 개념들은 다른 종교 내의 상응하는 개념들을 통해 서로 '번역'될 수 있다. 그리고 여기에 덧붙여서 우리가 좀더 관심을 두어야 할, 비교연구를 통해 드러나는 새로운 주제가 하나 등장한다.

두 종교가 상호 보완적인 철학적 통찰을 품고 있다면, 이것은 첫째로는 그 둘이 양립 가능하다는 뜻이고 둘째로는 서로의 결점을 상쇄해준다는 뜻이다. 이 종교에서는 정교하게 다듬어진 통찰이 저 종교에서는 미성숙한 상태일 수 있고, 그 반대의 경우도 가능하다. 한 문화권에서는 중심 주제인 것이 다른 곳에서는 저평가되어 제대로 조명받지 못할 수 있다. 그 둘을 통합할 때, 우리는 더 선명하게 큰 그림을 그려내게 된다.*

예컨대, 명상의 기술은 서양보다 동양이 훨씬 더 발달되어 있어서 대체로 동양의 종교들이 서양의 종교들보다 인간의 초월적 의식 영역을 더 자세히 묘사한다는 사실은 엄연한 상식이다. 그리스도교를 보면, 3세기 사막 교부들 이후로 관상수도 전통이 이어졌지만 어디까지나 서양 문화권 내의 한 분파에 불과했다. 그 결과로 서양의 수도원에서 행해지고 발달한 내적 정신기법들은 대개 동양의 그것들만큼 체계화되지 못했다. 트라피스트회 수도사로서 평생을 겟세마니Gesthemani라는 미국의 훌륭한 수도원에서 지냈음에도 굳이 말년에 인도를 여행했던 토머스 머튼의 생애가 이 사실을 잘 말해준다.

동양의 종교들이 정교한 명상기법을 갖췄다면 서양의 종교들은 무엇을 발전시켰을까? 아마도 '사회적 정의'에 대한 시각을 꼽을 수 있을 것이다. 역사를 바꾼 사회개혁 운동 — 인종차별, 남녀차별, 신분제도 철폐 등 — 이 거의 유대교, 그리스도교, 이슬람교의 문화권에서 시작되었다는 사실은 단순한 우연일까? 이것은 신의 기준에 맞게 세상을 계속 개선해나갈 책임이 바로 인간에게 있다는 서양 신학의 중심 주제 중 하나가 구체적으로 발현된 결과이다.** 예컨대 대조적으로 인도에서는 지

---

* 간략하고도 분명한 설명을 위해 주로 서양과 동양을 대조하고 있지만, 같은 반구의 종교들끼리도 동일한 원칙이 적용된다.

상의 고통에서 초월적 지복으로의 해탈(moksha)이 한층 강조되므로 당면한 삶의 조건들을 개선하는 데는 관심이 덜 쏠리는 편이다.

명상이라는 내적 기술과 사회정의라는 외적 추동력은 모순이 아니라 상호보완의 관계다. 그 둘이 함께 이뤄내는 전체는 산술적 합보다 크다.***

이런 통합적 관점을 옹호하는 지루한 철학적, 형식적 논의 대신 나는 종교들을 통합적으로 바라볼 수 있게끔 돕는 몇 가지 이미지를 제시할 작정이다. 우리는 단일한 관점의 사고방식에 길들어 있어서 종교들을 새로운 방식으로 이해하려면 이런 준비체조가 필요하다.

나는 학생들에게 교내체육관 정도 규모의 사각형 건물을 상상해보도록 시키곤 한다. 그 건물 안쪽은 텅 비었고, 한가운데에 추상적 형태의 조각상이 있다. 건물의 사면에는 커다란 창문이 있고, 오직 그 창문들을 통해 들어가는 빛만이 내부를 밝힌다. 우리는 그 건물 안의 조각상을 이해하기 위해서, 건물 밖에서 창문 안쪽을 들여다보는 관점이다.

비유컨대 여기서 조각상은 신, 궁극의 실재, 존재의 이유 등을 뜻한다. 각각의 창문은 서로 다른 문화가 빚어낸 종교를 뜻한다. 각 종교는 저마다 신을 들여다볼 수 있는, 삶의 진실을 찾아볼 수 있는 하나의 '창문'을 제공한다. 각 문화는 타 문화에 비해 삶의 특정 진실을 더 잘 알게 해주는 독특한 상황과 경험으로 이끈다. 한 문화의 역사, 사회구조, 분

** 한편으로는, 극심한 사회적 병폐를 그들 스스로 존속시키거나 방조해오다가 뒤늦게야 없앨 방법을 찾은 측면도 분명히 있다. 지금도 이런 패턴은 크게 달라지지 않았다.
*** 그리스도교의 덕목인 사랑(agape)과 불교의 명상수행법 간의 상보적 관계를 다룬 9장의 내용을 참고하라.(317쪽)

위기, 심지어 지리적 특성까지도 삶의 특정 측면을 더 부각시킴으로써 삶 너머의 특정 측면도 함께 강조해주는 역할을 한다.

각각의 창문을 통해 들어온 빛은 조각상의 한쪽 면을 비춘다. 어느 창으로 보든 그 형상은 진실인 동시에 불완전하다. 조각상을 가장 입체적이고 정교하게 그려내고 싶다면 건물의 네 창문을 모두 돌아다니면서 충분히 관찰하는 것이 최선이다. 지금 우리가 선 곳에서 가장 가까운 창문에서는 별다를 점이 없겠지만, 반대쪽 창문에서는 이쪽에선 도무지 볼 수 없었던 조각상의 형태가 보일 것이다.

그런데 각 창문에 달라붙은 관찰자들이 다른 창문의 존재는 모른 채 오직 자신만의 시각에서만 조각상을 연구해왔다고 상상해보자. 그런 두 집단이 만나면 당연히 조각상에 관한 논쟁이 벌어질 것이다. 왜 우리가 아는 것을 저들은 전혀 알지 못하는가? 저들은 조각상에 관해 엉뚱한 말을 하는가? 그러나 창문마다 보이는 형태가 달랐다는 사실을 우리는 차차 깨닫는다. 누가 옳고 누가 그른지를 가리는 논쟁 단계를 뛰어넘은 후에야, 우리는 여러 관점을 통합하여 전체 그림 — 적어도 현 시점에서 가능한 만큼 — 을 그리는 흥미로운 작업에 돌입할 수 있다. 요컨대 그리스도교는 동양의 종교들로부터 득을 볼 뿐 아무것도 잃지 않는다. 더 많은 창문을 통해 볼수록, 조각상에 대한 이해는 더욱 완전해질 것이다.

그런데 한 학생이 이 비유는 신과의 접촉이 불가능하다며 대안을 제시했다. 그에 따르면, 우리가 건물 안에 있고 신은 이 건물을 감싸고 있다. 그리고 종교의 목적이 신을 '이해하는' 것이 아니라 '경험하는' 것이므로 사면의 창문은 문으로 바뀌어야 한다. 요컨대 각 종교는 각 문화가 만들어낸 밖으로의 출입구이다. 제한된 조건을 벗어나려면 이 문들을 거쳐야 한다. 이 문들은 온 생명을 아우르는 더 큰 실재와의 접촉을 가능케 해준다. 각각의 문은 문화적 특성을 반영하고 있기 때문에 서로 조금씩 형태가 다르다. 하지만 그 기능은 모두 동일하다.

이 학생이 제안한 새로운 이미지는 통합적 관점을 위해 또 다른 대안으로 이어졌다. 세 번째 비유에서, 각각의 종교들은 똑같은 산을 서로 다른 길로 오르고 있는 등반팀들로 그려진다. 출발 전날, 각 팀은 각자 선택한 등반로 입구 근처의 마을에 모여 그 지역의 풍습에 맞게 전야제를 연다. 등반을 시작하고 언덕으로 접어들 때, 그들은 방금 떠나온 마을의 지형을 내려다본다. 높이 올라갈수록 발아래에는 한결 탁 트인 풍경이 펼쳐진다. 시간이 지날수록 각 등반팀은 점점 더 비슷한 풍경을 본다. 높으면 높을수록 시야가 겹치기 시작한다. 그러나 산꼭대기에 다다랐을 때라야 그들 모두는 어떤 장애물도 없이 온전한 지평선을 똑같은 시야로 바라볼 수 있다. 거기서야 그들은 저 아래의 다양한 언덕들이 어떻게 하나로 이어져 있는지를 알게 된다.

이 비유는 특정 종교의 근본 진리를 깊게(또는 높게) 경험할수록 타 종교와의 공통분모가 더욱 명확해진다는 점을 보여주고 있다. 여기서 꼭대기까지 오른 등반가들은 진보된 영적 경험을 통해 일반 신도들보다 높은 시야를 갖게 된 각 종교의 신비가들에 해당한다. 다양한 문화에 속한 신비체험들에 관한 심리학적 해석은 이처럼 결국 하나로 수렴된다는 개념을 뒷받침한다. 신비가가 처음 물질세계를 넘어 영적 세계로 발을 내디딜 때, 그 경험은 아직 그들의 문화가 심어놓은 선입견으로부터 자유롭지 않다. 그러나 경험이 반복될수록 그것은 점차 개인적, 문화적 프로그램의 제약을 벗어난다. 전 세계의 신비전통들은 한목소리로, 신이라 불리는 실재를 있는 그대로 경험하고자 한다면 그것에 관한 모든 선입견을 내려놓아야 한다고 가르친다. 즉 신에 관한 모든 종교적 신념,

신과의 만남은 어떠어떠할 것이라는 모든 문화적 기대감을 포기해야 한다는 뜻이다. 우리는 어떤 개념도 입장이 불가능한 부지不知의 장막을 통과해야 한다. 그 안의 상위 수준에서는 이전의 신비체험들이 드러냈던 차이점이 아예 사라진다. 모든 신비가가 그 수준까지 도달하진 않지만, 그럼에도 그들은 돌아온 후에 같은 경험을 이야기한다. 그 장막 뒤에는 말, 개념, 교리를 넘어선 실재가 있다고 말이다. 삶의 전일성(One-ness)은 그저 더없이 투명할 뿐이라고 말이다.

이제 마지막 비유를 소개할 차례다. 엄청난 양의 퍼즐이 흩어져 있는 커다란 테이블을 하나 상상하라. 당신은 테이블 주위에 둘러앉은 열 명의 사람들 중 하나이고, 모두는 퍼즐의 특정 부분을 맞추고자 애쓰고 있다. 자리 앞의 퍼즐들을 맞춰나가면서, 당신은 그 자체로도 의미 깊고 온전한 아름다운 디자인을 발견한다. 동시에 다른 사람들도 드러난 형태는 다르지만 상징적 의미는 동일한 디자인을 발견해간다. 그 디자인들은 그 자체로 충분히 감상할 만하고, 그래서 한동안은 그것들이 하나가 아니라 각각 다른 퍼즐인 것처럼 보이기도 한다. 하지만 퍼즐이 완성될수록 모든 디자인이 하나로 이어진다는 점을 알게 된다. 각자 맞춘 부분을 한데 모으면서 놀라운 사실들이 드러난다. 각각 완성미가 있는 디자인들이 하나로 맞춰지며 엄청나게 크고 정교한 그림을 만들어낸다. 그 온전한 그림은 각 부분들이 주는 감흥보다도 수십 배는 더 아름답다.

나는 지금이 바로 열 명이 각자 맞춘 퍼즐을 하나로 잇기 시작하는 시대라고 믿는다. 지금까지는 각자 자기 종교의 장점에 초점을 맞춰왔지만, 이제 우리는 게임의 다음 단계로 나아가고 있다. 다양한 문화, 인종, 종교의 유산을 통합하여 이해하는 것이 21세기의 과제다. 우리는 부분적 진리를 존중함과 동시에 전체 그림이라는 상위의 진리 또한 받아들여야 한다. 인류가 지구의 모든 생명을 파멸시킬 수도 있는 제 능력에 공동으로 대응하기 시작한 바로 이 시점에 이런 흐름이 나타나고 있음은 과연 우연일까? 정치적으로나 종교적으로나, 적대적 관계를 지속하면 파멸이 앞당겨지지만 삶의 전일성을 깨닫는 넓은 시야를 갖추면 새로운 역사가 시작될 것이다. 나는 '국가'와 '역사'와 '영혼'의 개념을 확장시켜가는 전 지구적 차원의 작업에 우리의 미래가 달렸다고 확신한다.

서양에서 윤회론이 퍼져가는 것은 이런 통합적 세계관의 전조와도 같다. 윤회론은 그리스도교인들로 하여금 인류와 신의 관계를 더 폭넓게 바라보기를 권유한다. 윤회론은 그리스도교의 독특한 유산을 잊지 않되 타 종교로부터 거리낌 없이 배우라고 권한다. 윤회론은 이미 과거의 배타성을 극복해가고 있는 그리스도교의 변화에 힘을 보태고, 아직 기회가 있을 때 공동의 미래를 창조하도록 도와준다.

미국 내 성인 신도들 중 거의 4분의 1이 윤회론을 받아들였다는 사실은 신앙심의 약화가 아니라 성숙의 신호이다. 그들의 신앙은 약한 것이 아니라 용감한 것이다. 그리스도교는 신이 다스리는 다른 지역들과 진지하게 대면함으로써 새로운 활력을 얻고 있다. 이 책에서 주장하는 대로 윤회가 있는 그대로의 ─ 믿음이 아니라 엄정한 조사로서 뒷받침된 ─ 진실이라면, 결국 그리스도교는 이 진실과 스스로 어우러질 수밖에 없다. 그리스도교의 신과 창조주는 둘이 아니기에, 그리스도교는 신이 창조한 자연의 질서 중 어떤 것도 배제해선 안 된다. 자연의 질서 중 어떤 것도 신의 무한한 사랑과 영생이라는 그리스도교의 가르침을 위태롭게 하지 않는다.

7
윤회와 가족관계

대부분의 사람들에게 인생 초기의 경험은 가족을 떼놓고 생각할 수 없다. 가족을 통해 우리는 인간이란 어떤 존재인지, 우리가 서로 어떤 의미인지, 함께 사는 데 무엇이 요구되는지를 배운다. 가족을 통해, 즉 우리보다 먼저 살아온 사람들과 관계 맺으면서 우리는 우리 자신이 누구인지를 발견하고 알아간다. 우리가 아무것도 모르는 시기에, 가족은 우리의 영혼을 보듬고 앞으로의 생활방식을 형성시켜준다.

이 결정적 시기를 함께 보내는 사람들과의 만남이 그저 우연이라면 실로 이 우주는 우연의 법칙에 지배되어 어떤 의미도 존재하지 않는 곳이다. 우연에는 의미가 없기에, 우리는 아무리 간절히 삶의 목적을 얻고자 애써도 마냥 무의미한 존재일 뿐이다. 우리는 수백 억 년의 시간 동안 엄청난 수의 우연이 겹쳐 만들어낸 결과, 즉 우발적 생명체가 된다. 그러나 내적으로 삶의 의미를 깊이 자각한 사람들은 이것이 말도 안 되는 전제임을 잘 안다. 윤회론은 이 점을 분명히 알려주고, 생애 초기 경험의 의미를 이해하게끔 도와준다.

　윤회론자들은 영유아기가 깨달음으로의 길고 지난한 과정이라고 말한다. 우리는 이미 이 지상에 수없이 태어났고, 성장했고, 죽음을 경험했지만 어릴 때는 이런 사실을 자각하지 못한다. 모든 걸 처음 경험하는 듯이 매 순간이 새롭고 놀랍다. 우리는 새로 시작한다. 자기 존재를, 자기 삶의 의미를 알기까지는 시간이 오래 걸린다. 우리 삶의 목적을 대략이나마 느끼기 시작하기까지, 즉 우리가 이번 생에 포함시키기로 결정했던 시련들이 실제로 등장하기까지는 시간이 오래 걸린다. 그리고 그동안 우리는 가족 안에서 이 여행을 준비하며 휴식한다. 우리의 내밀한 자아상은 바로 이때 가족들에 의해 형성된다. 우주, 신, 또는 카르마에 의해 우리는 가장 약하고 민감한 발달단계일 때 가족들에게 맡겨졌다.

　정말로 우리가 몸을 바꿔가며, 시대와 장소를 건너뛰며, 지상을 오가며 수만 년을 사는 존재라면 그 여행에 함께할 동반자들을 모으는 것은 지극히 자연스러운 일이 아니겠는가? 삶이 무한하다면, 적어도 여러 생 동안 이어질 관계가 생겨나는 것은 당연한 귀결이다. 만약 그렇지 않다면, 즉 모든 관계가 죽기 전에 완성되어야 한다면 이 얼마나 억지인가? 매 삶마다 새로 시작되는 관계도 있고, 한층 성숙해가는 관계도 있고, 무한한 우정과 평화 속에서 마무리되는 관계도 있어야 마땅하지 않겠는가?

　이런 점들을 감안해볼 때, 실제 우리 삶의 경험도 꼭 그렇다고 느껴지지 않는가? 전혀 그럴 상황이 아니지만 보자마자 서로 깊은 인연임을 직감하게 되는 사람들이 있다. 눈에 씐 콩깍지를 벗겨도 여전히 뭔가가 남아 있다. 마치 생사고락을 함께해온 사람들처럼, 우리는 함께 있을 때 평화롭고 자연스레 마음이 열린다. 그와의 만남은 딱 한 번일 수도, 시도 때도 없이 마주칠 수도 있다. 나이가 서로 비슷할 수도 있고 아닐 수도 있다. 어쨌든 왠지 나는 그를 잘 알고 그도 나를 잘 안다. 그와 함께 있으면 중단해뒀던 뭔가를 다시 시작하는 듯한 기묘한 느낌이 든다. 둘이 함께 뭔가를 탐구하고 극복해온 오랜 세월이 느껴진다.

친숙하지만 이와는 정반대의 관계도 있다. 함께 있는 것만으로 즉각 위협을 느끼게 되는 사람들이 있다. 그들이 전혀 악의없는 태도를 보여도 우리는, 별다른 이유 없이, 방어태세를 취하지 않고는 그들 옆에 설 수 없다.

미완성된 관계는 한없이 변주되어 등장한다. 때로 우리는 강하게 끌리는 상대를, 그러나 그 끌림이 깊고 친숙한 것이 아니라 강렬하지만 생소한 느낌의 상대를 만나게 된다. 그것은 전생들 중 어딘가에서 시작되었지만 아직 완전한 성숙 단계에 이르지 못한 애정관계일 수 있다. 이번 생에서 그 관계가 다음 단계로 발전할지 아니면 계속 미완성인 상태로 보류될지는 알 수 없지만, 어쨌든 그들은 서로 마주칠 때마다 깊은 인연을 느낀다.

윤회론에 의하면 우리에게는 피로써 맺어진 가족도 있지만 '영적 가족'도 있다. 영적 가족의 개념은 사람마다 조금씩 설명이 다르지만, 대체로 서로 인연의 범위가 한 생을 넘어서는 존재들을 말한다. 심지어는 처음 인간으로 태어난 때부터 이 여정을 죽 함께 해온 존재들을 뜻한다고 말해지기도 한다. 우리는 이들을 학교를 같이 다니는 급우들로 생각해볼 수 있다. 어떤 생에서는 전혀 마주치지 않을 수도 있지만, 어쨌든 영적 가족은 내면에서 늘 서로 연결되어 있다. 가족 중 한 영혼이 특정한 삶의 과제를 해결하면 가족 모두가 그 혜택을 보고, 반대로 실패할 경우에도 영향을 주고받는다.

이 책에서는, 넓은 의미에서 '영적 가족'을 여러 생에 걸쳐 같은 모험을 공유해가는 집단으로 정의할 것이다. 그들은 전생을 통해 서로 알고, 믿고, 사랑하는 존재일 수도 있고 반대로 악연의 대상일 수도 있다. 많은 생을 살면서 우리는 당연히 실수를 저지르고 그 해를 입은 사람들과 악감정으로 엮인다. 따라서 아직 못 푼 오해, 낫지 않은 상처, 용서 못할 고통으로 인해 영적 가족이지만 서로 적대관계가 되었을 수도 있다. 우리가 그들을 제대로 존중해줄 때까지 또는 그들에게 입힌 손해를 보상할 때까지, 그들은 여행의 동반자로서 우리를 계속 다그칠 것이다.

공유된 희망과 목표에 의해, 적대감에 의해, 또는 사랑이나 증오에 의해 이번 생을 함께할 우리의 영적 가족이 꾸려진다. 그들은 '카르마 시나리오'를 따르는 배우들이다. 그들은 그 누구보다 우리를 잘 알고, 그 누구보다 우리와 깊은 영향을 주고받고, 우리로 하여금 삶의 중요한 결정들을 내리게 한다. 지금 우리가 '제대로 하지' 못한다면, 이번 생이든 다음 생이든, 그들은 다시 우리 앞에 등장할 것이다. 그들은 우리가 더 큰 존재로 성장할 것인지 퇴보할 것인지를 판가름할 결정적 갈림길을 제공해준다. 그것에 저항한다면, 언제가 되든 우리는 똑같은 선택지를 다시 마주하게 될 것이다. 성장이 곧 생명의 본성이기 때문이다. 그리고 똑같은 선택지에 이를 때, 그 시련을 당신과 공유하는 그 사람도 아마도 거기에 자신의 성장을 위해 다시 나타날 것이다.(항상 그런 것은 아니지만.)

사실상 생물학적 가족보다는 영적 가족의 역할이 훨씬 더 막중하다. 그들로 인해 우리는 다음 단계로 나아가고, 내면의 빛을 밝히고, 더 나은 존재가 된다. 그러니 생물학적 가족과 영적 가족이 겹치는 것이 과연 놀랄 만한 일일까? 우리의 자아상이 형성되는 공간 속에 우리와 오랜 인연의 상대가 있는 것은 지극히 당연한 일이다. 카르마는 강렬한 관계에 의해 발현되는데, 가족이야말로 우리가 맺는 가장 강렬한 관계 중 하나이기 때문이다.

윤회론을 받아들일 때 생물학적 가족과의 관계와 경험은 어떻게 변화할까? 현재의 가족을 상호 성장을 위해 특별한 조건하에 모인 '시간여행자들'로 바라본다면 어떤 길이 열릴까? 이 주제에 관해서, 우리는 우리를 낳아준 가족과 우리가 낳은 가족을 모두 고려해봐야 한다. 그러니 출산과 초기 양육의 의미에 대해 살펴보도록 하자.

삶 속에서 출산과 비견될 만한 경험은 그리 많지 않다. 육체적, 정신적, 영적으로 충분히 준비하여 아이를 낳는 남녀는 그로 인해 생명의 본질을 들여다볼 수 있다. 출산은 어떤 말로도 설명하기 힘든 놀라운 사건이다. 우리는 그 에너지, 힘, 통찰, 사랑에 관해 말할 수 있지만, 아이를 낳은 적이 없는 사람이라면 그저 예의상 고개를 끄덕이면서 우리를 출산의 희열에 사로잡힌 상태로만 여기고 말 것이다. 물론 그 말도 틀리진 않다. 출산은 생명의 흐름이 표면으로 떠오르는 순간 중 하나이며, 우리를 한껏 취하게 하니까.

삶이 한 번뿐이라고 믿는 사람들에게, 출산은 신과 함께 생명을 창조하는 듯한 놀라운 경험이다. 그들은 아기가 '우리(부부)로부터 나왔다'고 느끼곤 한다. 아기는 두 사람의 특징이 조합된 존재이며, 삶의 반려자인 그 둘의 애정과 선택의 결과물이라는 것이다. 그들은 아기의 모습으로부터 그들 자신의 어떤 측면을, 더 나아가 그들 가계家系의 특징을 꼭 닮은 외모, 성격, 버릇 등을 꼼꼼히 발견해낸다. 2주도 채 지나기 전에 그 아이는 할아버지, 할머니, 삼촌, 숙모, 친구와 이웃들로부터 갖가지 표현으로 묘사될 것이다. 물론 사랑과 환영의 방식으로서 말이다. 이처럼 아기는 머나먼 선대先代로부터 이어진 양쪽 가계가 합작해낸 유일무이한 창조물이다.

윤회론은 이런 감상들을 부정하지 않는다. 다만 더 넓은 맥락에서는 이미 존재하고 있던 대령大靈이 아기의 몸으로 지상에 다시 돌아온 것이라는 점을 강조할 뿐이다. 그 아기는 대령으로서 출생 이전에도 존재했었다. 부모로부터 물려받은 몸과 기질은 그의 '실체'가 아니라 선택된 '도구'이다. 그 아기는 수만 쌍의 부모 후보들 가운데 바로 우리로부터 몸을 취하고, 우리와 함께 자신의 성장 과정을 완성해가길 선택했다. 삶이 한 번뿐이라고 믿는 사람들의 두려움과는 무관하게, 윤회론은 부모가 되는 경험을 평가절하하지 않는다. 그 아기가 다른 생에서는 다른 사람들의 아기였다고 해서 현재의 가족관계가 별 볼 일 없어지거나 불경스러워지진 않는다. 많은 생을 산다고 해서 현생의 의미나 경험이 희석되진 않는 것처럼 말이다. 윤회론은 단지 양육 경험의 시각을 바꿔줄 뿐이다. 우리는 대단히 복잡한 창조 과정에 '공동으로 참여하는' 존재로서 자신을 보게 된다. 우리는 자기완성을 위해 이 우주를, 그리고 우리를 찾아온 이 아기에게 ― 또한 우리도 자기완성을 위해 그를 필요로 했다 ― 마음의 문을 연다. 부모와 아기 간의 복잡미묘한 짝짓기 과정은 경이롭고 한 치의 오차도 없다. 이런 '숙명적' 결합은 생물학자들이 설명하는 유전적 결합만큼이나 정교하다. 우리의 필요성과 잠재성에 비추어 적절히 엮인 맞춤형 관계인 것이다.

윤회론을 통해 우리는 모든 아기가 애초부터 저마다 독특한 기호, 소질, 두려움을 갖고 있다는 사실을 ― 엄마라면 누구나 인정한다 ― 더 깊이 이해하게 된다. 아기들은 각자 독특한 과제를 갖고 태어나므로 자궁 속에서부터 서로 다르게 행동한다. 우리가 아기의 성격을 '길들이는' 것이 아니다. 우리는 이미 있는 그것을 시작 단계부터 보조하는 역할 일 뿐이다.

윤회론의 관점에서, 부모의 역할은 자녀가 그들의 본래 모습을 발견하고 성장시키도록 돕는 것이다. 힘든 시기에 이끌어주고 사는 데 꼭 필요한 절제력을 길러주되, 늘 있는 그대로 바라봄으로써 자녀 스스로 피어나게끔 지켜줄 책임이 부모에게 있다. 윤회론은 자녀를 주의 깊게 관찰할 뿐 섣불리 판단하진 말도록 권한다. 한 영혼의 수호자로서 우리는 그의 과제가 무엇인지에 관심을 기울여야 한다. 그는 우리의 피조물도 아니고 소유물도 아니다.

우리는 창조를 돕는 정원사이지 결코 창조의 주체가 아니다. 우리는 토양을 준비하지만, 새로운 존재를 실제로 창조하진 않는다. 그것이 우리의 유전자로부터 형상을 취한다고 해도 말이다. 우리는 자연의 힘을 직접 통제하지 않는다. 모든 나무는 각자 제 모양이 있다. 우리는 물을 주고 정성껏 살핀다. 그리고 그것이 무슨 품종인지, 어떻게 자라는지, 무엇이 필요한지를 유심히 지켜본다. 우리는 '그 나무' 자체에 가장 도움이 되게끔 가지를 치고, 장애물을 치우고, 성장 방향을 바꿔주는 등의 결정을 내린다. 우리는 생명 현상의 집사이자 다음 세대, 즉 환생한 영혼들을 위한 수호자이다.

우리는 우리의 아이들에 대해 그다지 잘 알지 못한다. 그가 지금까지 어떤 모험을 해왔을까? 전생에서 무엇을 배웠으며, 우리에게 어떤 선물을 갖고 왔을까? 우리는 심지어 그의 나이도 모른다. 그의 몸이 태어난 시각은 알지만, 영혼의 나이는 어찌 알겠는가? 그가 몇 번의 생만을 거친 젊은 영혼인지, 아니면 수천 년 이상 성숙해온 손꼽을 만큼 늙은 영혼인지 말이다. 우리에게는 어떤 단서도 없다. 우리의 영혼 나이와 그의 영혼 나이가 어떤 관계인지도 오리무중이다. 밤중에 우리 품에 안긴 그 아이는 우리보다 수천 년 이상 오래된 존재일 수도 있다. 이것은 충분히 숙고해볼 만한 주제이다.

내 생각에, 윤회론이 부모자녀 관계에 주는 멋진 선물은 자녀를 한껏 열린 마음으로 바라보게 한다는 점이다. 우리 자신을 판단의 근거로 삼을 수 없기 때문에, 우리는 그들이 본질을 스스로 드러내길 기다릴 수밖에 없다. 윤회론은 우리로 하여금 아기를 우리의 손님으로, 상호 성장을 위해 우리의 보살핌 아래 맡겨진 존재로 보게끔 이끈다. 그로써 우리는 부모 역할을 제약받지 않고도 진정으로 평등한 영적 관계를 회복한다.

여기서 중요한 점이 하나 있다. 나는 바보 같은 부모들이 윤회론을 '불성실한 양육'의 핑곗거리로 들먹이는 소리를 듣곤 한다. (아이를 방치해두고는) "메리는 성숙한 영혼이에요. 그래서 우리는 그 앨 내버려두는 거예요." (놀이터를 독점하는 아이에게) "이 애는 아마 전생에 전사戰士였나 봐요." — 글쎄, 전사보다는 전쟁광이 맞지 않을까 싶다. 이런 자기기만적 환상은 일관성이 없고 아이에게도 위험하다. 아이에게 현생보다 앞선 경험이 있다고 해도 현재 그는 우리의 아이이고, 우리는 그의 부모이다. 상위 차원에서는 그가 나보다 수백 살이 많더라도, 현생에서 나는 그의 부모로서 번거로운 양육과 훈육을 감당해야 할 책임이 있다. 이는 지금 아이의 몸으로 살고 있는 영혼을 자각하는 것과는 별개의 일이다. 몸은 기만적인 것이다. 외형에만 관심을 둘 때, 우리는 대개 그의 깊은 진실을 과소평가하는 길로 이끌린다.

우리의 운명은 우리의 자녀와 떼려야 뗄 수 없는 관계이다. 윤회론의 관점에서, 삶에는 우연이 없다. 자녀의 카르마는 우리 카르마의 일부이고 그 역도 마찬가지다. 우리의 삶을 펼쳐가는 에너지장에는 당연히 자녀의 운명도 포함되어 있다. 따라서 우리는 자녀의 행운과 비극을 마치 우리 자신의 일처럼 열린 마음으로 바라봐야 한다. 어떻게 해야 숨겨진 함정을 피하고 이 시련을 극복할 수 있는가, 그리고 이것으로부터 무얼 배워야 하는가를 모색하면서 말이다.

이는 자동차 사고나 때 이른 죽음 등의 외적 사건과 성격 등의 내적 카르마에 모두 해당한다. 때로는 아이의 성격이 신기할 만큼 우리와 사사건건 충돌하기도 한다. 우리의 심리적 약점을 무섭게 찾아내어 폭발시키는 능력만 보면, 아이가 꼭 우리와 정반대의 성격을 타고난 것만 같다. 그는 우리가 줄 수 없는 것만을 우리에게 원하거나, 혹은 아무것도 하지 않고도 우리의 민감한 부분을 건드린다. 윤회론의 관점에서, 이런 갈등은 카르마에 의한 것이므로 아이에게는 아무 잘못이 없다. 그는 단지 더 큰 힘의 대리인 역할일 뿐이다. 이 모든 갈등은 이유와 목적을 갖고 우리 삶에 등장한다. 이처럼 카르마적으로 내재된 갈등이 얼마나 심각하든 간에, 우리가 그 시련을 받아들여 잘 극복한다면 언제나 그 안에는 멋진 기회가 담겨 있는 법이다.

다시 원래 이야기로 돌아와서, 윤회론의 관점에서 부모 및 형제자매와의 관계를 새로이 바라본다면 어떤 가능성이 열릴까? 과거의 경험과 화해하는 데 도움이 될까? 만약 그렇다면, 어떤 방식으로 그렇게 될까?

서양 심리학에 의해, 우리는 대개 우리의 성격적 특징은 가정에서 ― 부모, 형제자매, 혹은 그 외의 양육자로부터 ― 형성된다고 믿게끔 어릴 때부터 교육받아왔다. '만약 가족들이 나를 더 잘 대해줬다면 나는 지금 더 나은 사람이 되었으리라'는 것이다. "가족들이 내 말을 잘 들어줬다면, 내가 지금 이렇게 강박적으로 나서는 성격이 되진 않았을 텐데." 또는 "가족들이 나를 좀더 포근하게 대해줬다면, 내가 지금 이렇게 끝없는 욕구불만에 시달리진 않을 텐데." 하지만 윤회론의 관점에서 이런 푸념은 전혀 도움이 되지 않는다. 주객이 전도되었기 때문이다.

윤회론은 간단히 말해 이런 것이다. "부모 때문에 내가 이 문제에 시달리는 것이 아니다. 이 특정한 문제를 풀기 위해 내가 현재의 부모를 일부러 선택한 것이다." 우리는 태어나기 전에도 존재했고, 더 큰 흐름이 우리를 현생의 이 특정한 문제들 앞으로 데려다놓았다. 우리는 평생이 문제들에 초점을 맞추게 될 것이다. 이 문제들은 삶의 여러 영역에서 — 어린 시절, 연애 기간, 결혼생활, 사회생활, 건강문제, 자녀문제 등등 — 다양한 형태로 재발할 것이다. 우리가 그것들과 엮인 우리 내부의 프로그램을 벗어날 때까지, 암호를 풀 때까지, 해답을 찾을 때까지 그것들은 계속 나타날 것이다.

이렇게 보면, 부모는 우리 문제의 원인이 아니라 그것이 우리 삶에서 최초로 발현될 상황을 제공했을 뿐이다. 우리 삶이 다른 누구도 아닌 그들을 끌어당긴 것이다. 부모로서 그들의 장단점은 우리로 하여금 그 특정한 문제를 자각하게끔 적절히 사용되었다. 심층적 차원에서, 우리 삶 속의 모든 것은 바로 우리 자신으로부터 나온다. 우리의 양육자들은 우리에게 내재한 어떤 패턴이 표면으로 떠오를 수 있도록, 그래서 우리가 그것을 직면할 수 있도록 적당한 조건을 만들어낸다. 그리고 그 패턴은 우리의 정신구조 속에 새겨져 우리가 뭔가를 이뤄낼 때까지 우리를 계속 돕거나 괴롭힌다. 힌두교에서는 삶의 이런 내재적 패턴을 삼스카라 samskara라고 부른다. 우리의 자각의식은 삼스카라가 만들어낸 강바닥 위로 흐른다. 우리의 부모에게 작용했던 카르마의 힘은 또 다른 상황에서도 똑같이 작용할 것이다. 카르마는 우리가 우리 내면의 태도, 감정, 믿음 등을 자각할 수 있도록 삶의 사건과 상황들을 조율한다. 카르마는 새로운 사건을 만드는 것이 아니라 우리가 전생으로부터 물려받은 선행

조건들을 발현시킨다. 그 덕분에 우리는 그것을 해소하고 초월할 기회를 얻는다.

우리의 부모가 카르마의 힘을 따르듯, 그들의 단점도 마찬가지다. 그들의 불완전성은 우리로 하여금 우리의 불완전성을 깨달아 완전함에 이르도록, 즉 진실에 직면하며 그것을 헤쳐가도록 하는 데 봉사한다. 부모와 우리의 관계가 그렇듯 우리와 자녀의 관계도 그러하다. 자녀에게 완벽한 부모가 되려 한다면 반드시 실패할 것이다. 부모의 실수를 대물림하지 않는다 해도 우리는 새로운 실수를 하게 된다. 우리의 부모가 우리에게 그랬던 것처럼, 우리도 자녀에게 내재된 불완전성을 일깨워 그를 그것과 씨름하도록 만들 것이다. 당장은 의아하게 들리겠지만, 사실 우리의 불완전성이야말로 우리에게 맡겨진 존재들에게는 완벽한 조건이다.

이런 불완전성을 심리적 병증으로만 보는 우를 범하지 말자. 전체를 보면, 그것은 빙산의 일각에 불과하다. 예컨대 누군가는 부모로부터 물질적 부야말로 자존감을 좌우할 만큼 삶에서 중요한 것이라고 배운다. 그리고 이런 세계관을 깊게 새긴 채로 성장하여, 기묘하게도 오히려 물질적 부의 무가치함을 드러내는 삶을 살아가기도 한다. 엄청난 부를 이루더라도 끝없는 공허감이 내면을 갉아먹거나, 부와 행복은 무관하다는 사실을 깨닫기까지 계속해서 모든 걸 잃기도 한다. 또 다른 예로 부모로부터 진짜 '사나이' 또는 '숙녀'가 되는 법을 철저히 배운 사람은 자라서 배운 대로 행동할 때마다 인간관계가 철저히 망가지기도 한다. 그가 간직하고 실행해온 프로그램 — 이것은 그의 부모가 시작한 것이 아니다 — 의 일부에 대해 삶이 그 결과를 생생히 되돌려주는 것이다.

삶을 완성하는 것은 오랫동안 많은 진실을 발견하고 회복해야 하는 기나긴 모험이다. 예컨대 한 생에서 교회 또는 국가에 무조건 복종하고 충성했던 사람은 다른 생에서 그런 권위에 자기 삶을 무분별하게 내맡긴 결과를 뼈저리게 경험해야 할지 모른다. 한 생에서 자기희생에 관해 어설프게 배운 사람은 다른 생에서 아무리 타인을 위한다 해도 결코 희생해선 안 될 게 있음을 배워 균형을 맞추기도 한다. 삶의 교훈을 전부 확인할 방법은 없다. 등급과 진도를 구분하는 것은 어리석은 짓이다. 우리 주변만 해도 저마다 독특한 문제와 씨름하는 수백만의 사람들이 있고, 그들 모두는 똑같은 배움의 길 위에 있다.

우리가 스스로 배우고자 선택한 과제의 일면이 바로 가족에 의해 촉발된다. 경우에 따라 기복은 있지만, 가족은 평생 우리에게 진지한 관심을 가져준다. 우리의 내면에서 불순물을 정화하여 순수한 결정을 만들어줌으로써 우리를 새로운 모험 속으로 밀어넣는 것이 그들의 궁극적인 역할이다. 우리가 삶의 원리를 충분히 배워 마침내 부모와 형제에게서 받은 상처를 모두 용서한다면 이 얼마나 홀가분한 — 우리와 그들 모두에게 — 일인가.

윤회론에 따르면, 가족들이 분명 잘못을 했다 해도 비난할 필요는 없다. 우리 삶에서 벌어진 일은 모두 우리 자신의 책임이며, 이 책임을 통해 우리는 엄청난 자유를 얻는다. 자신의 운명을 온전히 책임지고자 하는 순간, 운명은 갑자기 변화의 가능성을 드러낸다. 시나리오에 대한 책임을 스스로 떠맡을 때, 우리는 당연히 제 역할에 충실했을 뿐인 배우들을 용서하게 된다. 바로 이 '용서'야말로 우리가 이 연극을 통해 배운 것이다. 용서는 결코 쉽지 않다. 진심으로 완전히 용서하려면, 가장 깊이 내려가려면 많은 단계를 거쳐야 한다. 그리고 가장 깊은 곳에서, 우리는 이 모든 소란의 배후인 실재(Reality) 그 자체를 용서해야 한다. 그 이름이 우주든 신이든 도道든, 우리는 만물의 근원을 용서해야 한다. 용서를 시작할 때 비로소 우리는 진정 큰 발걸음을 내딛게 된다.

8
생명망

　윤회론은 삶과 우리 사이의 상호작용에 대해서 말해준다. 그것은 지금 이 순간이 먼 과거, 먼 미래의 순간들과 연결되어 있다고 말한다. 그것은 수백 수천 년의 역사를 관통하는 깊은 흐름이 존재함을 상기시켜준다. 그것은 우리의 육신이 점할 수 있는 것보다 더 장구한 역사 속에서 우리의 현재를 새겨넣어준다. 그것은 우리가 본질적으로 영적인 존재여서 우리가 육신 너머를 바라보고 역사를 깊이 들여다보고 시간 그 자체 너머를 바라볼 때만 그 윤곽을 드러낸다는 사실을 상기시켜준다.

　그러나 윤회론이 말하는 상호작용은 단지 생과 생 사이의 관계만을 뜻하지 않는다. 지금 우리의 삶 또한 이런 상호작용으로 가득하다. 전자가 수직적 연결이라면, 후자는 수평적 연결이다. 우리는 특정한 사람들, 장소들, 조건들과 연결되어 있다. 우리의 운명을 공동창조하는 두 가지 요소, 즉 날 때부터 정해진 것들과 시시각각의 우연들 모두가 여기에 속한다. 나는 이런 수평적 상호작용을 '생명망'(the web of life)이라고 부른다.

생명망은 우리 삶에서 또 다른 인과관계를 형성하는 에너지장이다. 그것은 카르마 시나리오들이 에너지 차원에서 서로 맞물리는, 즉 물질계 너머의 영적 인과망因果網(spiritual-causal matrix)이다. 생명망은 서로의 삶에 등장하는 모든 사람을 포괄한다. 그것은 부모, 형제와 자매, 남편과 아내, 자녀, 친구와 원수는 물론이고 우리 삶에서 필요할 때 등장하는 모든 사람을 아우른다. 심지어 지금으로부터 20년 전에 정지신호를 무시하고 달려 내 생을 끝장낼 수도 있었던 (그러나 그러지 않았던) 이름 모를 운전자도 여기에 포함된다.

우리는 우리 자신이 이 생명망의 중심에 있다고 믿기 쉽지만, 사실 여기에는 중심이 따로 없다. 아니, 오히려 수많은 중심이 있어 단 하나로 확정할 수 없다고 말하는 편이 낫겠다. 우리는 각자 자신의 입장에서는 중심에 있고 타인의 입장에서는 변방에 있다. 우리는 별다른 어려움 없이 서로의 삶 속에 등장한다. 누군가와는 평생의 동료가 되고, 누군가와는 짧게 만난다. 이런 카르마의 상호작용은 늘 균형이 맞아 있다. 서로의 카르마가 끌어당기지 않으면 나도 당신의 삶 속에, 당신도 내 삶 속에 등장하지 않는다. 함께 만나기 위해서는 카르마의 고리가 양쪽에 모두 걸려 있어야 한다. 이런 상호작용 때문에 결론적으로 '내 생명망'이니 '네 생명망'이니 하는 개념은 무의미하다. 특정한 중심점을 정하는 편이 더 유용할지도 모르겠으나, 그물(網)이라는 비유 자체가 이런 분별을 허락지 않는다. 생명망은 우리 삶의 더 큰 패턴들을 드러낸다. 그 패턴들은 희미하거나 애매한 덩어리가 아니라 정교하고 명확한 관계들로 이뤄져 있다. 카르마에 빈틈이 없는 것처럼 우리의 생명망에도 전혀 빈틈이 없다.

생명망은 구조적인 측면뿐만 아니라 시간적인 측면에서도 우리의 정체성을 다시 생각해보게 한다. 우리 자신이 특정한 사람들, 장소들, 사건들을 우리의 삶으로 불러들이는 에너지장의 한가운데에 있음을 받아들일 때, 우리는 우리가 지금 이 순간 너머에 ─ 말하자면 시간을 초월하여 ─ 존재함을 감지하는 감각을 발달시키게 된다. 나의 성장에 필요한 사람과 사건들이 이미 모종의 상호작용을 통해 나에게 이끌려오고 있다면, 나는 어떤 측면에선 '오늘'을 초월하여 살고 있는 것이다. 만약 내 카르마 시나리오에 어떤 특정인과 만나고 사랑하고 결혼하는 내용이 포함된다면, 지금 나의 일부는 시간을 초월하여 그를 내 삶으로 끌어당기고 있으며 그 또한 나를 끌어당기고 있을 것이다. 따라서 적어도 내 에너지의 일부 ─ 나의 일부라고 해도 좋다 ─ 는 하루 24시간의 에너지 차원에 속박되지 않으며 어떤 측면에서는 이미 미래에 도달해 있다. 내 에너지가 현재를 넘어 미래에서 작용한다면, 나 또한 현재를 넘어서 있는 것이다. 물론 동시에 현재에도 존재하면서 말이다.

마찬가지로, 생명망의 개념을 통해 우리는 자신의 '공간적(spatial)' 정체성도 몸이 점유한 물리적 공간을 초월하는 존재로 재정립하게 된다. 내 삶이 시간적으로는 물론 공간적으로도 멀리 떨어진 사람들과 연결되어 있다면, 어떻든 나는 이 연결을 가능케 하는 존재여야 한다. 결론적으로 지금 나를 이루고 있는 에너지와 내 미래의 관계를 창조하고 있는 에너지를 구분하는 것은 무의미한 일이다. 나는 고작 실 같은 것으로 다른 존재들과 연결된 견고한 물질이 아니다. 나는 다른 생명에너지들과 함께 '생명망'이라는 태피스트리(직물)를 만들어내는 일종의 에너지이다.

이런 상호작용을 받아들임으로써, 우리는 결국 그 상호작용의 주체들을 ─ 즉 우리 자신을 ─ 더 깊이 이해하게 된다. 우리가 공유하고 있는 생명망이 시공간을 초월한다면 우리 또한 시공간을 초월하는 것이다.

우리의 몸, 그리고 몸과 긴밀히 연계된 마음의 일부만이 지상의 시공간에 속박되어 있다. 우리의 영적 실체는 이런 속박으로부터 자유롭다. 우리의 몸, 그리고 몸에 묶인 마음조차도 시공간을 초월하는 더 큰 존재가 시공간 속으로 현현한 것이다.

생명망은 살아 움직인다

앞장에서 살펴봤듯이 카르마 시나리오는 변수 없이 꽉 짜인 운명이 아니다. 그보다는 배움의 기회를 제공하기 위해 여러 사람과 상황들을 신중히 조합해둔 것에 가깝다. 그 조건들 속에서 우리가 내리는 선택은 먼 미래뿐 아니라 현재의 우리에게도 영향을 미친다. 바로 여기서 생명망의 중요한 특징이 드러난다. ― 생명망은 살아 있다. 그것은 지성을 가지고 응답한다. 그것은 우리의 이해력을 뛰어넘는 고차원의 방식으로 작동한다. 그것은 우리가 내린 선택들에 창조적인 지성으로써 응답한다. 우리가 겪는 삶의 흐름은 스스로 내린 선택들과 유기적으로 엮여 있다.

상상하기가 쉽지 않을 것이다! 현실적으로, 이 우주를 '거대한 기계'로 바라보는 데 익숙해지지 않고는 12년간의 초중고 교육과정과 대학 이후의 전문훈련을 수료하는 것은 불가능하다. 입자들이 마치 의식을 지닌 듯이 움직인다고 말하는 양자물리학자들이 등장했지만, 아직도 우리의 과학적, 사회적 원리는 기계론적인 우주론 ― 뉴턴식 세계관 ― 에 뿌리를 두고 있다. 따라서 우리는 학교에서 수학방정식으로 정리될 수 있는 인과관계만을 교육받는다. 물론 그처럼 수량화된 세상도 나름 경이롭긴 하지만 인간의 지성에는 비할 바가 못 된다. 그런 인과관계들이 우리처럼 '생각'하거나 '선택'할 능력을 가졌을 리 없다.

자연이 그러하다면 역사의 흐름도 그와 같을 것이다. 역사의 흐름을 미적분의 대상으로 삼는 작업은 자연을 대상으로 할 때보다 훨씬 복잡하지만, 우리는 거기서도 지성을 발견할 수 없다. 물론 우리는 의식을 가진 존재로서 과거로부터 뭔가를 배울 수 있다. 하지만 그렇다고 과거가 어떤 의도를 품고 그걸 우리에게 주는 것은 아니다.

이런 환경 속에서 교육받은 탓에, 우리는 어쩔 수 없이 삶의 흐름을 '무의미한' 것으로 보는 데 익숙해졌다. 우리는 우리 자신을 그저 큰 덩어리의 분자결합으로, 무작위로 결합된 원자론적 우주 속에서 서로 충돌하는 존재로서 이해한다. 그로써 삶의 유기성은 낱낱이 해체되고, 우리는 복종하거나 아니면 맞서 싸워야 하는 신세를 벗어나지 못한다. 오늘날은 조금이라도 미신의 낌새가 보이는 것들은 ― 지금 우리가 다루고 있는 주제가 바로 그렇다 ― 철저히 거부당하는 시대이다.

그러나 고대의 사상들은 삶의 리듬이 분자, 전자기, 유전자의 차원을 뛰어넘는 지성에 의해 꿈틀댄다고 말한다. 그 맥동은 우리가 전생에 내린 결정들뿐 아니라 지금 내리는 결정들에도 반응한다. 우리는 그것의 반응을 간단히 수량화하여 설명할 수 없지만, 삶을 철저하고 신중히 관찰함으로써 '알아차릴' 수는 있다.*

---

* 나는 생명망이라는 비유와 더불어 삶 속에서 펼쳐지는 패턴들을 설명해보고자 했다. 그러나 이런 패턴들을 만들어내는 지성 또는 메커니즘에 대해 스스로 잘 안다고 생각하진 않는다. 생명망이 우리의 선택에 '응답한다'는 표현은 이 상호작용의 '지성적' 측면을 드러내기 위해 의인화한 것이다. 우리의 이성은 배후의 메커니즘을 이해하기엔 불완전하다. 그러나 드러난 패턴 그 자체를 인식할 수는 있다.

생명망과의 협동

생명망과 협동하는 열쇠는, 삶의 리듬을 우리의 내적 성장을 위한 '주고받는 대화'로서 인식하는 것이다. 생명망은 살아 있다. 우리는 선택하고, 생명망은 그에 응답한다. 생명망은 스스로를 쇄신하여 새로운 상황을 만듦으로써 우리가 내린 선택의 결과를 되돌려준다. 중국인들은 당면한 상황의 의미를 더 깊이 이해하기 위해《주역周易》을 읽는 일을 "현자賢者와 상의한다"고 표현한다. 산꼭대기나 머나먼 사원에 사는 현자들도 있지만, 이 현자는 손만 뻗으면 언제든 만날 수 있다. 요컨대 답은 우리가 숨 쉬며 살아가는 여기 이곳에 있고, 쉼 없이 변화해가는 지금 이 순간 안에 있다는 것이다.

스위스의 정신의학자인 카를 융은 내담자들이 소위 원형적原型的(arche-typal) 의식 차원에 접근할 때 실제 삶 속에서 동시성 현상이 나타나기 시작한다는 사실을 발견했다. 그는 동시성 현상을, "물리적 인과관계는 없지만 '의미상으로는' 서로 엮여 있는 사건들"로 정의했다. (나였다면 "'비물질적' 인과관계에 의해 조율된 사건들"로 정의했을 것이다.) 융의 내담자들이 의식의 심층에 도달하여 자신을 치유하는 순간, 마치 마법처럼 그들의 외부 세상도 변화했다. 의미심장한 '우연'들이 급증하기 시작한 것이다. 온 우주가 공모하여 그들의 내적 탐구를 힘껏 돕는 듯했다. 융은 심층적 자각이 물리적 사건들까지 통제할 수 있는 — 그 방법은 알 수 없지만 — 강력한 에너지를 해방하거나 촉발한다고 추정했다.*

* Carl Jung, *Synchronicity: An Acausal Conneting Principle.* Ira Progoff, *Jung, Synchronicity and Human Destiny* 참고.

동시성 현상은 다양한 상황에서 다양한 형태로 나타나며, 우리의 예상보다 훨씬 빈도가 잦다. 예컨대 많은 사람들이 꿈속에서 가까운 친척이 찾아와 작별인사를 하는, 그래서 밤중에 놀라서 깨는 경험을 한다. 꿈속의 친척들은 대개 자신은 괜찮다고, 그러니 걱정하지 말라고 안심시킨 후에 사라진다. 그리고 다음날에 우리는 그가 지난밤 급작스럽게 죽음을 맞았다는 소식을 듣는다. 내 학생들 중에도 이와 비슷한 경험을 한 사람이 있다. 그녀는 이렇게 적었다. "최근에 나는 골프를 치던 중에 문득 뭔가 심각한 일이 벌어지고 있다는 느낌에 사로잡혔다. 짚이는 바는 없었지만 끔찍한 일임이 분명했다. 그리고 집에 돌아간 후, 나는 남편에게서 노스캐롤라이나에 사는 내 가장 친한 친구가 죽었다는 소식을 전해 들었다." 이 여성의 급작스런 기분 변화와 친구의 죽음 사이에는 어떤 물리적 인과관계도 — 우리가 파악할 수 있는 한 — 없었지만 분명 '의미로 엮인' 상호작용이 있었던 듯 보인다.

간혹 중요한 일에 아무리 전념해도 전혀 성과가 안 날 때가 있다. 모든 상황이 우리의 성공을 훼방하기로 작정한 것처럼 보인다. 그런데 잠깐 뒤로 물러나 생각을 가다듬고 태도를 바꿨을 뿐인데 그동안 닫혔던 문이 덜컥 열리거나 중요한 전화가 걸려온다. 우리의 내면과 외부 세상 사이의 이런 상호작용을 단지 주관적 '과대망상'으로만 설명할 수는 없다.

동시성 현상은 마치 우주가 우리에게 '말을 걸어오는' 것과 같다. 그것은 우리의 초점 또는 방향을 특정한 곳으로 맞춰준다. 대개 동시성 현상은 당사자의 삶에서 무척 중요한 시기에 발생한다. 그것은 우리가 가야 할 방향을 일러주고, 지금의 선택이 불러올 막다른 골목 또는 돌발적 시련을 경고해준다. 또는 우리가 뭔가 힘든 결정을 내린 후에 그것을 '평가해주는' 식으로 나타나기도 한다.

최근에 내 학생 중 한 사람이 후자에 해당하는 경험담을 들려주었다. 그녀는 이혼하여 홀로 두 아이를 키우는 30대 초반의 여성이다. 그녀는 이렇게 썼다.

이번 주에 나는 진작부터 알면서도 의심을 거두지 못했던 진리를 확신하게 되는 경험을 했다. '순리만 따르면 잘못될 일이 없다'는 진리 말이다. 이 일을 겪고 나서 "어머, 정말 맞는 말이었네!" 하고 놀랐던 걸 보면, 나는 그 말을 별로 믿지 않았던 듯싶다.

나는 남편이 더 이상 결혼생활에 의지가 없음을 확인했고, 3주 후에 그와의 오랜 관계를 정리했다. 의미 없는 관계를 계속 지속하는 것은 나 자신을 속이는 것과 다름없다고 느꼈기 때문이다. 내게는 경제적으로 심각한 위기였다. 나는 4년제 과정을 밟으며 보조금을 받고 있는데, 그 적은 돈으로 살림을 하고 두 아이를 키워야 한다니 무척 겁이 났다. 나는 '바르게 판단하여 순리를 따른다면 물질적 필요는 절로 충족된다'고 스스로 되뇌었다. 오랫동안 간직해온 말이지만, 간절한 상황에서도 믿음을 유지하는 것은 쉬운 일이 아니었다.

그렇게 나는 이혼을 했고, 몇 주 동안 큰 혼란을 겪었다. 나는 위의 말을 수없이 되뇌었다. (어쩌면 자포자기하는 심정이었는지 모른다.) 그런데 바로 어제, 담당교수님이 나를 불러서는 내가 거들고 있는 연구로 인해 보수가 지급될 것이며 그동안 보류됐던 양육 혜택도 곧 처리될 예정이라고 알려주었다.

이 이야기가 윤회와 무슨 관련이 있느냐고? 물론 관련이 있다. 우리는 물질계에 사는 영적 존재로서 우리 자신의 더 큰 정체성을 잊고 쉽게 함정에 빠진다. 이번 주에 나는 더 큰 정체성을 회복했고, 그것을 따를 때 긍정적 보상이 주어진다는 진리를 확신하게 되었다.

그리고 나 역시 이 책의 초고를 완성할 무렵, 놀랍게도 마치 이 여성의 경험을 해설해주는 듯한 조셉 캠벨의 글을 읽게 되었다. 그 내용은 다음과 같다.

누군가가 '당신을 위한 모험이 준비되어 있다'는 내면의 부름(the Calling)을 듣고도 안전과 안정을 좇느라 그걸 따르지 않는다면, 그의 삶은 곧 활기를 잃기 시작한다. 그는 나이가 더 들어서 똑같은 상황을 다시 만나게 된다. 그는 사다리 꼭대기에 오르지만, 그 사다리가 다른 벽에 걸쳐져 있었음을 뒤늦게 발견한다.

그러나 위험을 감수하라는 직감을 따른다면, 삶은 그 길을 탄탄대로로 만들어줄 것이다. 나는 미신을 믿지 않지만 영적 마법(spiritual magic)은 믿는다. 나는 자기 자신의 지복(bliss) ― 깊숙한 곳에서 당신을 사로잡고 확신케 해주는 것 ― 을 따르는 사람에게는 저절로 문이 열린다고 믿는다. 실제로 그렇다! 내 삶에서도, 내가 아는 많은 사람들의 삶에서도 이것은 진실이다.*

---

* Joseph Campbell, *An Open Life* / 이어지는 내용은 다음과 같다. "〈운명이 보여주는 분명한 의도〉라는 쇼펜하우어의 아름다운 글이 있다. 거기서 그는, 당신이 어느 정도 나이가 들어 인생을 되돌아본다면 그것은 마치 한 편의 소설처럼 구성되어 있으리라고 말한다. 찰스 디킨스의 소설처럼 몇몇 우연한 만남이 생의 중심 플롯을 형성하고 있으리라고, 또한 당시엔 실수처럼 보였던 일들이 지금은 피할 수 없었던 시련으로 보일 것이라고 말이다. 쇼펜하우어는 이렇게 묻는다. '대체 누가 이 소설을 쓰는 것일까?'"

도가道家의 현자들은 "물이 아래로 흐르듯 자연스럽다면" 그것이 옳은 길임을 확신해도 좋다고 말한다. 카르마 시나리오를 잘 따를 때, 우리는 물이 아래로 흘러가듯 삶이 자연스럽다는 느낌을 받는다. 굳이 애쓰지 않아도 만사가 제자리를 찾는다. 마치 '아무것도 할 필요가 없다'는 생각이 든다. 도가의 현자들은 저항하길 멈춤으로써 운명을 따르라고 가르친다. 이것은 순리를 따르는 데는 노력이나 희생이 필요치 않다는 뜻이 아니다. 순리를 따른다면, 그 길이 대단히 자연스럽게 여겨지므로 별다른 저항감이 들지 않는다는 뜻이다.

우리는 '시련을 통한 배움'을 위해 윤회한다. 따라서 삶에 내재한 시련을 받아들이지 않고는 '물이 아래로 흐르듯' 자연스러운 길을 발견하지 못한다. 내가 목격한 가장 극적인 동시성 현상들은 대개 그 당사자가 삶의 방향을 바꿔놓을 만한 궁극적 의문을 품었을 때 등장하곤 했다. 어떤 진로를 택할 것인가? 해묵은 분노와 복수심을 간직할 것인가, 내려놓을 것인가? 위험을 감수하더라도 직업을 바꿀 것인가, 말 것인가? 이혼을 할 것인가, 한 번 더 노력해볼 것인가? 자신이 중독자라는 사실을 인정할 것인가, 거부할 것인가? 결정적인 순간에 뒤로 물러날 것인가, 앞으로 나아갈 것인가? 때로는 이런 중요한 문제가 불쑥 나타나기도 한다. 앞서 소개한 스티브 로건의 사례에서, 그는 아주 짧은 시간 동안 아버지를 용서할지 죽게 내버려둘지를 결정해야 했다. 하지만 일반적으로 그것은 우리 앞에 천천히, 반복적으로 나타나는 경우가 많다. 즉, 우리는 사전에 준비된 카르마적 문제들과 대개 오랜 시간을 두고 씨름하게 된다.

모든 사항을 고려해볼 때, 나는 많은 사람들이 단 몇 가지의 교훈을 얻는 데 온 생애를 쓴다고 생각한다. 우리는 직업, 가족, 건강 등의 다양한 측면에서 부침을 겪는 듯 보이지만 사실은 단 몇 가지의 반복적 문제를 두고서 고민한다. 그것들이 바로 우리를 제약하는 가장 큰 장애물이다. "긴장을 좀 풀고 흥분을 가라앉혔다면…", "주변의 모든 걸 통제하려는 마음을 내려놓았다면…", "내 안에서 솟아나는 창조성을 신뢰했다면…", "나 자신을 있는 그대로 받아들였다면…", "내 감정을 다스릴 수 있었다면…", "시작한 것들을 끝까지 마무리했다면…" 다른 것들을 아무리 충족시켜봤자, 우리는 어떤 한 문제가 풀려야만 새로운 삶이 시작되리라는 사실을 안다. 그 문제가 바로 모든 혼란의 원인이자 열쇠이다. 그것만 해결한다면 삶의 다른 요소들은 저절로 흘러가기 시작할 것이다.

이런 중요한 갈등들은 우리를 의식의 심층으로 내몲으로써 운명을 바꿀 귀한 기회를 제공한다. 운명의 변화는 오토바이 사고를 당한 스티브의 사례처럼 알아채기 어려울 때도 있지만 확연히 드러날 때도 있다. 용기를 내어 직감이 가리키는 방향을 선택할 때, 우리의 환경은 예상치 못한 방식으로 차근차근 개선된다. 당당히 책임을 떠안거나 과감하게 도전할 때, 갑자기 모든 일이 짜놓은 듯이 맞아떨어진다. 물론 그 반대의 경우도 있다. 내가 알던 한 사람은 성장할 중요한 기회를 맞이했으나 그걸 거부했다. 그리고 얼마 지나지 않아, 충분한 능력이 있음에도 일자리를 잃었다. 그는 이게 무슨 조화인지 혼란스러워했지만, 나는 그가 앞서 주어진 기회를 놓치지 않았다면 결과가 상당히 달라졌으리라 확신한다.

우리 삶의 장애물들은 우리의 외부에, 우리가 도저히 어쩌지 못할 상황으로 존재하기도 한다. 예컨대 국가적 불경기로 사업이 망하고, 날이 가물어 2년간 기른 작물이 말라죽고, 자동차 사고로 가정이 파괴되고, 전염병이 돌아 생명의 위협을 받는다. 윤회론은 이런 상황들 또한 우리가 겪어야 할 과정의 일부라고 말한다. 우리는 언젠가는 다시 깨닫게 될 어떤 이유로 그것을 불러들였다. 지금은 전혀 이해되지 않겠지만, 우리에겐 그것이 필요했다. 그것은 다른 방식으로는 대체할 수 없는, 우리에게 유용한 경험이다. 우리는 그 모든 의미를 명쾌하게 이해할 필요가 없다. 다만 최선을 다해 '제대로' 반응하면 된다. 그 경험을 받아들이고, 그 경험에 담긴 선물을 발견하고, 그 경험이 이끄는 대로 따르는 것이 우리의 몫이다.

우리 내면의 무언가가 우리 앞에 그 경험들을 가져다놓았다. 거기에는 열쇠가 숨겨져 있다. 그 열쇠를 찾아 돌린다면 아마도 둘 중 하나의 결과가 나타날 것이다. 하나는, 우리의 외부 상황이 변하는 경우이다. 어둡고 불길한 징조들이 흩어지고, 삶의 조건들이 개선된다. 이제 그것들은 제 역할을 다해 쓸모가 없어졌다. 다른 하나는, 외부 상황은 변함없이 그대로지만 우리 자신이 변하는 경우이다.

때때로 삶은 우리가 계속 같은 상태로 살도록 내버려두지 않는다. 극단적인 상황을 만들어 우리의 낡은 자아를 거칠게 부숴버린다. 우리는 자녀의 성장을 다 못 보고 일찍 죽을 수도 있고, 평생 번번한 기회를 못 얻거나 간절한 소망을 결국은 못 이룰 수도 있다. 그로써 우리는 열렬히 집착해온 뭔가를 비로소 내려놓게 된다. 만약 삶이 우리에게서 가장 소중한 것을 앗아간다면, 그것은 우리가 그보다 더 큰 존재임을 알려주기 위해서이다. 우리는 우리의 갈망보다, 가장 간절한 갈망보다도 더 큰 존재이다.

맞는 열쇠를 찾아 돌릴 때, 우리는 무척 특별한 느낌을 받는다. 외부에서 어떤 일이 벌어지든 간에, 우리는 우리에게 주어진 일을 제대로 해냈다는, 우리 운명의 일부를 완성했다는 확신에 찬다. 바른 선택으로써 중요한 시험을 통과했다는 이 느낌에는 미심쩍은 구석이 전혀 없다. 그 때 우리는 외부 상황과는 무관한 평화로움에 젖는다. 《주역》은 '불만이 없는 것'이야말로 인생 최고의 덕목이라고 가르친다. 불만이 없다는 것은 곧 카르마 시나리오를 잘 따르고 있다는 뜻이다. 순리를 따르고 있다는 이 느낌만이 우리에게 더없는 평화를 준다. 삶에 얼마나 많은 시련이 찾아오는가는 중요치 않다. 이 평화는 시련이 있다고 깨지지 않고, 시련이 없다고 커지지 않는다. 찾아온 시련들을 우리가 어떻게 활용하는가, 아니 찾아온 모든 것을 우리가 어떻게 활용하느냐가 중요한 것이다.

4장에서 언급했듯이, 나는 우리 삶의 모든 세부사항을 카르마 작용에 의한 것으로 봐야 한다고는 생각지 않는다. 어쩌면 우리가 직면한 골칫거리 중 일부는 카르마 시나리오의 핵심 요소가 아닐지도 모른다. 그것은 그저 우리가 감내하기로 한 불편함일 수도 있고, 사전에는 계획하지 않았던 새로운 기회를 얻기 위해 추가로 불러들인 시련일 수도 있다. 우리는 그것을 전혀 예견하지 못했을 수 있다. 하지만 결과적으로는 아무런 차이가 없다. 예정되지 않은 사건들도 예정된 사건들과 똑같이, 우리의 영적 성장을 위해 유용하게 쓰일 수 있다. 무슨 일이 벌어졌느냐가 아니라, 우리가 그것을 어떻게 활용하느냐가 핵심이다. '왜 내게 이런 일이 생겼지?'보다는 '이 일을 최대한 소화해내려면 나는 어떻게 해야 할까?'가 훨씬 생산적인 질문이다. 노력에는 반드시 보상이 뒤따른다. 이번 생이 끝난 후에야 우리는 진짜 원인을 깨닫게 될 테고, 그것은 분명 놀라운 발견일 것이다. 골짜기에서 보는 광경과 산꼭대기에서 보는 광경은 전혀 다를 것이다. 우리는 지금은 전혀 알지 못하는 의미들을 거기에서 깨닫게 될 것이다.

생명망의 변화

카르마에 의한 인과관계는 결국 영적 성장의 주제가 변주된 것이다. 우리는 가용한 범위 내에서 선택을 하고, 생명망은 그에 응답한다. 그런 생명망의 변화는 빠를 때도 있고 느릴 때도 있다. 급작스러운 변화는 쉽게 눈에 띈다. 그러나 나는 대개 생명망의 변화가 서서히 우리 삶에 반영된다고 생각한다. 우리가 그것을 알아차리거나 이전의 선택과 연결짓기가 어려울 정도로 말이다.

삶에서 인과의 흐름을 찾고자 할 때, 우리는 '시간'이라는 커다란 벽에 부딪힐 수밖에 없다. 과거의 선택이 불러온 환경적 변화를 인식하려면, 우리는 삶을 일종의 유기체로서 바라보는 능력을 길러야 한다. 삶은 대단히 복잡하고 유기적이다. 그래서 움직임이 느린 편이다. 삶마다 나름의 흐름이 있고, 나름의 개성과 분위기가 있다. 그것이 카르마의 에너지가 시공간 속에 반영되는 방식이다. 우리의 인간관계, 직업, 거주지 등은 이 흐름을 따른다. 이 흐름은 (관성이 있기에) 한순간에 바뀌지 않는다. 만약 삶에서 큰 변화가 일어난다면, 그것은 우리가 이전에 내린 선택들이 불러온 것이다. 갑자기 중요한 전환점이 찾아온 듯 보여도, 그것은 우리가 오랫동안 내린 많은 선택들이 쌓여서 만든 결과이다.

성장의 기회를 한 번 거부하면 삶을 변화시킬 원동력이 약간 줄어든다. 두 번 거부하면, 더 많이 줄어든다. 계속 거부한다면, 아예 성장의 기회 자체가 등장하지 않게 되어버린다. 그런 삶은 날마다 같은 일상이 반복될 뿐이어서 무척이나 단조로울 것이다. 새로운 일도 없고, 재밌는 일도 없고, 딱히 고민도 없다. 삶이 속도를 늦춰 가장 질 낮은 진화 궤도로 진입했기 때문이다. 그때 우리는 주어지는 삶을 그저 수동적으로, 전혀 창조적이지 않은 방식으로 살아가게 된다. 불행하게도 우리에겐 이런 흐름을 바꿀 만한 능력이 전혀 없어 보인다.

하지만 우리가 진지하게 성장을 추구한다면, 또는 그저 마음속 깊이 바라기만 하더라도, 우리 앞에는 변화의 기회가 — 우리가 곧장 알아차리진 못할지라도 — 나타난다. 그것은 우리가 가진 뭔가를 미지의 다른 것으로 바꾸는 방식일 수 있다. 새로운 것을 얻기 위해서는 이미 가진 것을 내려놓아야 하는데, 대개 이미 가진 것은 분명해 보이지만 새로 얻을 것은 모호해 보인다. 새로운 것은 낯설뿐더러 우리에게 뭔가를 요구한다. 그럼에도 그 요구를 따를 때, 우리는 변화의 동력을 얻는다. 한 발짝만 떨어져서 살펴봐도, 하나의 기회가 금세 또 다른 기회로 이어지는 모습이 보인다. 그만큼 우주는 적극적으로 우리의 성장을 돕는다. 성장하려는 우리의 노력에 우주는 더 많은 기회를 주는 방식으로 응답한다. 요컨대, 하늘은 스스로 돕는 자를 돕는다.

성장의 기회를 받아들일 때마다 우리의 삶은 점점 더 빨리 변하기 시작한다. 우리는 새로운 기회들이 전부 우리를 영적 성장의 길로 이끌고 있음을 깨닫게 된다. 그 길에서 우리는 더 많은 것을 내려놔야 하고 더 큰 시련을 겪어야 할 테지만, 그 보상 또한 클 것이다. 영적 성장은 우주의 법칙이다. 성장하기를 선택할 때, 우리는 대자연과 동조되어 그로부터 온전한 보살핌과 도움을 받는다.

변화의 기회를 받아들이면 우리의 삶이 꽃을 피우기 시작한다. 그 꽃은 외부에서 피어날 수도, 내면에서 피어날 수도 있다. 예컨대 사업이 크게 번창하기도 하고, 마음속에 단단한 평온이 자리 잡기도 한다. 그러나 부를 얻게 되더라도, 그 또한 우리를 또 다른 성장의 기회 앞에 데려다놓는 수단일 뿐이다. 반대로 그저 가혹한 시련에 짓눌린 듯 보이는 삶이 실은 카르마를 풀어낼 기회로 가득한 경우도 있다.

카르마 작용은 일관된 법칙을 따르므로, 연구실의 실험만큼은 아니지만 어느 정도 예측이 가능하다. 우리는 실험을 할 때 특정한 변수만 남기고 나머지 변수들의 영향력을 제거함으로써 그 결과를 명확하게 만든다. 그러나 실제 현실을 탐구할 때는 이런 호사를 누릴 기회가 거의 없다. 카르마 작용을 예측하는 것은 지질학 연구를 통해 지진이나 화산폭발을 예측하는 작업과 비슷하다. 우리는 확실한 근거를 갖고 '곧' 지진이 일어날 것이라 말할 수 있지만 그 날짜를 못 박진 못한다. 우리가 아직 모르거나 수량화할 수 없는 변수들이 있기 때문이다. 그럼에도 우리는 지층에 가해지고 있는 압력을 측정해서 '가까운 시일 내에' 그 지층이 휘거나 끊어질 것임을 분명하게 예측할 수 있다.

우리가 마음을 열 때, 생명망은 우리에게 꼭 필요한 사람과 정보와 기회를 가져다준다. 나는 이젠 더 놀라지도 않을 만큼 그런 일을 자주 경험했다. 심지어는 이번 장을 집필하기 직전에도 그런 일이 있었다. 7장을 완성하고 나서, 나는 하루 동안 작업을 멈추고 머리를 식히기 위해 집 근처의 오리건 해변을 찾았다. 그리고 작은 마을의 관광안내소에 들어가 카운터의 매력적인 여직원과 대화를 나눴다. 곱게 나이 든 얼굴에 눈동자가 반짝이는 여성이었다. 그녀는 내게 필요한 정보를 알려준 후에 직업이 무어냐고 물었다. 그녀는 내가 종교학을 가르친다는 사실을 알고는 무척 반가워하며 자신도 지금 독학으로 열심히 공부 중이라고 말했다. 그녀는 나이가 지긋해진 요즘이야말로 인생에서 가장 행복한 때라고 말했다. 마음만 굴뚝같았던 공부와 자기계발을 하기에 충분한 시간과 마음의 여유가 있으니 말이다. 그녀는 내게 어떤 저자를 개인적으로 아느냐고 물었고, 내가 그렇지 않다고 답했더니 우연히 읽게 된 책한 권에서 자신이 한 걸음 더 성장하기 위해 꼭 필요했던 정보를 얻은 이야기를 들려주었다. 나는 웃으며 고개를 끄덕였고, 그녀는 요즘은 늘 그런 우연이 찾아온다고 말했다. 그녀는 잠시 생각하더니 말을 이었다. "그래서 저는 삶을 신뢰하게 되었지요. 전에는 그러지 않았어요. 그런데 이런저런 일을 다 겪고 나니 결국 그렇게 되더군요. 세상에 이보다 더 큰 선물이 어디 있겠어요?" 나는 그녀의 표정에서 이 변화가 그녀에게 얼마나 큰 의미인지를 느낄 수 있었다.

그녀와의 우연한 만남에서, 나는 이것이야말로 삶의 근본 진리 중 하나이며 마음이 열린 사람이라면 누구나 같은 결론에 이를 것이라 확신하게 되었다. 여기에는 비밀스럽거나 숨겨진 요소가 전혀 없다. 그저 우리가 스스로 눈을 뜰 때 삶이 응답해오는 방식일 뿐이다. 이런 우연들은 완벽히 이치에 맞아떨어진다. 인간이 본래 배움을 위한 존재인 만큼, 삶이 그 배움을 돕는 방향으로 움직인다고 해서 놀랄 필요가 전혀 없다.

영적 안내자들에 의해 준비된 계획을 스스로 거부하지 않는 한, 우리는 특정한 카르마 시나리오를 갖고 지상에 내려온다. 우리는 특정한 관계망에 속하여 생을 시작한다. 성장할수록 우리는 점점 더 의도적인 선택을 하기 시작하고, 그때부터 우리의 삶은 우리의 선택과 우리의 생명망이 주고받는 대화가 되어간다. 우리가 자각하든 못하든 이 대화는 항상 이어진다. 이 사실을 알고 나면 우리는 생명망이 제공하는 피드백으로부터 더 큰 혜택을 얻어낼 수 있다. 게임의 규칙을 잘 알아야 현명하게 그 게임에 임할 수 있듯이. 우리는 지금 '배움'이라는 게임을 하고 있고, 언제나 우리 앞에는 더 충실한 학생이 될 기회가 놓여 있다.

내면의 나침반

사람마다 카르마의 교육 과정이 크게 다르다. 그것은 우리가 우리의 상위 자아와 맺은 약속이다. 부모도, 선생도, 술친구도, 사제도, 상담가도, 그 누구도 우리의 카르마 시나리오에 어떤 목적이 담겨 있는지를 일러줄 수 없다. 종교에 헌신하는 내용의 시나리오를 가진 사람이 있다면, 종교를 떠나 좀더 개인적인 일에 전념하는 내용의 시나리오를 가진 사람도 있다. 전통을 깨고 새로운 가치를 찾아야 할 사람이 있다면, 전통으로부터 교훈을 얻어야 할 사람도 있다. 험난한 인생에 철석같이 믿고 따를 '보편적 규칙' 따위는 없다. 우리가 가진 것은 참된 길을 알려줄 미묘한 내면의 목소리와 직감뿐이다.

나는 학생들에게 만약 자신의 삶이 집약된 '카르마 지도'와, 삶의 방향을 바로잡아줄 '내면의 나침반' 중 하나를 가질 수 있다면 무얼 택할 것인지를 묻곤 한다. 지도가 있다면 우리가 어떤 경로 위에 있는지를 짐작할 수 있고, 나침반이 있다면 지금 옳은 방향으로 가고 있는지를 확인할 수 있다. 삶의 지도를 갖고 싶은 사람도 있겠지만, 사실은 나침반을 갖는 편이 확실히 나은 선택이다. 지도가 있어도 우리는 길을 잃는다. 하지만 나침반이 있으면 길을 잃지 않는다. 카르마 시나리오와 합치된 생생한 느낌, 그것이 바로 우리 내면의 나침반이다. 그것은 언제나 바른 방향과 틀린 방향을, 우리가 지금 전진하고 있는지 퇴보하고 있는지를 정확히 가르쳐준다. 우리는 이 내적인 앎을 계발하여 '고성능의 길잡이'로 사용할 수 있다. 이것은 지상이라는 학교에 주어진 보편적 과제이기도 하다.[*]

프로이트는 양심(conscience)이란 부모에게 훈육받은 내용이 응집된 초

자아(superego)에 불과하다고 설명함으로써 커다란 오해를 불러일으켰다. 부모의 영향력은 표피에 해당할 뿐이다. 이처럼 얕은 개념으로는 우리의 내면세계를 설명할 수 없다. 양심은 대령大靈과 연결된 구명 밧줄과 같다. 그것은 우리가 이성으로는 파악할 수 없는 정보들과 맞닿아 있다. 그것은 시공간의 제약을 받지 않으므로 세상을 색다른 관점으로 바라보게 해준다. 그리고 무엇보다도, 그것은 우리의 카르마 시나리오를 파악하고 있다. 그것은 우리가 태어나기 전에 스스로 준비해둔 과제들로 우리를 안내해가는 고요한 목소리이다. 그것은 우리의 삶이 험난한 꿈에서 깨어 결실을 맺는 데 필요한 모든 정보를 알고 있다.

지금 이 순간에 살기

윤회론은 수십 세기 이상을 아우르는 동시에 지금 이 순간의 삶에도 작용하고 있는 상호작용을 가르친다. 이 상호작용을 더 깊이 이해할수록 우리는 '지금 여기'에 더욱 주의를 두게 된다. 내게 중요한 모든 문제는, 내가 그것을 해결할 때까지 '지금 여기'에 반복해서 등장한다. 영적 성장을 바란다면 언젠가 주어질 기회를 기다릴 것이 아니라 있는 그대로의 현실에 에너지를 쏟아야 한다. 현재에 집중하는 것이야말로 삶의 질을 높이는 열쇠이다. 윤회와 생명망을 깊이 이해했다면 현재에 집

---

* 직감이라는 내면의 나침반을 계발하는 방법을 담은 뉴에이지 도서들은 무척이나 많다. Shakri Gawain, *Living in the Light* 참고.

중할 수밖에 없다. 윤회론은 해야 할 일을 제때 하라고, 즉 현실을 온전히 살아내라고 — 단, 최대한 깨어 있는 의식으로서 — 권유한다. 윤회론은 선택을 할 때 그 의미를 충분히 음미하면서 당당하게 임하라고 가르친다. 매 순간에 우리가 어떻게 주의를 기울이냐에 따라 세상이 움직인다는 것이다.

좋은 예가 되어줄 선불교禪佛教의 이야기가 있다. 황제가 선승禪僧에게 궁에 걸어둘 족자를 하나 청하면서 부처님의 비밀스러운 가르침을 적어 달라고 말했다. 선승은 자리에 앉아 단번에 "집중(Attention)"이라고 적어 황제에게 건넸다. 황제는 당황하며 "더 쓸 말이 있지 않소?" 하고 물었다. 선승은 순순히 족자를 돌려받더니 그 아래에 다시 "집중"이라고 썼다. 놀림거리가 되었다고 생각한 황제는 제대로 쓰지 않으면 목이 달아날 줄 알라고 길길이 날뛰었다. 그러나 선승은 마지막으로, 그 아래에 다시 "집중"이라고 적었다. 그 한마디면 충분하기 때문이다.

영적 스승들은 한결같이 바로 우리 눈앞에 삶의 비밀이 있다고 가르친다. 영적 여정의 출발점은 언제나 '지금 여기'이다. 지금 이 순간에 온전히 현존하는 것이 영성의 본질이다. 우리는 우리의 깨달음을 위해 준비된 카르마 시나리오에 충실해야 한다. 별스러워 보이는 온갖 수행법들도 따지고 보면 지금 이 순간을 있는 그대로 경험하도록 이끌어줄 뿐이다. 불교의 비파사나vipassana와 경행經行(걷기 명상), 그리스도교의 '하나님의 임재 연습'(the practice of the presence of God) 등은 모두 현재의 경험에만 주의를 두게끔 한다. 지금 이 순간만이 우리를 최종 목적지로 보내줄 통로이다. 우리는 태어난 후로 줄곧 내면의 현자賢者와 대화하며 영적 여정을 펼치고 있다. 생명망의 작용을 깊이 이해할수록 이 대화는 더욱 명료해진다. 우리에게는 이 게임의 진행 상황과 위험요소를 파악하며 삶을 영위할 충분한 능력이 있다.

윤회론에 의하면 삶은 배움을 위한 것이고, 삶의 함정들은 순전히 배움을 위한 소품에 불과하다. 우리의 직업, 의무, 불행, 성격, 사회적 도리, 대의명분 등등이 전부 소품이다. 지금 골짜기(지상)에서 인식되는 바와는 무관하게 그것들은 실체가 없다. 하지만 우리는 그것들이 매우 중요하다고 느낀다. 물론 내 자녀 또는 내 질병은 엄연한 현실이다. 그러나 그 모두는 우리의 성장 과정에서 제 역할을 다한 후에 사라질 것이다. 우리가 얼마든지 지상의 다른 조건 속에서 태어날 수 있었음을 잊지 말라. 스스로 원하기만 했다면 우리는 다른 가족, 다른 몸, 다른 문화, 다른 국가, 심지어 다른 시대 속에 태어날 수 있었다. 우리는 우리 모두의 영적 성장을 위해 지금의 이 시간과 장소, 이 사람들, 이 시나리오 속에 있는 것이다. 삶의 모든 것은 저마다 목적이 있고, 내 주변의 사람들은 나와 함께 각자 배움의 길을 가고 있다. 그러나 그들은 궁극적인 실체가 아니다. 우리는 서로의 시나리오, 서로의 무대에 등장하는 배우 또는 소품이다. 지금 지상에 있는 우리는 궁극적인 실체가 아니다. 골짜기의 시간이 끝나고 다시 산꼭대기로 올라갈 때, 우리는 우리의 진짜 정체성을 되찾을 것이다. 이곳에서는 모든 것이 소품이다. 심지어 죽음마저도 가장 극적인 형태의 무대장치일 뿐이다.

그래서 힌두교에서는 이 세상을 마야maya, 곧 환영幻影이라고 부른다. 눈에 보이는 게 전부가 아니다. 이 세상이 환영이라는 말은 현실을 무시하라는 뜻이 아니라 물질계를 포함하는 더 큰 배경이 있음을 잊지 말라는 뜻이다. 우리는 극심한 '기억상실증'에 빠져 이 지상의 삶에 온 정신이 팔려 있으므로, 다른 세상을 기억하라는 말이 처음엔 터무니없게만 들릴 것이다. 삶의 조건들로부터 한 발짝 떨어져서 그것들이 목적이 아니라 수단임을 알아차리는 것은 간단치 않은 일이다. 이 삶은 교육 과정일 뿐이다. 우리의 시간 개념 바깥에는 또 다른 세계가, 영적인 세계가 있다. 우리의 물질계도 충분히 크지만, 기억을 되찾은 이들은 영적 세계야말로 훨씬 더 광대하다고 말한다. 이곳의 삶도 만족스러울 수 있지만, 일을 마친 후에 돌아갈 그곳과는 비교가 되지 않는다. 지상의 모든 것은 더 큰 드라마를 위해 존재한다.

현자들은 이 드라마에 동참하려면 다만 "주의를 기울이라"고 말한다. 눈앞에서 벌어지는 일들을 주의 깊게 살피고 현명하게 선택하라. 지금 여기에 존재하라. 다른 데로 주의를 돌릴 이유가 전혀 없다. 우리는 지금보다 더 많은 것을 알던 때에 현명한 안내자들의 조언을 듣고 이 삶을 선택했다. 이 사건들은 우리가 선택한 그대로 지금 여기에 나타났다. 우리는 우리의 선택을 신뢰할 수 있다. 우리는 제때 나타난 삶의 모든 것, 그리고 그걸 가능케 한 우주의 시스템을 신뢰할 수 있다. 우리는 우주의 자애로움을 믿고, 그로써 우리의 안전을 확신할 수 있다. 우리는 결코 죽지 않는다. 계속해서 더 나은 삶을 추구할 뿐이다.

생명망은 우리의 어떤 선택도 놓치지 않는다. 생명망의 응답은 마법이 아니라 자연의 법칙이다. 우리는 과거에 내린 선택들의 에너지에 의해 생명망과 엮여 있다. 우리가 지금 내리는 선택들 또한 이 에너지의 균형을 바꿀 것이고, 그로써 생명망은 재조정될 것이다. 다음 장에서는 바로 이 과정에 대해 자세히 살펴보겠다.

9

장 효과

중요한 불교 경전인 《법구경》은 이렇게 시작한다. "당신은 당신의 마음으로부터 비롯된 존재이다." 과거 생부터 현생까지의 당신 마음이 지금의 '당신'을 만들어냈다는 뜻이다. 끝없는 인과의 사슬 속에서 우리의 모든 경험은 마음으로부터 비롯된다. 현재 우리 삶의 모습은 지금까지 우리가 어디에 초점을 맞춰왔느냐에 따라 결정되었다. 우리의 몸, 외부 환경, 비극과 행운 등, 그 모든 것이 마음으로부터 왔다. 삶의 중요한 요소들은 어디선가 뚝 떨어진 것이 아니라 차근차근 준비된 것이다. 지금 우리의 적성과 재능은 오래전부터 갈고 닦인 것이다. 오늘 우리의 갈등과 문제들은 과거로부터 이어진 것이다. 우리가 어떤 주제의 경험을 더 많이 혹은 더 적게 할 것인지를 결정하는 것은 언제나 우리의 '마음'이다. 따라서 우리는 경험할 바를 스스로 선택해가는 일종의 에너지장이라고 할 수 있고, 이 에너지장은 두 가지 측면을 갖고 있다.

안과 밖

매 순간 우리는 '경험' 속에서 살아간다. 그것은 우리가 해온 무수한 선택에 의해 만들어지고, 또한 우리의 새로운 선택들에 의해 더욱 확고해지거나 수정된다. 경험에는 두 가지 측면이 있다. 하나는 우리의 내적, 주관적 경험 — 우리의 관심사, 소질, 염원, 꿈, 두려움 등등 — 에 해당한다. 다른 하나는 삶의 외적, 객관적 조건에 해당한다. 이 두 측면이 서로 엮임으로써 하나의 카르마 형태가 된다. 이번 장에서는 이 두 측면이 상호작용하는 다양한 방식들을 살펴볼 것이다. 그중에서도 내면의 변화가 어떻게 외부에서도 놀라운 변화를 만들어내는지를 자세히 탐구할 것이다.

우리의 모든 선택은 특정한 '감정 에너지'를 담은 경험을 창조해낸다. 우리는 이전의 경험으로부터 수집한 에너지에다 새로운 경험으로부터 얻은 에너지를 보태며 살아간다. 그것이 소위 우리의 '에너지 총합'이다. 이 에너지 총합에 의해 우리 삶의 주제가 결정된다. 유쾌함을 선택하면 유쾌한 에너지가 쌓인다. 불안함을 선택하면 불안한 에너지가 쌓인다. 우리는 모든 경험으로부터 일종의 분위기(feeling-tone)를 흡수한다. 우리는 걸어다니는 '경험 저장소'이다.*

경험을 통해 축적된 에너지는 해소되기 전까지 계속 우리 안에 남는다. 물론 우주가 그것을 해소할 멋진 기회를 우리에게 많이 선물하지만,

---

* 경험이 '감정'을 매개로 내면화, 구조화되는 방식이 궁금하다면 COEX(condensed experience)에 대한 설명을 참고하라. Stanislav Grof, *Realms of the Human Unconscious)*, 3장.

내면세계   외부세계

때로 끔찍한 경험들은 우리의 마음을 완전히 사로잡음으로써 절대로 일어나지 않길 바라는 일들을 눈앞에 끌어오곤 한다.

　근육의 긴장을 풀면 몸속에 쌓인 스트레스도 풀린다. 우리는 매일 밤 꿈을 통해 낮 동안 '소화시키지 못한' 에너지를 해소한다. 회사에서 받은 스트레스를 집에서 가족에게 푸는 일도 흔하다. 요점은, 우리는 많은 방법으로 심신의 감정 에너지를 청소하지만 그럼에도 끝내 없애지 못한 에너지는 계속 우리 안에 잔류한다는 것이다. 제때 털어내지 못한 — 순간적으로 해소하든 별도의 수행을 하든 간에 — 에너지는 우리의 몸과 마음에 쌓인다. 그리고 그 기간이 오래될수록 그것을 없애거나 해방시켜 의식 밖으로 떠나보내기가 어려워진다.

　이렇게 우리가 수집한 에너지는 반드시 생명망의 변화를 촉발한다. 생명망이 그것에 응답하는 것은 아주 자연스럽고 필연적인 작용이다. 생명망은 우리가 살면서 끌어모은 에너지에 응답한다. 따라서 우리 내면의 에너지가 바뀌면 머지않아 우리 삶의 외부적 조건도 바뀐다.

　우리의 내면과 외부의 에너지는 쉼 없이 상호작용한다. 나는 제자들에게 이 개념을 설명할 때 위의 그림을 그려 보여준다. 나는 이것이 반복되는 과정임을 강조하기 위해서 선을 여러 번 겹쳐서 긋는다. 여기서 가운데 접점은 지금 이 순간을 나타낸다. 그리고 우측 고리는 물리적 외부세계를 나타내고, 좌측 고리는 정신적 내면세계를 나타낸다. 이 그림은 우리가 지금 내리는 선택을 매개로 안과 밖이 상호작용하고 있음을 보여준다. 또한 우리의 과거가 우리의 미래 속에서 계속 재현되는 방식도 알려준다.

우측 고리는 물질적 사건들이 우리 앞에 나타나는 방식을 표현한 것이고, 그림 중앙의 접점은 순간의 우리의 의식에 해당한다. 외부의 사건들이 우리의 의식을 거쳐 내면으로 들어갈 때, 우리는 그것에 어떻게 반응할지를 선택한다. 그리고 그 선택은 우리의 삶에서 특정한 주제를 강화시키거나 약화시킨다. 즉, 우리의 선택이 우리의 경험을 만든다. 이렇게 물리적 사건은 내적 사건으로 바뀌어 우리의 내면에서 강력한 힘을 발휘하기 시작한다.

어떤 특정한 사건에 적극적으로 반응할 때, 우리는 우리 삶에서 그 주제를 강화시키고 그와 관련된 내면의 에너지를 살찌운다. 예컨대 짜증나는 일에 즉각적인 분노를 일으키면 그 나쁜 기분이 강화된다. 반대로 그 상황이 그저 흘러가도록 내버려두면 분노는 저절로 사그라질 것이다. 즉 우리 삶에 찾아온 상황들에 어떻게 반응할지를 선택함으로써, 우리는 생명망과 상호작용하는 우리의 에너지 총합을 계속 바꿔간다.*

우리가 살면서 내리는 온갖 선택에 의해 그와 관련된 에너지들이 우리 내면에 쌓인다. 그리고 그것은 결국 '반환점을 돌아서' 바깥의 물질 세계로 향하고, 우리의 내적 변화를 반영하는 새로운 사건들을 불러온다. (그러나 이 단계에서도 여전히 변화의 가능성이 있다. 각주를 참고하라.) 돌아나간

---

* 당면한 상황을 철저히 회피하거나 그로부터 생긴 감정을 억압할 때는 오히려 그 에너지가 늘어난다. 에너지를 감소시키는 올바른 태도는, 있는 그대로 받아들이되 그것에 놀아나지 않는 것이다. 회피하는 태도는 이미 그것에 얽매였다는 증거이다.

에너지는 새로운 현실로서 다시 우리를 찾아온다. 끝없는 에너지 순환 속에서 생명망은 우리의 선택에 응답하고, 우리의 선택은 우리의 삶으로 되돌아온다.*

카르마와의 상호작용

그림이 보여주듯이, 카르마는 우리의 자각의식을 두 차례 통과한다. 따라서 우리에게는 그것에 개입할 두 번의 기회가 있다. 일단 우리는 어떤 물질적 사건과 마주칠 때 내리는 선택으로써 그 카르마에 개입할 수 있다. 우리가 어떻게 반응하느냐에 따라 그 주제는 우리 삶 속에서 강화되거나 약화된다. 또한 이런 선택 과정을 거쳐 그 사건이 우리 내면으로 진입한 이후에도 우리는 그것을 변화시킬 수 있다. 우리는 그것을 계속 곱씹거나 상상함으로써 더욱 강화시킬 수도, 아니면 반대로 무효화시킬 수도 있다. 카르마에 담긴 내용물을 반드시 삶 속에서 — 이번 생이 되

---

* 앞의 그림은 오직 우리가 이전에 내린 선택들만이 우리의 현재 자각에 다시 영향을 미치는 일종의 '닫힌 회로'의 모습이었다. 이것이 전부라면 우리는 과거의 선택을 계속 반복할 수밖에 없는 저주받은 운명일 것이다. 나는 그 그림을 그런 뜻으로 사용한 것이 아니다. 어떤 그림도 현실의 모든 측면을 다 담아내지 못한다. 그 그림은 다만 내적 선택과 외적 상황의 순환구조를 설명하기 위한 예시일 뿐이다. 이 순환구조를 창조적인 것으로 바꿔주는 변수들까지 포함하고 싶다면, 중심점을 수직으로 관통하는 모래시계 모양의 확장선을 덧붙여보라.(아래 그림) 이 확장선은 대령大靈을 비롯한 영적 근원과의 연결을 나타낸다.

었든 다음 생이 되었든 — 전부 경험해야 하는 것은 아니다. 우리에게는 내면의 카르마가 외부로 방출되기 전에 그 고리를 끊을 능력이 있다.

내면에서 고리를 끊는 작업의 가장 큰 장점은 효율성이다. 사회적 정의(justice)가 느리게 실현되는 것처럼, 물질계의 카르마 바퀴도 느리게 굴러간다. 아무리 환생을 거듭하며 카르마를 해소하려 해도, 우리가 매 삶에서 해소할 수 있는 카르마의 양은 한계가 있다. 물질계가 우리의 배움에 적절한 환경과 조건을 만들어내는 데는 시간이 걸린다. 다행히도, 우리는 우리의 과거를 외부가 아닌 내면에서 마주함으로써 이 과정을 앞당길 수 있다. 예컨대 우리는 전생요법을 통해서 삶의 심층적 흐름을 깊이 탐사할 수 있다. 전생이 물질계에서 재현될 때까지 기다리지 않고도 그것과 대화하고 그로부터 교훈을 얻을 수 있다. 카르마는 우리가 우리의 선택으로부터 교훈을 얻길 바랄 뿐이다. 어떤 방식으로 교훈을 얻을 것인지는 우리의 몫이다.

장 효과

전생의 기억을 떠올리고 그로부터 교훈을 얻음으로써, 우리는 현생에서 작용하고 있는 카르마의 일부를 무효화할 수 있다. 그리고 머지않아 우리는 외부 상황의 변화를 목격하게 된다. 해소된 카르마에 뿌리를 두었던 삶의 조건들은 이제 존재할 이유가 없어진 것이다. 이런 일은 실제로 흔히 일어난다. 나는 이것을 '장 효과'(field effect)라고 부른다. 전생요법을 통해 자신의 전생을 탐구하여 현생의 조건을 빚어내고 있는 문제를 해소하고 나면, 그로써 현생의 조건도 달라진다. 내면의 에너지장이 바뀌면 외부의 에너지장도 자연히, 때로는 극적으로 바뀐다.

앞장에서 말했듯, 우리는 공동의 미해결 과제를 가진 사람들과 어울려 살아간다. 그들은 우리의 반려자, 자녀, 상사, 제자, 집주인, 또는 동업자일 수 있다. 그들은 우리와 무척 가까운 관계일 수도 있고, 적당한 때를 기다리며 그저 '주변에' 잠복할 수도 있다. 전생요법을 통해 그들과 우리 사이의 카르마를 해소하고 제거할 때, 우리는 그들과의 관계가 극적으로 변하는 경험을 하게 된다. 생명망이 우리의 성장에 응답하는 것이다. 무너지기 일보 직전이었던 관계가 회복되기도 하고, 막 불타오르려던 관계가 흐지부지되기도 한다. 둘 사이에 작용하던 카르마가 의식의 수면으로 떠올라 해소되었기 때문에, 빠른 속도로 여러 사람이 당신의 삶에서 사라지거나 새롭게 나타날 것이다. 당신 삶의 주변부에 있던 사람이 문득 중심자리를 차지하고 즉각적인 관심을 요구할 수도 있다.

이 변화의 배후를 이해하지 못하는 사람들은 혼란에 빠지기 쉽다. 전생의 문제를 탐구하는 당신 앞에 어떤 사람들이 불쑥 — 그들 자신도 당황스러울 만큼 난데없이 — 등장한다. 그들은 당신에게 도움이 될 수도, 잘못을 저지를 수도, 별것 아닌 일로 화를 낼 수도, 이성으로서 끌리는 상대일 수도 있다. 그들은 자신의 감정과 행동을 스스로 이해하지 못하고, 당신도 상대방과 관련된 어떤 감정이 내면에서 한껏 고조됨을 느낀다. 예컨대 갑자기 누군가에게 확 끌리거나, 혐오감을 느끼거나, 미안해지는 것이다. 그러나 그들이 제안한 카르마 시나리오에 휘말리지 않고 내면의 청소 작업에 집중한다면, 결국 우리는 이 뒤엉킨 관계의 시발점이 된 전생의 기억을 발견하게 될 것이다. 그 기억을 해방시키면 현생의 관계도 정리된다. 천천히 혹은 갑자기, 그들은 발걸음을 멈추고 당신의 삶으로부터 물러나기 시작한다. 친구 또는 지인으로서 계속 관계를 유지한다 해도 그들과의 특별한 과제는 이미 종결된 것이다.

한 사람만이 전생의 기억을 떠올려 통합하더라도 그 결과는 양쪽 모두에게 나타난다. 고무줄을 당길 때는 양쪽 끝을 잡아야 하지만 풀 때는 한쪽만 놓아도 되는 것과 같다. 당신이 고무줄을 놓으면 상대방도 영향을 받는다. 그들이 여전히 카르마에 붙잡혀 같은 경험을 반복해야 할 처지라 해도 이제 그것은 당신과 관련이 없다. 당신은 거기서 벗어났다. 만약 그들이 배움을 위해 그 시나리오를 꼭 경험해야만 한다면, 그들은 스스로 당신의 대역을 찾아 끌어당길 것이다. 그 대역은 이미 그들과 비슷한 관계를 맺었던 사람일 수도, 처음 만나는 사람일 수도 있다. 하지만 기존의 인연이든 새로운 인연이든 간에, 그 또한 자신의 역할에 꼭 맞는 카르마를 지니고 있을 것이다.

전생을 탐구하는 가장 흔한 기법은 최면이지만, 심층의식에 접근하게 해주는 정신요법 또는 영적 수행법은 모두 이런 '장 효과'를 촉발한다. 융의 정신분석, 명상, 그 외 강렬한 체험을 유발하는 다양한 정신요법들이 여기에 포함된다.

예컨대 스타니슬라브 그로프는 지난 30년간 이 분야의 선구자로서 극도의 심층의식으로 이끄는 다양한 체험요법들을 개발해왔다. 그의 요법들은 전생퇴행을 지향하지 않음에도 내담자들로 하여금 '전생'으로 느껴지는 오래된 기억을 경험하게 해준다. 더 나아가, 그의 내담자들은 현생의 특정 인물과 전생의 특정 인물이 카르마적으로 동일한 존재임을 알아차리기도 한다.* 그로프 박사는 이렇게 적었다.

---

* 2장에 소개된 타나의 사례를 참고하라.

(세션을 통해) 현생의 누군가와 얽힌 긴장, 문제, 갈등이 종종 파괴적인 카르마 패턴의 직접적 파생물로 인식되거나 해석되곤 한다. 그리고 그런 카르마 기억을 재경험하여 해소할 때는 아주 깊은 평온, 지긋지긋한 속박으로부터의 해방감, 엄청난 희열과 성취감 등이 찾아온다.*

놀라운 점은 심층의식을 통한 만남이 실제로 상대방에게도 영향을 미친다는 사실이다. 그로프에 따르면, 세션 중에 카르마 패턴을 재경험하고 해소한 내담자들 중 많은 수가 마치 현생의 상대방도 모종의 방식으로 이 작업에 함께 참여하여 같은 해방감을 누리는 것처럼 느꼈다고 한다. 그 둘이 서로 언제 무얼 하는지 전혀 알 수 없을 만큼 멀리 떨어져 사는 경우에도 말이다. 처음에 그로프는 이것을 검증할 수 없는 문제라고 생각하고 뒤로 제쳐두었다. 하지만 결국은 마음을 고쳐먹을 수밖에 없었다.

마음을 열고서 이런 증언들을 검증해보기로 했을 때, 나는 때로 그것이 진짜로 사실과 일치한다는 사실을 발견하고 깜짝 놀랐다. 내담자가 전생부터 이어진 인연으로 지명한 인물이 실제로 내담자와 동일한 시간에, 동일한 방식의 내적 변화를 겪은 — 과거의 카르마 패턴이 극적으로 해소된 — 사례가 다수 발견되었다. 상식적 경로로는 그 두 사건의 관계를 전혀 설명할 수 없었다. 때로 그 둘은 아주 멀리 떨어져 살았고, 서로의 경험을 전혀 몰랐고, 내적 변화의 계기도 전혀 달

---

* *Beyond the Brain*, 47쪽. *The Adventure of Self-Discovery*, 84~93쪽 참고.

랐다. 그런데도 내담자와 '별개로' 그들은 변성의식을 경험하거나, 내담자에 대한 인식을 확 바꿔놓을 만한 정보를 얻거나, 환경의 변화로부터 영향받았다. 이 동시성은 무척 놀라워서, 몇몇 경우에는 시차가 겨우 몇 분 이내였다.*

이처럼 정신요법을 통해 특별히 심도 깊고 강렬한 정화 작업을 할 때는 생명망 또한 우리가 또렷이 알아차릴 수 있을 만큼 즉각적으로 응답하곤 한다.

전생의 기억을 다루는 정신요법만이 장 효과를 일으키는 것은 아니다. 그로프의 획기적 기법들이 촉진하는 극도의 심층의식 속에서 내담자들은 전생과 무관한 온갖 초개아적(transpersonal) 현상들을 경험하곤 하는데, 그것들도 장 효과를 일으킨다.** 그들은 카를 융의 설명처럼 원형적 심상(archetypes)을 접하기도 하고, 신화 속 장면 또는 특정 문화권과 관련된 의미심장한 상징들을 경험하기도 한다. 예컨대 요법 중에 내담자가 아니마Anima(남성의 정신 속의 여성성) 또는 아니무스Animus(여성의 정신속의 남성성)와 같은 원형을 접한다면, 그의 실제 삶 속에서도 그 원형을 정확히 대변해줄 인물이 즉각 나타나곤 한다. 이와 비슷하게, 특정 문화권에 해당하는 집단무의식적 주제를 접한 내담자의 삶 속에는 그 문화

---

* *The Adventure of Self-Discovery*, 90쪽. / 이어지는 내용은 다음과 같다. "전생의 경험이 촉발하는 비국소적(non-local) 상호작용은 현대물리학의 '벨의 정리'(Bell's theorem) ― 국소적 실재론으로는 미시세계를 설명할 수 없다는 사실을 증명하기 위해 영국의 물리학자 존 스튜어트 벨이 제시한 부등식, 역주 ― 를 떠올리게 한다."

** 초개아적 의식 상태란 개별적 자아상을 초월한 의식 상태이다. 초개아적 현상이란 이런 의식 상태에서 경험할 수 있는 현상들을 가리킨다. 설령 우리가 제한된 의식 속에서 이런 현상들을 접하더라도 그것은 본질적으로 개별적 자아의 차원을 초월하는 것이다.

또는 지역과 관련된 요소들이 앞다투어 등장하곤 한다. 그 민족의 누군가와 만나거나, 그 나라와 관련된 편지 또는 초대를 받거나, 그 나라의 책을 선물로 얻는 식으로 말이다. 그리고 내담자가 그 문화적 심상과 관련된 내적 작업을 끝내고 다음 단계로 넘어가면 이런 동시성 현상도 잦아든다.*

　전생의 기억을 — 무슨 방법을 썼든 간에 — 떠올렸지만 현생의 인물들이 전생부터 이어진 인연인지 아니면 단지 그 대역代役인지를 확신할 수 없는 때도 있다. 그러나 결론적으로는 아무런 차이가 없다. 정화 작업을 하는 동안 문제의 상대방이 우리 주변에 없거나 함께하지 못할 사정이 있더라도, 우리가 과거를 탐사하며 해방시킨 에너지에 의해 다른 누군가가 우리 앞에 대신 나타날 것이다. 그 새로운 인물과 우리의 관계는 원래의 카르마를 그대로 반영할 것이다. 반대로 우리 또한 그의 카르마에 꼭 들어맞게 그의 삶에 등장할 것이다. 이런 이끌림은 늘 쌍방에 의한 것이다. 우리가 어떤 시점에서 누구를 만나든 간에, 그들은 그때 거기에 있어야 할 사람들이다.

　우리가 내면에서 어떤 문제를 다루면 장 효과에 의해 그것은 외적 상황에 반영된다. 예컨대 우리가 전생의 애정 문제를 캐고 들 때, 아마도 생명망은 우리에게 연애의 기회를 제공하는 식으로 응답할 것이다. 상대방이 의존할 수밖에 없게끔 무조건 헌신했던 전생의 기억을 탐사할 때는, 그와 비슷한 일방적 관계에 발목을 붙잡히는 상황이 연출될 것이다. 누군가로부터 상처받았던 전생의 기억을 떠올릴 때는, 현생의 그 또

---

*　*Beyond the Brain*, 44~48쪽.

는 그의 대역이 내 주변에서 알 수 없는 죄책감에 휩싸일 것이다. 카르마의 관계가 무엇이든 간에, 그것이 현생에서 반복될 때 우리는 예외 없이 그것을 해소하거나 그 고리 바깥으로 도약할 기회를 얻는다.

물론 우리 삶에서 반복되는 카르마가 꼭 불쾌한 것만은 아니다. 장 효과가 펼쳐내는 카르마 시나리오의 상당 부분은 무척 멋질 수도 있다. 그러나 그것이 긍정적으로 느껴지든 부정적으로 느껴지든, 카르마는 카르마이다. 두 종류의 카르마가 따로 있는 것이 아니다. 카르마는 그저 인과관계일 뿐이다. 버거운 카르마도 있고 가벼운 카르마도 있지만, 둘 다 우리를 이 골짜기(지상)에 묶어둔다는 점에서는 매한가지다. 그것은 우리에게 지고의 기쁨을 주지 않는다. 따라서 카르마의 초대가 아무리 달콤해 보이더라도, 우리는 여전히 우리의 행동을 신중하게 선택해야 한다.

불행하게도 동양의 영적 전통들은 영적 고향으로 하루빨리 돌아가기 위해서는 모든 욕망을 포기함으로써 복잡한 카르마를 다 해체하라는 식의 가르침으로 오해받곤 한다. 그래서 우리는 이런 철학들을 현실성이 없거나 우리에게 맞지 않는다는 이유로 거부한다. 모든 욕망을 내버린 삶을 도무지 상상하기가 어렵기 때문이다. 물론 이렇게 엄격한 가르침을 편 스승들도 있긴 하지만, 자세히 들여다보면 동양의 가르침은 그보다 훨씬 너그럽고 느긋하다. 그것은 욕망을 더욱 부풀릴 때 찾아올 결과를 충분히 이해하고 최대한 의식적인 선택을 하도록 권할 뿐이다. 우리는 항상 하나의 욕망을 내려놓자마자 새로운 욕망을 집어든다. 원한다면 앞으로도 계속 자유롭게 그럴 수 있다. 하지만 이런 제자리걸음이 우리로 하여금 환생을 반복하게 한다는 사실을 깨닫는다면, 우리는 자연히 하나하나의 선택을 아주 신중하게 내리기 시작할 것이다.

카르마와 윤회의 작용을 배우기 전까지, 우리는 별수 없이 많은 욕구에 휩쓸리고 또 많은 사람들에게 집착해왔을 것이다. 그것이 유쾌한 것이든 불쾌한 것이든 간에, 최대한 많은 카르마를 해소해야만 우리의 영적 잠재력이 더 빨리 실현될 것이다. 그럼에도 삶을 통해 반복되는 패턴들을 최대한 빨리 벗어나고 싶어하는 사람이 있는가 하면 좀 천천히 벗어나고 싶어하는 사람도 있다. 그것은 전적으로 각자의 몫이다. 우리는 영적 희열을 갈망하는 것 이외의 어떤 의무도 짊어질 필요가 없다.

카르마 시나리오를 내려놓을 때도 우리는 냉담함이 아닌 자비로운 태도를 취한다. 그 둘은 대단히 큰 차이가 있다. 우리는 상대방과 거리를 두는 것이 아니라 그가 가져온 반복되는 카르마로부터 거리를 둔다. 그들의 초대를 거절할 때도, 우리는 그들을 거부하는 게 아니라 그들과 우리를 함께 옭아매는 반복되는 감정을 거부하는 것이다. 그럼으로써 마침내 우리는 '자유'라는 최고의 선물을 그들과 함께 나눈다. 우리가 스스로 선택하여 받은 이 선물을 그들에게 건넨다. 이것이야말로 가장 큰 자비이다.

카르마, 명상, 그리고 형제애

카르마의 순환에는 우리가 개입할 수 있는 두 지점이 있다. 하지만 장 효과가 보여주듯이 이 둘은 서로 엮여 있는 경우가 많다. 내적 변화는 외적 변화를 촉발하고, 그 외적 변화는 다시 우리로 하여금 내면세계를 탐사하도록 이끄는 것이다. 그래도 말이 나온 김에, 우리는 다양한 영적 수행법들을 이 두 개입 지점 중 어느 지점에 개입하느냐에 따라 분류해 볼 수 있다. 극명한 대비를 위해서, 나는 이것을 6장의 뒷부분에서 언급한 종교 간의 상보성 개념과 연계하고자 한다. 거기서 나는 여러 종교 전통들을 (1) 서로 표현은 다르지만 근본 진리는 동일하며 (2) 저마다의 독특한 통찰이 서로를 보완한다는 관점에서 이해하는 것이 가장 생산적이라고 설명한 바 있다. 카르마의 순환구조 역시 이런 상보성이 드러나는 좋은 예이다.

좀 지나치게 단순화하는 면은 있지만, 일반적으로 동양의 명상 수행법들이 카르마 순환구조의 내적 영역에 치중한다면 서양 그리스도교의 형제애(agape)라는 도덕률은 외적 영역에 치중한다고 볼 수 있다. 지나친 단순화라고 말한 이유는, 실은 어떤 종교든 양쪽 영역의 수행법을 함께 가르치고 있기 때문이다. 그럼에도, 그 한계만 잊지 않는다면, 이런 분류법은 유익한 측면이 있다. 명상과 형제애가 카르마 순환에 상보적으로 개입한다는 사실을 이해함으로써 우리는 동서양의 종교를 모두 아우르는 더 큰 그림을 볼 수 있는 것이다.

물론 명상법들은 저마다 인간의 의식에 서로 다른 영향을 미치도록 고안되어 있다. 그러나 개괄적으로 보면, 명상은 쉼 없이 변해가는 '지금 이 순간'에 집중케 함으로써 카르마를 해소하는 기법이다. 불교에서는 이것을 비파사나vipassana, 즉 알아차림(insight)의 명상이라고 부른다.*
비파사나 수행의 핵심은 집중된, 그러나 판단하지 않는 자각의식을 기르는 것이다. 수행자는 마음의, 또한 마음작용 배후의 재잘거림을 잠재우는 방법을 배운 후에 매 순간 자신의 의식을 있는 그대로 관찰하는 훈

---

* 동서양을 막론하고, 대부분의 신비 전통들은 비파사나와 비슷한 역할을 하는 명상법들을 가르친다.

련에 돌입한다. 그는 모든 것을 받아들인다. 다만 붙잡지 않을 뿐이다. 명상은 심층의식으로부터 떠오른 모든 것에 마음을 열라고, 동시에 거기에 집착하지도 말라고 가르친다. 여기서 핵심은 받아들이되 기계적으로 반응하지 않는 것이다. 이것을 '텅 빈 주의'(bare attention), 또는 '반응하지 않는 자각'(nonreactive awareness)라고 한다. 뭔가가 우리의 텅 빈 의식 속으로 떠오를 때, 우리는 그것을 알아차린 후에 그것이 제 갈 길을 가도록 내버려둔다. 이것은 뭔가를 아예 떠오르지 못하도록 강제하는 억압과 다르다. 명상은 탐닉하지 않을 뿐 모든 것을 허용한다.*

　매일 일정한 시간을 내서 지금 이 순간에 '텅 빈' 주의를 두는 연습을 할 때, 우리는 우리의 마음이 누적된 독소를 스스로 제거하기 시작한다는 사실을 깨닫게 된다. 우리가 세상과 마주할 때마다 마음은 그 경험을 흡수하여 보관한다. 그중에는 유익한 것도, 그렇지 않은 것도 있다. 우리는 명상을 통해 마음이 해로운 요소들을 제거하여 본래의 조화와 균형을 되찾는 모습을 지켜본다. 몇 년 이상 날마다 명상을 계속한다면, 또한 때로는 집중적인 수행 기간까지 마련한다면, 점점 더 깊은 곳의 독소가 떠오를 것이다. 현재 상황의 스트레스를 해소하면 몇 년 전의 스트레스가, 뒤이어 그보다 훨씬 더 해묵은 스트레스가 나타날 것이다. 마침내는 어린 시절에 생긴 트라우마 또는 아주 깊숙이 숨어 있던 독소들까지 나타날 것이다. 그중에는 기억이 또렷하여 언제 적의 일인지 정확히 짚어낼 수 있는 것들도 있고, 그렇지 않은 것들도 있을 것이다. 또는 그

---

*　Nyanaponika Thera, *The Heart of Buddhist Meditation*, Joseph Goldstein, *The Experience of Insight*, Steven Levine, *Gradual Awakening*, Daniel Goleman, *The Meditative Mind* 참고

강렬한 감정의 출처와 시기를 전혀 알지 못할 수도 있다. 그러나 우리가 한 일은 오직 주의를 내면으로 돌려 판단 없이 모든 것을 알아차린 것뿐이므로, 그 전부는 의심할 여지없이 바로 우리에게서 나온 것이다.

이런 정화 작업을 지속하다 보면 마침내 전생의 조각들이 떠오르기 시작한다. 다시 말하지만, 그중의 어떤 것은 구체적인 상황이 파악될 만큼 또렷하지만 어떤 것은 그렇지 않다. 그저 어떤 느낌으로만 — 분명 현생에는 속하지 않는 — 경험되는 것들이 있다. 그리고 이 치열한 과정은 장 효과를 수반할 것이다. 명상 중에 떠오른 요소가 현재의 카르마 시나리오에서도 중요한 주제라면 더더욱 그렇다.

비파사나 수행을 통한 정화 작업과 전생요법을 통한 정화 작업은 근본적으로는 동일한 것이다. 의식의 저장소에 접근하는 방법은 서로 다르지만, 둘 다 우리로 하여금 전생으로부터 비롯된 카르마를 깨닫게 한다. 그리고 그 카르마를 순환구조의 내적 영역에서 차단하고 '태워' 없애도록 한다. 그로써 우리의 에너지장은 점점 더 깨끗해진다. 우리의 초월적 본성이 조금씩 모습을 드러내고, 때때로 우리는 이 과정의 끝에서 우리를 기다리고 있는 것을 슬쩍 엿보며 그 광대함 속으로 빠져든다.*

그리스도교도 나름의 명상 전통을 이어왔지만, 그것은 대체로 주류가 아닌 주변부에 머물러왔다. 주류의 그리스도교는 다른 방식의 영적 수

---

* 이 과정은 진행될수록 난이도가 높아지다가 마침내는 어둡고 원초적인 기억들이 떠올라서 에고에 대한 우리의 마지막 집착을 거칠게 물어뜯을 수도 있다. 초월적 본성을 완전히 되찾으려면 우리가 지금까지의 생들에서 굳게 간직해온 정체성과 그것을 뒷받침해온 허상들을 극복해야만 한다. 불교명상의 주요 경전인 《청정도론》에서는 이 특별한 수행 단계를 '더 높은 진리를 깨닫는 단계'(the Stage of Higher Realization)라고 말한다. 흥미롭게도, 그리스도교의 신비전통 또한 이 '어두운' 단계에 대해 언급한다. 17세기 스페인의 가톨릭 신비가인 십자가의 성 요한은 《영혼의 어두운 밤》에서, 아빌라의 성 테레사는 《자서전》에서 이것을 언급했다. 그들의 묘사는 《청정도론》의 설명과 무척 유사하다.

행, 즉 형제애를 강조한다. 형제애는 모든 사람을 인류라는 한 가족의 구성원으로서 철저히 평등하게 대하도록 하는 윤리이다. 우리는 형제애를 통해서 '받은 대로 돌려주는' 차원을 넘어서는 판단을 하게 된다. 우리는 단지 사람들을 평등하게 대할 뿐 아니라 신의 사랑을 그들과 함께 나눈다. 우리는 우리에게 상처를 준 사람들을 용서하고, 심지어 우리의 적까지도 사랑한다. 우리는 소위 '과부와 고아'들을 돌본다. 사회에서 소외된 약자들 말이다. 그럼으로써 우리는 우리 삶의 원천인 신, 그리고 고귀한 희생으로써 참된 신성을 드러낸 예수를 우리 마음속에 받아들였음을 스스로 증명하는 것이다.

형제애를 실천하는 것은 카르마 순환의 물리적 영역에 적극적으로 개입하는 방법이다. 형제애를 영적 수행의 도구로 삼을 때, 우리는 일상 속에서 카르마의 고리를 무력화시키게 된다. 우리를 매몰차게, 부당하게, 교묘하게, 이기적으로 대한 사람들에게 똑같이 되돌려주기를 거부함으로써 우리는 부정적인 카르마의 힘이 더 커지지 않도록 한다. 우리는 연약해 보이는 사랑이야말로 실로 우주 최고의 힘임을 확신하며 용서와 자비로써 부당한 상황을 헤쳐나간다. 그로써 나쁜 카르마는 날마다 좋은 카르마로 대체된다. 만약 기도를 통해 용서와 사랑의 힘을 정신적 영역에서도 강화시킨다면 우리는 부정적 카르마를 더 빨리 해소할 수 있다.

용서는 카르마를 정화하는 대단히 강력한 도구이다. 온전한 용서에는 우리의 운명을 바꿀 엄청난 힘이 있다. 많은 종교가 용서를 보편적인 주제로 다루는 이유는 아마도 그래서일 것이다. "우리가 우리에게 잘못한 이를 용서하듯이 우리의 잘못을 용서하소서." "남을 판단하는 대로 너희도 (하느님의) 심판을 받을 것이니." "용서한다면 용서받을 것이다." 우리는 전 세계 어디서든 "용서한다면 용서받을 것이다"와 똑같은 의미의 가르침을 발견할 수 있다. 또한 우리는 타인을 용서하는 과정에서 똑같은 결점이 우리 안에도 있음을 깨닫기도 한다. 이 역시 장 효과에 의해 안팎이 상호작용한 결과이다.

때로 영적 수행법들은 우리가 알아차리기 어려운 방식으로 장 효과를 촉발한다. 기도도 그렇고, 긍정적 확언도 마찬가지다. 자신의 어떤 결점을 용서받거나 극복하고자 기도할 때, 또는 그 결점과 반대되는 측면을 강화하고자 확언할 때, 우리는 스스로 없애고자 하는 바로 그 문제를 적나라하게 대변해주는 누군가를 주변에서 접하게 된다. 우리의 기도가 타인을 통해 우리 자신의 결점을 발견하고 용서할 기회로써 응답받은 것이다. 하지만 그 의미를 제대로 이해하지 못한다면 주어진 기회를 제대로 활용할 수 없다. 지금 우리에게 상처를 주는 사람을 용서할 때, 우리는 과거에 우리가 다른 누군가에게 상처를 주었던 상황으로부터 비롯된 카르마를 해소하게 된다. 그러나 용서받기만을 바랄 뿐 누굴 용서하지는 않는다면, 우리는 교착상태에 붙들려 있게 된다.

이런 영적 메커니즘은 정교하지만 또한 무척 단순하다. 우리는 주는 대로 받는다. 용서받길 원한다면 용서해야 한다. 이 호혜관계는 철저하고 정확하다. 우주의 교환법칙에는 예외가 없다. 다른 말로 하자면, 우주는 결코 우리를 포기하지 않는다. 우주는 우리가 더 큰 흐름에 자신을 내맡길 때까지 계속 교훈을 준다. 그러나 자신을 내맡길 때, 우리는 지금까지 겪은 그 모든 고통을 녹이고도 남을 만한 온정과 자애를 경험하게 될 것이다.

결론

장 효과는 정신요법을 통해 심층의식에 다가가는 사람들의 이해와 성장을 크게 돕는다. 강력한 효과의 정신요법들이 속속 등장하고 있기 때문에, 시간이 지날수록 더 많은 사람들이 내면세계와 외부세계의 복잡한 상호작용을 자각하게 될 것이다. 장 효과는 정신요법이 일으키는 내적 변화는 외적 환경과 별개라는 착각을 부숴버린다. 심층의식을 향한 영적 여정에 뛰어든 사람들은 외적으로도 가능성과 의미로 꽉 채워진 세상 속에서 살게 된다. 이런 변화의 배경을 제대로 이해해야만 우리는 그에 합당한 균형점을 찾을 수 있다.

이보다 가벼운 수준에서 내적 성장을 이뤄가는 사람들에게도 장 효과는 중요하다. 그것은 우리에게 생명망의 역동성을, 그리고 내적 선택과 외부 환경 간의 상호작용을 가르쳐주기 때문이다. 장 효과는 우리로 하여금 거의 눈에 띄지 않는, 그래서 알아차리기 어려운 변화에도 주의를 기울이도록 유도한다. 그것은 우리가 살아 있는 에너지장 속에서 존재하므로 늘 자신의 선택에 책임을 져야 한다는 사실을 깨우쳐준다. 상황의 변화를 유기적인 구조로 이해할 때, 우리의 삶은 좀더 변화무쌍한 게임이 되고 또한 우리도 능동적인 참여자가 된다. 삶이라는 '영적 진화' 게임에서 왕과 같은 권한이 주어지는 것이다.

마지막으로, 우리는 내면세계와 외부세계가 오직 우리의 영적 성장을 위해 협동한다는 사실을 이해함으로써 그리스도교의 형제애와 불교의 비파사나 명상이 서로 상보적인 영적 수행임을 확신하게 된다. 그것들은 카르마의 고리를 서로 다른 영역에서 끊어낸다. 예수가 설한 덕목을 따르는 사람들과 붓다가 설한 명상법을 수행하는 사람들은 결국 같은 목적지로 나아가고 있는 것이다. 다만 그 산을 오르는 경로가 서로 다를 뿐이다.

10
후기

윤회는 현존하는 모든 종교의 기원보다 훨씬 더 오래된 진실이다. 윤회론은 우리들 중 상당수가 적어도 수천 년 이상 — 예수, 노자, 붓다의 시대 이전부터 — 환생을 거듭하며 영적으로 진화해왔다고 말한다. 따라서 윤회는 그 어떤 종교보다도 더 오래된, 어떤 의미에서는 더 근본적인 삶의 진실이다. 여기서 우리는 도발적인 질문을 하나 떠올릴 수 있다. 우리가 환생을 통해 영적으로 진화한다는 진실이 이미 선사시대부터 공고한 것이었다면, 위대한 영적 스승들은 그 외의 어떤 역할을 했던 것일까?

내 생각에는 사람들의 관심을 불러일으키는 것이 바로 그들의 역할이었다. 종교마다 발원 과정과 창시자들의 개성은 서로 다르지만, 그것들이 전파한 믿음은 (카르마와 환생의 존재 목적인) 영적 진화의 길로 우리를 이끌어왔다. 그것들이 윤회를 설했느냐 그렇지 않느냐는 그리 중요치 않다. 중요한 것은, 전 세계의 불교 사원과 교회와 유대교 회당에서 울려 퍼지고 있는 가르침들이 각 개인의 영적 진화를 위한 도구로 활용되며 인류의 진화 방향을 조금씩 바꿔왔다는 사실이다.

흔한 말이지만, "최고의 스승은 경험이다." 직접 경험하여 배우는 것보다 더 나은 교육법은 없다. 우리의 삶이야말로 최고의 스승이다. 그리고 위대한 영적 스승들은 '삶으로부터 배우는' 방식을 우리에게 알려주었다. 그들은 한목소리로 지상의 삶이 끝난다고 해서 우리가 소멸하는 것은 아니며, 지상의 삶은 일종의 시험과 같은 것이라고 말한다. 그들은 우리가 겉으로 보이는 바와는 달리 언제나 안전하며, 근원의 사랑과 보살핌 안에 있다고 단언한다. 또한 삶이 가져다주는 시련들에 대처하는 최선의 방법을 제시한다. 지상이라는 학교에서 수업을 건너뛸 방법은 없다. 하지만 수업을 더 수월하게, 더 빠르게 이수할 방법은 있다.

전 세계 종교들의 윤리적 덕목은 놀랄 만큼 서로 일치한다. 종교들은 자비, 공정성, 용서 등의 근본 가치를 보편적으로 공유한다. 우리는 평정심과 관용으로써 모든 상황을 받아들여야 한다. 타인을 대할 때는 황금률을 따라야 한다. 이처럼 공평무사함을 실천하면 먼 과거로부터 현생으로 번져온 카르마의 소용돌이가 멈춰진다. '눈에는 눈'으로 맞서는 게 아니라 대접받고 싶은 대로 먼저 대접하면 과거의 실수가 바로잡히고 삶의 전일성이 깊이 깨달아진다. 그리고 무엇보다도, 우리는 우리 자신이 삶의 근원과 절대로 분리될 수 없는 안전한 존재임을, 그리고 삶의 시련들도 결국은 우리를 돕기 위한 것임을 알아야 한다.

인간은 영적 진화를 위한 존재이다. 우리는 배움과 성장을 위해 지상에서 태어난다. 이 지상이라는 학교에는 다양한 교육과정이 있다. 가장 느린 과정은 골짜기들을 구석구석 누비는 카르마의 물결을 수동적으로 좇아가는 것이다. 게임의 규칙을 잘 모르면 진도가 더디지만, 그래도 결국 우리가 성장하리라는 사실은 변하지 않는다. 윤회를 관장하는 인과 법칙을 더 많이 알수록 우리는 좀더 성숙한 선택으로써 진도를 빠르게 할 수 있다. 전 세계의 영적 전통들은 최소한 2천 년 이상 우리에게 이 게임의 기본 규칙을 가르쳐왔고, 또한 우리의 참된 본성을 일회적 자아상 속에 가둬온 인과의 미로를 탈출할 수단이 되어주었다.

인류의 영적 진화에 대한 종교의 기여는 여기서 끝이 아니다. 각 종교의 비교秘敎 분파들은 인과 사슬의 해체를, 더 나아가 물질계가 꾸며낸 허상으로부터의 해방을 앞당겨주는 수많은 기법들을 발전시켰다. 단순한 생활습관, 단식, 묵언, 찬송, 명상, 각종 호흡법과 운동법 등이 여기에 포함된다. 이 다양한 방법들은 우리의 몸과 마음에 복합적으로 작용하지만, 그중에서도 두드러지는 효과는 그저 '선한 삶'만으로는 도달할 수 없는 속도의 영적 진화를 가능케 한다는 점이다. 수행의 차원이 높아질수록, 그리고 그것을 삶 속에서 철저히 실천할수록, 우리는 더 빨리 진화할 것이다. 그 속도는 우리가 깨달음과 진화를 얼마나 갈구하느냐에 달려 있다. 궁극적으로는, 매 순간 우리 앞에 펼쳐지는 삶의 흐름을 '지금 여기'에서 온전히 자각하는 것이 최고의 영적 수행이다. '지금 여기'야말로 깨달음의 통로이자 종착점이다.

두 가지만 더 짚고 넘어가자. 첫째로, 전 세계의 다양한 종교들이 우리의 성장을 돕고 있다면 그중 어떤 종교도 '영적 진화'에 대한 독점권이 없음은 자명하다. 우리는 성장을 위해 이곳에 있고, 어떤 종교를 믿든 또는 믿지 않든 성장할 것이다. 종교는 영적 진화를 돕는 유일한 도구가 아니다. 우리는 그것이 역기능을 할 때도 있음을 인정해야 한다. 종교는 역사적으로 많은 오류를 범해왔다. 종교는 다른 모든 세력과 마찬가지로 등락을 반복한다. 그럼에도 종교는 거의 전 인류를 보살피는 한편으로, 잊힐 수도 있었던 중요한 진실들을 보존해왔다.

둘째로, 우리는 영적 여정을 그 마무리 단계에 관해서만 논하는 경향이 있지만 사실은 인류가 거쳐온 모든 발달 단계가 곧 영적 진화의 여정이다. 사람들은 영적 여정이 마치 각자의 선택사항인 것처럼 — 사실 우리는 거기서 한시도 벗어난 적이 없음에도 — 이야기한다. 물론 우리의 태도는 중요하다. 하지만 그와 무관하게 이 여정은 이미 시작된 것이다. 전 지구적 관점에서 보면, 우리의 깨달음은 수십억 년 이상 진행되어온 과정이 만들어낸 결과이다. 이 여정의 마지막 단계가 궁극적 신성을 회복하고 그것과 온전히 하나가 되는 법을 배우는 것이라면 그렇게 되기까지는 다른 무수한 교훈을 얻어야 하고, 그중에는 중요치 않은 것이 하나도 없다.*

이런 관점은 우리 모두가 영적 소명을 받은 — 종교적 서약과는 무관하게 — 존재라는 인식으로 우리를 이끈다. 우리가 이 지상에 존재한다는 사실 자체가 이 엄격한 영적 훈련에 참여하고 있다는 증거이다. 따라서 진실로 존중받을 자격이 없는 사람은 세상 어디에도 존재하지 않는다.

---

* 엄밀히 말하면, 이것을 '마지막 단계'로 확정해줄 증거는 하나도 없다. 오히려 이것은 지난 150억 년간 펼쳐졌고 앞으로도 최소한 그만큼은 더 펼쳐질 이야기의 '중간 단락'일 가능성이 많다. 이처럼 신성을 회복하고 우리의 개성을 그것과 통합하는 것이 마지막 단계가 아니라 전환점에 불과하다면, 앞으로 물질계가 어떤 모습으로 변화해갈지는 아무도 상상할 수 없다.

부록

초기 그리스도교의 윤회론

1. 신약의 윤회론

　신약성경에는 예수의 설교를 들었던 유대인들은 물론이고 예수의 제자들 중 일부도 윤회론을 당연하게 믿고 있었던 듯 보이는 구절들이 많이 있다. 만약 예수가 그런 사람들 앞에서 굳이 윤회론을 애써 반박하지 않은 것이 사실이라면, 몇몇의 주장처럼 이것을 예수가 윤회론을 믿었던 증거로 여겨도 될까? 또한 예수가 윤회론을 직접 설하지 않은 이유는 그것이 이미 공공연한 믿음이었기 때문이라고 여겨도 될까?*

　예를 들어보자. 예수가 제자들에게 "사람들이 인자人子(the Son of Man) — 즉, 예수 자신 — 를 누구라고 하느냐?" 하고 묻자 제자들이 답했다. "세례자 요한이라고 하는 사람들도 있고, 엘리야라고 하는 사람들도 있고, 예레미야나 예언자들 가운데에 한 분이라고 하는 사람들도 있습니다."(마태복음 16:13)** 이 주장의 요점은, 사람들이 예수를 옛 예언자들

---

* Cranston, *Reincarnation*, 206~213쪽.
** 마가복음(8:27-28)과 누가복음(9:18-19)에도 동일한 기록이 있다.

중 하나로 받아들인 배경에는 윤회론이 전제되어 있음이 분명하다는 것이다. 윤회 이외의 방법으로 어떻게 죽은 예언자가 지상에 살아 돌아오겠는가?

그러나 이 주장은 당시 사람들이 '인자'를 몸을 받아 태어난 '인간'에만 한정되는 개념으로 이해했음이 확실할 때만 설득력이 있다. 신학자들에 따르면 예수 시대의 사람들이 생각이 꼭 그랬다고만 단정할 수는 없다. 왜냐면 당시에 '인자'는 신이 인간사에 마지막으로 끼어들 때 등장했던 천사의 모습으로 흔히 묘사되었기 때문이다. 이 존재는 다니엘서 7장에 언급되며, 신구약 중간기에 해당하는 기록들 속에서 다양한 역할을 한다.* 이런 배경을 감안할 때, 우리는 마태복음 16장의 기록을 꼭 사람들이 인자를 인간 존재로 이해했다는 증거로 내세울 수 없고 따라서 그들이 윤회론을 믿었다고 단정해서도 안 된다.

두 번째로, 세례 요한과 관련하여 유대인들이 메시아에 앞서 예언자 엘리야가 살아 돌아올 것이라고 널리 믿었음을 알려주는 구절들이 있다. 이 구절들에서 예수는 직간접적으로 세례 요한이 바로 엘리야이며 따라서 예언은 이루어진 것이라고 말한다.(마태복음 11:2-15, 17:10-13, 마가복음 9:9-13) 만약 예수가 세례 요한을 돌아온 엘리야로 믿었고, 누가복음 (1:13-17)에 기록된 대로 세례 요한이 여자의 몸으로부터 태어난 것이 사실이라면, 이것이 예수가 윤회론을 일정 부분 받아들였다는 증거이지 않을까?

---

* "내가 밤에 이러한 환상을 보고 있을 때에 인자 같은 이가 오는데, 하늘 구름을 타고 와서, 옛적부터 계신 분에게로 나아가, 그 앞에 섰다."(다니엘서7:13), 역주.

그러나 문제는, 이 구절들도 역사적 타당성이 의문시된다는 점이다. 많은 성서학자들은 이 구절들이 실제 예수의 말씀을 있는 그대로 기록한 것인지 의구심을 품고 있다. 이 구절들은 요한과 예수의 제자들이 세력다툼을 벌이던 후대에 끼워 넣어졌을 가능성이 있다. 요한을 예수의 예비자로 격하시킴으로써 초기 교회는 고대 예언의 실현을 주장함과 동시에 예수에게 지고한 권위를 부여했다. 이는 예수가 죽은 후에 벌어진 상황이었지만, 복음서가 쓰인 것은 그보다 더 후대의 일이므로 어느새 이 구절들은 예수의 말로 둔갑해 있었을 것이다.

윤회론에 대한 예수의 간접적 암시로 인용되곤 하는 다른 구절들에 대해서도 똑같은 비판이 가능하다. 예컨대 요한복음(10:15a-18b)에서 예수는 이렇게 말한다.

나는 내 양들을 위하여 내 목숨을 버린다. 나에게는 이 울타리에 속하지 않은 다른 양들이 있다. 나는 그 양들도 이끌어와야 한다. 그들도 내 목소리를 들을 것이며, 한 목자 아래에서 한 무리 양떼가 될 것이다. 아버지께서 나를 사랑하신다. 그것은 내가 목숨을 다시 얻으려고 내 목숨을 기꺼이 버리기 때문이다. 아무도 내게서 내 목숨을 빼앗아가지 못한다. 나는 스스로 원해서 내 목숨을 버린다. 나는 목숨을 버릴 권세도 있고, 다시 얻을 권세도 있다.

이 구절은 예수 자신이 이스라엘의 범위를 넘는 더 큰 구원을 위해 지상에 여러 차례 환생해왔다는 뜻일까? 물론 그럴 수도 있지만, 그렇지 않을 가능성이 더 많다. 이것이 실제 예수의 말이라고 해도, "목숨을 다시 얻으려고"라는 말은 부활을 뜻하고 "다른 양들"은 성령이 강림한 오순절(사도행전 2장) 이후에야 복음을 접하게 될 비유대인들을 뜻한다는 해석이 더 적절해 보인다.

마찬가지로, 우리는 요한복음 8장(56-58)을 읽을 때도 예수가 윤회론을 믿었다고 단정할 근거가 없다. 자신을 아브라함보다 더 높게 칭하는 예수를 조소하는 사람들에게 예수는 이렇게 말한다.

"너희의 조상 아브라함은 나의 날을 보리라고 기대하며 즐거워하였고, 마침내 보고 기뻐하였다." 유대 사람들이 예수께 말하였다. "당신은 아직 나이가 쉰도 안 되었는데, 아브라함을 보았다는 말이오?" 예수께서 그들에게 말씀하셨다. "내가 진정으로 너희에게 말한다. 아브라함이 태어나기 전부터 내가 있다."

여기에도 의심스러운 점이 있지만, 설령 이 구절이 실제의 기록이라 해도 우리는 이것을 전생이 아니라 신성의 선재先在(preexistence)를 가리키는 것으로 이해해야 한다.

이처럼 예수의 가르침과 생애 속에 윤회론을 추가하려는 시도들은 결국 두 가지 문제를 품고 있다. 첫째는 성서에 관한 최근의 학문적 성과를 제대로 반영하지 않고 있다는 점이다. 이제 우리는 복음서들이 예수가 죽고 적어도 40년에서 80년이 지난 후에, 그조차도 예수의 사역을 직접 보지 못한 사람들에 의해 기록되었음을 안다. 예수의 제자들이 복음서를 직접 기록했다는 굳건한 믿음이 존재하지만, 문헌적 증거들은 그 믿음을 뒷받침하지 않는다. 예수의 제자들 또는 1세대의 신도들은 예수의 가르침을 기록하는 데 별로 관심이 없었던 듯하다. 아마도 예수가 가까운 미래에, 즉 그들이 살아 있는 동안에 재림할 것이라고 믿었기 때문일 것이다. (바울의 초기 서신들이 잘 보여주듯이 이것은 당시 신도들에게 보편적인 믿음이었다. 특히 서기 51년에 쓰였다고 추정되는 데살로니가전서 4장 13-18절과, 54~55년에 쓰였다고 추정되는 고린도전서 7장이 그러하다.) 예수가 인간의 모습으로 곧 돌아올 것을 믿었기에 그들은 굳이 그 가르침을 기록으로 영원히 남겨둘 이유가 없었다. 그러나 1세대 신도들이 사망하고 서기 70년에는 로마군대에 의해 예루살렘까지 함락되면서, 그들은 이런 기대를 내려놓고 후손들을 위해 구전되던 가르침들을 모아 기록하기 시작했다.*

    따라서 복음서에 담긴 정보들은 2세대의 신도들이 체계화하여 보존하기 전까지 수십 년간 입에서 입으로 전해진 것이다. 이렇게 입으로 전해지는 과정에서, 심지어 기록되는 과정에서도 많은 부분이 변형되고 추가되었다. 역사적 사실을 감안할 때, 우리는 복음서에 기록된 예수의 모든 말이 사실 그대로의 기록이라고 막연히 믿어서는 안 된다. 이 주의사항은 몇몇 구절들을 문맥에서 떼어내어 윤회론적 의미로 해석하는 사람들에게도 똑같이 적용된다. 그들이 인용하는 구절들은 역사가들로부터 진짜 예수의 말씀이라기보다는 후대에 이야기가 전파되며 살이 덧붙은 것으로 의심받는 경우가 대부분이다.

    윤회론과 예수를 연결지을 때의 두 번째 문제점은 이것이다. — 예수가 윤회론을 믿었다면, 왜 복음서들에는 그에 관한 명확한 기록이 없는가? 이 근본적이고 중요한 사안에 대해서 왜 이처럼 간접적이고 숨겨진 정보밖에 없는가? 예수가 윤회론을 설했다면 복음서에도 그에 관한 명

---

    * 예루살렘의 신도들이 로마군대의 공격을 피해 현재 요르단의 펠라Pella 지역으로 이주했다는 전설은 역사적 기록으로 입증된 바 없다.

확한 기록이 있는 것이 자연스럽다. 물론 복음서들을 체계적으로 살펴 배후의 윤회론을 추론해내는 것도 가능한 일이지만, 아직 그런 추론을 뒷받침해줄 역사적 근거는 발견되지 않고 있다.

위의 주장들과는 별도로, 예수는 청중의 수준에 따라 가르침을 달리 줬으며 신약성경은 일반 대중이 받은 가르침의 기록일 뿐이라고 주장하는 사람들도 있다. 윤회론은 좀더 선택된 집단에게 주어진 비교秘教의 가르침이라는 것이다. 그렇다면 우리는 나그함마디에서 발견된 문헌들을 통해 마침내 그 소수의 집단을 발견한 것일까?

2. 초기 그리스도교의 윤회론

1945년에 나그함마디에서 발견된 쉰두 개의 문헌들은 신약성경에 기록된 것과는 다른 형태의 그리스도교 신앙이 있었음을 알려준다. 학자들이 영지주의靈智主義(Gnosticism)라고 부르는 이 신앙은 일레인 페이절스 Elaine Pagels의 저서 《숨겨진 복음서, 영지주의》(the Gnostic Gospels)를 통해 많은 사람들에게 소개되었다.

페이절스 교수의 해석에 따르면, 영지주의는 각자가 내면에 계신 신을 직접 경험하는 일을 중요시하는 신비주의 성향의 그리스도교 신앙이다. 영지주의는 널리 공인된 교리는 아니었지만 초기 그리스도교 시대를 장식하며 복음서들, 특히 요한복음에 영향을 미쳤다. 영지주의는 성사聖事를 통한 구원보다는 그노시스gnosis, 즉 내적 깨달음에 의한 변성을 강조한다.

영지주의는 훗날 정통 교리로 자리 잡게 된 그리스도교 신앙의 형태와는 여러 면에서 다르다. 그것은 신이 남성인 동시에 여성이라고 가르치며 거침없이 "하나님 어머니"(God the Mother)라고 표현한다. 따라서 여성을 남성과 동등하게 대하고, 여성들이 신앙공동체에서 중요한 직책을 맡는 데 제한을 두지 않았다. 또한 계층적 구조보다는 민주적 구조를 선호하여 사제와 평신도를 차별하지 않았다. 마지막으로, 영지주의 추종자들은 윤회론을 믿었던 것으로 보인다. 그들은 영혼이 선재先在할 뿐 아니라 인과의 법칙을 따라 연속적으로 환생한다고 가르쳤다. 예컨대 '신앙의 지혜'를 뜻하는 《피스티스 소피아Pistis Sophia》라는 영지주의 문헌에서 예수는 제자들에게 한 생의 실패가 어떻게 다음 생으로 이어지는지를 설명한다. 타인에게 악담을 한 사람은 다음 생에서 "늘 마음고생을 하게" 되고, 오만하고 잘난 체하는 사람은 다음 생에서 장애를 가진 몸으로 태어나 업신여김을 당하게 된다는 식이다. 페이절스 교수는 말한다. "동양의 종교들과 동일한 사상들이 서양에서는 1세기의 영지주의 운동에 의해 등장했었다. 하지만 이들은 이레나이우스Irenaeus와 같은 논객들에 의해 비판받고 부정당했다."*

영지주의 신앙은 2세기에 교회 조직으로부터 이단으로 치부되었고, 4세기에는 콘스탄티누스 황제를 등에 업은 세력으로부터 박해를 받았다. 얼마나 철저히 탄압받았던지 나그함마디 문헌들이 발견되기 전까지는 정통 교단의 악의에 찬 묘사 이외에는 영지주의에 대해 알려진 바가 거의 없었다. 정통 교단은 영지주의가 이방 종교들로부터 기괴한 사상을

* *the Gnostic Gospels*, P. xii. Jean Doresse, *The Secret Books of the Egypians*, 112~113쪽. Geddes MacGregor, *Reincarnation in Christianity*, 43~44쪽.

가져와서 참된 복음을 더럽힌다고 보았지만, 나그함마디 문헌들에 의하면 영지주의자들은 <u>스스로를</u> 예수가 전한 참된 전통을 보존해온 집단으로 여기고 있었다.

영지주의자들은 그리스도교의 다른 세력들이 놓쳐버린 예수의 가르침을 보존했던 것일까? 나그함마디 문서들은 윤회론을 예수의 가르침 속에 포함시켜줄 '잊혔던 정보'를 담고 있는 걸까? 혹은 윤회론이 전혀 언급되지 않은 신약성경보다도 더 예수의 모습을 정확하게 묘사하고 있는 걸까? 이 역사적 의문들은 간단한 문제가 아니며 아직 우리는 답을 찾지 못했다. 그럴 가능성도 적지 않지만, 아직 배심원단은 결정을 못 내렸다. 지금 내가 할 수 있는 말은, 나 역시 영지주의 사상들이 실제 예수의 가르침을 더 잘 담아내고 있다고 확정할 만한 근거를 아직 접하지 못했다는 것뿐이다.

그러나 한 가지는 분명하다. 영지주의는 단순히 이단 세력이 2세기에 일으킨 일탈행위가 아니라 꽤 오랫동안 예수의 가르침으로서 널리 퍼졌던 세계관이라는 사실이다. 그러나 다른 방식의 신앙이 정치적으로 우위를 점하는 동안, 원래 동등한 자격을 갖고 있었던 영지주의는 철저히 억압당했다. 페이절스는 이렇게 말한다.

정통 교리가 형성되는 과정에서 다른 선택지들은 배제되었다. 어쩌면 교회의 중심 교리가 될 수도 있었던 영지주의라는 대안이 퇴출되면서, 그리스도교 전통은 볼품이 없어졌다. 영지주의자들의 사상은 지하로 스며든 물줄기처럼 완전히 숨겨진 형태로만 전승되었다.

실제 예수가 뭐라고 말했든 간에, 나그함마디 문헌들은 윤회론이 초기 그리스도교의 엄연한 선택지 중 하나였음을 알려준다. 이것은 그 자체로 의미 깊은 발견이다.

감사의 글

어떤 책도 한 사람의 힘만으로는 완성될 수 없다. 특히 그것이 누군가의 첫 저서라면 더욱 그렇다. 그래서 나는 이 책에 직간접적으로 이바지한 많은 분께 감사를 전하고자 한다.

그 첫 번째는 바로 내 학생들이다. 이 책에 실린 아이디어들은 그들과의 대화로부터 발전되어온 것이다. 자신의 삶을 새롭게 바라보고자 하는 그들의 의지와 호기심이 없었다면 이 책은 존재하지 못했을 것이다.

학생들 못지않게 도움을 준 것이 바로 내 아내 캐럴이다. 캐럴은 오랜 시간 컴퓨터 앞에 앉아 있는 나를 대신하여 집안일을 해결했고, 밝은 눈으로 원고를 샅샅이 훑어 바로잡아주었다. 무엇보다도 그녀는 모든 면에서 나의 동반자가 되어주고 있다.

원고가 아직 조악하고 논리성을 갖추지 못한 상태일 때부터 열성적으로 격려해준 나의 형 빌과 형수 게일에게도 감사의 말을 전한다. 그들이 애정 어린 눈으로 지켜봐 주었기에 나는 감히 글 쓰는 일에 도전할 수가 있었다.

이 책의 중요한 부분들은 내가 영스타운 주립대학에서 안식년을 얻었을 때 쓰였다. 한결같이 내 연구를 지원해준 동료 교수들에게 깊은 감사를 전한다. 데이비드 클리니스는 이 책에 아이디어를 보태주었을 뿐만 아니라, 직접 전생을 탐험해보도록 나를 이끎으로써 내게 사적으로 더

338

없는 도움을 주었다. 수십 년간 축적된 그의 임상경험은 내가 전생요법 자료들이 던져주는 철학적 시사점을 숙고하는 데 귀중한 지침이 되었다. 학과장인 토머스 시프카는 내 연구주제에 공감하지 못했음에도 기꺼이 원고 일부를 읽어주고 업무적, 정신적으로 큰 배려를 해주었다. 학교에서 잔뼈가 굵은 나로서는 논란의 소지가 있는 연구가 어떤 대접을 받는지 잘 알기 때문에, 그에게 큰 빚을 진 것이나 다름없다. 마틴 그린은 윤회와 관련된 주제들에 관해 나와 오랫동안 깊은 대화를 나눠온 동료이자 친구였다. 대학 내에서도 거침없이 윤회론을 주장했던 그는 비록 이 책이 출판되기 전에 유명을 달리했지만, 분명 나와 이 작업을 함께 시작한 것이나 마찬가지다. 마지막으로, 나의 안식년 여행과 이 책의 출간 준비에 지원금을 보내준 대학연구협의회도 빼놓을 수 없다.

원고를 수정하는 데 훌륭한 조언을 해준 파라곤 하우스의 편집자 앤디 드살보와 존 화이트에게도 감사의 말을 전한다. 그리고 집필을 시작한 때부터 끝내는 순간까지 한 번도 말썽을 부리지 않은 내 듬직한 컴퓨터도 언급해야겠다. 중요한 작업을 한창 하다가 자료를 날려버린 적이 있는 사람이라면 내가 왜 이런 말을 하는지 충분히 공감할 것이다.

참고문헌

Ajaya, Swami (1983). *Psychotherapy East and West*. Honesdale, Pa.: Himalayan Institute.

Atwater, P. M. H. (1988). *Coming Back to Life: The After-Effects of the Near-Death Experience*. New York: Dodd, Mead.

Bache, Christopher (1981). "On the Emergence of Perinatal Symptoms in Buddhist Meditation." *Journal for Scientific Study of Religion*, 20 (4): 339-350.

— (1985). "A Reappraisal of Teresa of Avila's Hysteria." The Journal of Religion and Health, 24 (4): 300-315.

— (1991). "Mysticism and Psychedelics: The Case of the Dark Night." *The Journal of Religion and Health*, forthcoming, spring, 1991.

Bateson, Gregory (1972). *Steps to an Ecology of Mind*. New York: Ballantine.

— (1979). *Mind and Nature: A Necessary Unity*. New York: Dutton.

Bernstein, Morey (1989). *The Search for Bridey Murphey*. New York: Doubleday.

Campbell, Joseph (1988). *An Open Life: Joseph Campbell in Conversation with Michael Toms*. Burdett, New York: Larson Publications.

Cannon, Alexander (1950). *The Power Within*. London: Rider.

Capra, Fritjof (1975). *The Tao of Physics*. Berkeley: Shambhala.

— (1982). *The Turning Point: Science, Society and the Rising Culture*. New York: Simon & Schuster.

Combs, Allan, and Mark Holland (1990). *Synchronicity: Science, Myth and the Trickster*. New York: Paragon House.

Cranston, Sylvia (1967). *Reincarnation in World Thought*. New York: Julian.

— (1970). *Reincarnation: An East-West Anthology*. Wheaton, 111.: Theosophical Publication House.

Cranston, Sylvia, and Carey Williams (1984). *Reincarnation: A New Horizon in Science, Religion, and Society*. New York: Julian.

Cranston, Sylvia, and Joseph Head (1977). *Reincarnation: The Phoenix Fire Mystery*. New York: Crown.

Doresse, Jean (l960). *The Secret Books of the Egyptians*. New York: Viking.

Edwards, Paul (1986-1987). "The Case Against Reincarnation, I-IV." *Free Inquiry* 6 (4): 24-35; 7 (1): 38-48; 7 (2): 38-49; 7 (3): 46-53.

Evans-Wentz, W. Y. (1973). *The Tibetan Book of the Dead*. New York: Causeway Books.

Feher, Elizabeth (1980). *The Psychotherapy of Birth*. London: Souvenir Press.

Feldenkraise, Moshe (1972). *Awareness Through Movement*. New York: Harper.

Fiore, Edith (1978). *You Have Been Here Before*. New York: Ballantine.

— (1987). *The Unquiet Dead*. New York: Doubleday.

Fisher, Joe (1985). *The Case for Reincarnation*. New York: Bantam.

Flynn, Charles P. (1986). *After the Beyond: Human Transformation and the Near-Death Experience*. Englewood Cliffs, N.J.: Prentice-Hall.

Francuch, Peter D. (1981). *Principles of Spiritual Hypnosis*. Santa Barbara, Calif.: Spiritual Advisory Press.

Gallup, George, Jr. (1982). *Adventures in Immortality*. New York: McGraw- Hill.

Gawain, Shakti (1986). *Living in the Light*. San Rafael, Calif.: Whatever.

Gyatso, Tensin, His Holiness the Dalai Lama of Tibet. Translated and edited by Jeffrey Hopkins (1988). *The Dalai Lama at Harvard*. Ithaca, N.Y.: Snow Lion.

Goldstein, Joseph (1976). *The Experience of Insight*. Santa Cruz, Calif.: Unity Press.

Goleman, Daniel (1988). *The Meditative Mind*. Los Angeles: Tarcher.

Grof, Stanislav (1976). *Realms of the Human Unconscious: Observations from LSD Research*. New York: Dutton.

— (1980). *LSD Psychotherapy*. Pomona, Calif.: Hunter House.

— (1984). *Ancient Wisdom and Modern Science*. Albany: State University of New York Press.

— (1985). *Beyond the Brain*. Albany: State University of New York Press.

— (1988). *The Adventure of Self-Discovery*. Albany: State University of New York Press.

Grof, Stanislav, and Christina Grof (1980). *Beyond Death*. London: Thames and Hudson.

Grof, Stanislav, and Joan Halifax (1977). *The Human Encounter with Death*. New York: Dutton.

Humphreys, Christmas (1983). *Karma and Rebirth*. Wheaton, 111.: The Theosophical Publishing House.

Iverson, Jeffrey (1976). *More Lives Than One? The Evidence of the Remarkable Bloxham Tapes*. London: Souvenir Press.

Jung, Carl G. (1965). *Synchronicity: An Acausal Connecting Principle*. In *Collected Works*, Vol. 8, Bollingen Series XX. Princeton, N.J.: Princeton University Press.

Kelsey, Denys, and Joan Grant (1967). *Many Lifetimes*. New York: Doubleday.

Klimo, Jon (1987). *Channeling: Investigations on Receiving Information from Paranormal Sources*. Los Angeles: Tarcher.

Leonard, John, and Philip Laut (1983). *Rebirthing: The Science of Enjoying Your Life*. San Rafael, Calif.: Trinity Publications.

Levine, Stephen (1979). *Gradual Awakening*. Garden City, N.Y.: Anchor.

Lilly, John C. (1972). *The Center of the Cyclone*. New York: Julian.

— (1974). *Programming and Metaprogramming in the Human Biocomputer*. New York: Bantam.

— (1977). *The Deep Self: Profound Relaxation and the Tank Isolation Technique*. New York: Warner.

MacGregor, Geddes (1978). *Reincarnation in Christianity*. Wheaton, 111.: Quest Books.

— (1982). *Reincarnation as a Christian Hope*. Totowa, N.J.: Barnes & Noble.

Monroe, Robert (1977). *Journeys out of the Body*. Garden City, N.Y.: Anchor.

— (1985). *Far Journeys*. Garden City, N.Y.: Doubleday.

Mookerjee, Ajit (1983). *Kundalini: The Arousal of the Inner Energy*, 2nd ed. New York: Destiny Books.

Netherton, Morris (1978). *Past Lives Therapy*. New York: Morrow.

Orr, Leonard, and Sondra Ray (1977). *Rebirthing in the New Age*. Berkeley, Calif.: Celestial Arts.

Pagels, Elaine (1979). *The Gnostic Gospels*. New York: Random House.

Progoff, Ira (1973). *Jung, Synchronicity, and Human Destiny: Non-Causal Dimensions of Human Experience*. New York: Julian.

Rama, Swami, et al. (1976). *Yoga and Psychotherapy: The Evolution of Consciousness*. Honesdale, Pa.: Himalayan Institute.

Rinbochay, Lati, and Jeffrey Hopkins (1979). *Death, Intermediate State and Rebirth in Tibetan Buddhism*. Valois, N.Y.: Snow Lion Press.

Ring, Kenneth (1980). *Life at Death: A Scientific Investigation of the Near-Death Experience*. New York: Coward, McCann.

— (1984). *Heading Toward Omega: In Search of the Meaning of the Near-Death Experience*. New York: Morrow.

— (1986). "Near-Death Experiences: Implications for Human Evolution and Planetary Transformation." *Revision*, 8: 75-88.

Rinpoche, Kalu (1986). *The Dharma*. Albany: State University of New York Press.

Rofa, Ida (1977). *Rolfing: The Integration of Human Structures*. New York Harper.

Rogo, D. Scott (1985). *Search for Yesterday*. Englewood Cliffs, NJ: Prentice-Hall.

St. John of the Cross (1959/1584). *Dark Night of the Soul*. Trans. and ed. by A. Peers. Garden City, N.Y.: Image.

St. Teresa of Avila (1960/1565). *The Life of Teresa of Jesus*. Trans. and ed. by A. Peers. Garden City, N.Y.: Image.

Scholem, Gershom (1941). *Major Trends in Jewish Mysticism*. New York: Schocken.

Schuon, Frithjof (1984). *Transcendent Unity of Religions*. New York: Harper.

— (1986). *Survey of Metaphysics and Esoterism*. Bloomington, Ind.: World Wisdom Books.

Selfe, Lorna (1977). *Nadia: A Case of Extraordinary Drawing in an Autistic Child*. New York: Academic Press.

Sheldake, Rupert (1983). *A New Science of Life: The Hypothesis of Formative Causation.* Los Angeles: Tarcher.

Smith, Huston (1958). *The Religions of Man.* New York: Harper.

— (1976). *Forgotten Truth: The Primordial Tradition.* New York: Harper.

— (1982). *Beyond the Post Modern Mind.* New York: Crossroad Pub—lishing Co.

Stevenson, Ian (1974a). *Twenty Cases Suggestive of Reincarnation.* Charlottesville: University Press of Virginia.

— (1974b). *Xenoglossy.* Charlottesville: University Press of Virginia.

— (1975). *Cases of the Reincarnation Type.* Vol. 1: *Ten Cases in India.* Charlottesville: University Press of Virginia.

— (1977a). *Cases of the Reincarnation Type.* Vol. 2: *Ten Cases in Sri Lanka.* Charlottesville: University Press of Virginia.

— (1977b). "The Explanatory Value of the Idea of Reincarnation." *Journal of Nervous and Mental Diseases,* 164: 305–326.

— (1980). *Cases of the Reincarnation Type.* Vol. 3: *Twelve Cases in Lebanon and Turkey.* Charlottesville: University Press of Virginia.

— (1983a). *Cases of the Reincarnation Type.* Vol. 4: *Twelve Cases in Thailand and Burma.* Charlottesville: University Press of Virginia.

— (1983b). "American Children Who Claim to Remember Previous Lives." *The Journal of Nervous and Mental Disease,* 171 (12): 742–748.

— (1984). *Unlearned Languages: New Studies in Xenoglossy.* Charlottesville: University Press of Virginia.

— (1987). *Children Who Remember Previous Lives: A Question of Reincarnation.* Charlottesville: University Press of Virginia.

Thera, Nyanaponika (1962). *The Heart of Buddhist Meditation.* New York: Samuel Weiser.

Thomas, Lewis (1975). *Lives of the Cell.* New York: Bantam.

Trager, Milton (1982). "Psychophysical Integration and Mentastics." *Journal of Holistic Health,* 7:15ff.

Wambach, Helen (1978). *Reliving Past Lives: The Evidence Under Hypnosis.* New York: Bantam.

— (1979). *Life Before Life.* New York: Bantam.

Weber, Renee (1986). *Dialogues with Scientists and Sages.* New York: Routledge & Kegan Paul.

White, John, ed. *What is Enlightenment?* (1984). Los Angeles: Jeremy P. Tarcher, Inc.

— (1990). *Kundalini, Evolution and Enlightenment.* New York: Paragon House.

Whitton, Joel, and Joe Fisher (1986). *Life Between Life.* Garden City, N.Y.: Doubleday.

Wilson, Ian (1982). *All in the Mind.* Garden City, N.Y.: Doubleday. (Previously published as *Mind Out of Time?*)

Wolf, Fred Alan (1981). *Taking the Quantum Leap*: The New Physics for Non-Scientists. New York: Harper.

— (1984). *Star Wave*. New York: Macmillan.

Woolger, Roger (1988). *Other Lives, Other Selves: A Jungian Therapist Discovers Past Lives*. New York: Bantam.

Zukav, Gary (1979). *The Dancing Wu Li Masters*. New York: Morrow